介護職の働きがいと
職場の組織マネジメント

特別養護老人ホームにおける介護現場の視点から

阿部 正昭

はじめに

　わが国は、1974年以降、合計特殊出生率が「人口置換水準」である2.08を下回って少子化が進む一方で平均寿命は伸び続け、これにより、2005年には高齢化率が21％を超える超高齢社会となった。さらに、2008年からは人口が継続的に減少する人口減少社会となった。そのため、少子高齢化の傾向は今後も進んでいくことが予測される。

　このようなわが国で、個人・家族・社会のそれぞれのレベルで重要課題となっていることに、「介護」の問題がある。新聞・テレビ等のマスメディアには、毎日のように「介護難民」、「老老介護」、「認認介護」、「虐待」、「介護人材不足」といった問題が取り上げられ、高齢者の「孤独死」、「消費者トラブル」、「詐欺被害」も大きな社会問題となっている。

　「介護」が社会問題となる背景には、公衆衛生の整備・改善や医療技術の進歩による平均寿命の伸長、要介護者の拡大・重度化、介護期間の長期化があるが、社会の産業化が進み、職業選択の機会が拡大して雇用労働者が増え、職住分離と家族の小規模化が進んだことも大きな要因である。これにより、大家族や３世代同居の世帯は減り、高齢夫婦世帯や独居高齢者が増えて、家族だけで介護を担うことは困難となった。

　家族にかわる介護の担い手として期待されているのが介護福祉士等の介護職であるが、現状は深刻な人材不足となっている。その要因としては、まず「労働条件」の厳しさがあげられ、作業環境の整備と労働負荷の軽減、休暇の取得、賃金や手当の改善が必要である。しかし、「労働条件」への不満足要因を解消することだけで、よい介護人材の定着を図ることには限界がある。介護職が「働きがい」をもって職務を継続していくためには、仕事の意義や目的が明示され、専門的な能力発揮の機会と役割の実現がもたらされ、職場の人間関係等の「組織マネジメント」が整備されることが必要である。

　介護職とは介護を必要とする高齢者の命（いのち）と人生を守り、家

3

族の絆と地域の支え合いを共に創っていく仕事でもある。あらためて職業としての介護の定義づけをしてその「働きがい」を見いだす方法を明らかにするとともに、介護実践の現場である職場組織の「労働条件」と「組織マネジメント」の望ましい在り方を具体的に示すこと、本書はそこに焦点を当てている。

具体的には、①職業選択の基本的な概念である「職業アスピレーション」と「職業エートス」、②介護職の特性と介護職の「職業エートス」、③職場組織を論じるための社会集団の基本的視点と介護施設における「労働条件」、「組織マネジメント」、④介護職の「職業エートス」形成に関わる「労働条件」と「組織マネジメント」の整備方法について論じている。

「職業アスピレーション」は、職業選択にかかわる志望、動機、予定、必要条件の獲得に努力する個人の志向であり、職業に対する適性の基礎を形成するとともに、その職業を継続する志しを支えている。「職業エートス」は、倫理の遵守が外部から課せられる他律的な行動基準としての「倫理」ではなく、自発的な職業上の気風や気質、心構えのような内面化した基準としての「倫理」であり、その時代の職業に向けられた社会規範や支配的な倫理感を形成するものである。

介護職の特性については、戦後のマルクス主義フェミニストを中心に、介護職の活動力の全体を労働（labor）に限定して捉えてきたことの問題点を提示し、その上で、現実に介護職が持つようになっている対人サービスとしての「職業エートス」を論じている。

介護施設の職場組織については、社会集団の基本的視点を確認し、介護の職場組織における対人サービス組織としての特性を示すことが必要である。そのうえで、介護施設における「労働条件」と「組織マネジメント」を示し、「労働条件」と「組織マネジメント」によって形成される「職業エートス」と職務・職場継続意向のパターンを示している。

介護職の職務・職場継続意向が「労働条件への不満足感」や「組織マネジメント」、「職業エートス」とどのように関連しているのか、そして

「職業エートス」がどのように形成されていくのかについても論じ、介護職の「職業エートス」、職場の「労働条件」、「組織マネジメント」を整えていくための条件と方法を提示している。

　本書が、介護施設の職場環境づくりに関する理解と実行に多少なりとも示唆をもたらし、日々、高齢者とその家族の支援に従事している介護職員の働きがいを高めることにつながるならば望外の幸せである。

2019年4月

阿部　正昭

目次

はじめに··3

序章··11
　1　問題の所在··11
　　1－1　介護職の需要の高まりと人材難································11
　　1－2　人材確保の阻害要因となっている介護職の否定的なイメージ········12
　　1－3　介護職の「働きがい」は利用者の笑顔や「ありがとう」だけにあるのか····13
　　1－4　介護職の入職と離職の理由····································14
　　1－5　介護職の「働きがい」と職場の「組織マネジメント」に着目する意義·······15
　2　研究の目的··17
　3　研究の仮説··18
　4　研究方法··19
　5　本論文の構成··19

第Ⅰ章　介護職の働きがいに関する先行研究の概要················22
　　1－1　初期の調査研究··22
　　1－2　介護の身体的・精神的負担感に関する研究····················23
　　1－3　介護職場のストレッサーとストレス症状に関する研究··········24
　　1－4　介護職の職務満足に影響を与える要因に関する先行研究········25
　　1－5　介護職の職務継続・離職意向に影響を与える要因に関する研究····29
　　1－6　小括··35

第Ⅱ章　職業アスピレーションと職業エートス····················42
　1　職業概念の形成··42
　　1－1　近代以前の社会・経済システム································42
　　1－2　近代社会の変動過程··43
　　1－3　近代社会と職業概念の形成····································44
　　1－4　小括··45
　2　職業選択と職業アスピレーション··································46
　　2－1　業績原理と職業選択の自由··································46
　　2－2　職業選択と職業アスピレーション····························47
　　2－3　小括··50

3　職業エートスの誕生、発展過程と変容 ………………………………… 50
　　3－1　職業エートスの定義 ……………………………………………… 50
　　3－2　職業エートスの誕生と発展 ……………………………………… 52
　　3－3　近代産業社会における労働の目的と余暇との関係の変容 …… 68
　　3－4　資本主義の社会機構と「疎外された労働」………………………… 69
　　3－5　職業エートスの問い直し ………………………………………… 71
　　3－6　小括 ………………………………………………………………… 74

第Ⅲ章　介護職の特性と職業エートス …………………………………… 83
　1　介護労働の特性 ……………………………………………………………… 83
　　1－1　介護職は生命再生産労働でしかないのか …………………………… 83
　　1－2　職業としての介護の特性と職業エートス ………………………… 85
　　1－3　「疎外された労働」と介護職 ………………………………………… 94
　　1－4　小括 ………………………………………………………………… 96
　2　職業の構成要素と介護職の職業エートス …………………………………… 98
　　2－1　職業的自尊心の形成過程からみた介護職の職業エートス ……… 98
　　2－2　職業の3要素からみた介護職の職業エートス ………………… 102
　　2－3　人間の活動力からみた介護職の職業エートス ………………… 105
　　2－4　小括 ……………………………………………………………… 110

第Ⅳ章　介護職と職場組織 ………………………………………………… 116
　1　職場組織の基本的視点 …………………………………………………… 116
　　1－1　ゲマインシャフトからゲゼルシャフト、ゲノッセンシャフトへ … 116
　　1－2　近代化と組織 …………………………………………………… 119
　　1－3　介護における社会集団としての職場組織 ……………………… 120
　　1－4　小括 ……………………………………………………………… 121
　2　産業界における職場組織に関わる先行研究の概要 …………………… 122
　　2－1　労働条件の整備 ………………………………………………… 123
　　2－2　組織マネジメントの基礎となる経済界における主要な経営理論 … 124
　　2－3　組織マネジメントの整備 ……………………………………… 127
　　2－4　小括 ……………………………………………………………… 141
　3　介護職と職場組織 ………………………………………………………… 144
　　3－1　介護の職場組織における対人サービス組織としての特性 …… 145
　　3－2　介護の職場組織における組織マネジメントの課題 …………… 147
　　3－3　小括 ……………………………………………………………… 152

第Ⅴ章　介護職の職務・職場継続意向と職業エートス・労働条件・
　　　職場マネジメント ………………………………………………………… 159
　1　研究調査の視点と目的 …………………………………………………… 159
　2　研究の仮説 ………………………………………………………………… 160
　3　研究方法 …………………………………………………………………… 160
　　3－1　本調査で使用した用語 …………………………………………… 160
　　3－2　対象者 ……………………………………………………………… 163
　　3－3　調査方法 …………………………………………………………… 163
　　3－4　研究における倫理的配慮 ………………………………………… 164
　4　結果 ………………………………………………………………………… 164
　　4－1　調査対象者の基本属性 …………………………………………… 164
　　4－2　職務・職場継続意向 ……………………………………………… 166
　　4－3　職務・職場継続意向の4グループと「労働条件への不満足感」
　　　　　「組織マネジメント」「職業エートス」………………………… 167
　　4－4　職務・職場継続意向と「労働条件への不満足感」、「組織マネジメント」、
　　　　　介護職の「職業エートス」の関連 …………………………………… 176
　5　考察 ………………………………………………………………………… 186
　　5－1　職務・職場継続意向の4グループの状況 ……………………… 186
　　5－2　職業エートスと労働条件の不満足感との関連 ………………… 190
　　5－3　職業エートスと組織マネジメントの項目ごとの関連 ………… 191
　　5－4　労働条件の不満足と組織マネジメントの項目ごとの関連 …… 191
　　5－5　職業エートスの項目間における関連と形成過程 ……………… 192
　6　まとめと今後の課題 ……………………………………………………… 193
　　6－1　介護職の職務継続や離職に影響する「職業エートス」の形成 ……… 193
　　6－2　介護職の「職業エートス」形成過程 …………………………… 194
　　6－3　介護職の「職業エートス」の形成と職場の「労働条件」、
　　　　　「組織マネジメント」との関係 …………………………………… 194
　　6－4　今後の課題 ………………………………………………………… 195

第Ⅵ章　介護職の職業意識と職場意識における職業エートスと職場組織 … 197
　1　研究調査の視点と目的 …………………………………………………… 197
　2　分析方法 …………………………………………………………………… 198
　3　結果 ………………………………………………………………………… 199
　　3－1　対象者の基本属性 ………………………………………………… 199
　　3－2　介護職の職業意識と職業エートス ……………………………… 199

3－3　介護職の職場意識‥‥‥‥‥‥‥‥‥‥‥‥‥‥‥‥ 208
　4　考察‥‥‥‥‥‥‥‥‥‥‥‥‥‥‥‥‥‥‥‥‥‥‥‥‥‥ 216

第Ⅶ章　面接調査による介護職の職業エートスと職場組織に関する分析‥‥ 220
　1　研究調査の視点と目的‥‥‥‥‥‥‥‥‥‥‥‥‥‥‥‥‥‥ 220
　2　研究方法‥‥‥‥‥‥‥‥‥‥‥‥‥‥‥‥‥‥‥‥‥‥‥‥ 221
　　2－1　調査対象施設と対象者‥‥‥‥‥‥‥‥‥‥‥‥‥‥‥ 221
　　2－2　調査方法と倫理的配慮‥‥‥‥‥‥‥‥‥‥‥‥‥‥‥ 222
　　2－3　分析方法‥‥‥‥‥‥‥‥‥‥‥‥‥‥‥‥‥‥‥‥‥ 222
　3　調査施設全体の分析・考察‥‥‥‥‥‥‥‥‥‥‥‥‥‥‥‥ 223
　　3－1　労働条件を整えるための取り組み‥‥‥‥‥‥‥‥‥‥ 223
　　3－2　職場の組織マネジメントを整えるための働きかけ‥‥‥ 229
　4　小括‥‥‥‥‥‥‥‥‥‥‥‥‥‥‥‥‥‥‥‥‥‥‥‥‥‥ 265

終章‥‥‥‥‥‥‥‥‥‥‥‥‥‥‥‥‥‥‥‥‥‥‥‥‥‥‥‥‥ 269
　1　本研究の目的と研究の仮説‥‥‥‥‥‥‥‥‥‥‥‥‥‥‥‥ 269
　2　各章のまとめ‥‥‥‥‥‥‥‥‥‥‥‥‥‥‥‥‥‥‥‥‥‥ 269
　3　本研究の結論と意義‥‥‥‥‥‥‥‥‥‥‥‥‥‥‥‥‥‥‥ 290
　　3－1　結論‥‥‥‥‥‥‥‥‥‥‥‥‥‥‥‥‥‥‥‥‥‥‥ 290
　　3－2　本研究の意義‥‥‥‥‥‥‥‥‥‥‥‥‥‥‥‥‥‥‥ 292
　4　本研究の限界と課題‥‥‥‥‥‥‥‥‥‥‥‥‥‥‥‥‥‥‥ 295

おわりに‥‥‥‥‥‥‥‥‥‥‥‥‥‥‥‥‥‥‥‥‥‥‥‥‥‥‥ 296
参考文献‥‥‥‥‥‥‥‥‥‥‥‥‥‥‥‥‥‥‥‥‥‥‥‥‥‥‥ 299

序章

1　問題の所在

1－1　介護職の需要の高まりと人材難

　現在、いわゆる「団塊の世代」は約800万人いる。2025年になるとこの「団塊の世代」が75歳以上の後期高齢者になる。この時、わが国の医療・介護の提供体制が現状のままで整備が進まないと、医療・介護サービスは追いつかなくなり、特に都市部では医療・介護崩壊といった状況になることが危惧されている。この問題は、「２０２５年問題」といわれ、国・地方自治体や市民が危機意識を共有して取り組むことが急務であるといわれている。このうち、すでに深刻化している問題に介護職の人材難がある。

　わが国においては、2007年から2025年にかけて、生産年齢（15～64歳）人口は約15％減少し、労働力人口も約5～13％程度減少すると見込まれている。しかし、介護職の場合、その数は増加しており、介護保険制度がはじまった2000年に54.9万人だった介護職は、2007年に約117万人と倍以上の数となり（全労働力人口6,669万人の1.8％：厚生労働省2011）、2013年には176.5万人に達している（第4回社会保障審議会福祉部会　福祉人材確保専門委員会2015）。その後も介護職の需要は高まり続けており、2025年には212～255万人が必要となることが予測されている。この数値は、全労働力人口5,820～6,320万人のうち、3.4％～4.4％の労働者を介護職として確保しなければならないことでもある（厚労省2011）。

　現在、200万人規模の就業者を擁する産業には、情報通信業（208万人）、学術研究、専門・技術サービス業（216万人）、公務員（233万人）がある。ちなみに、農業・林業は166万人と200万には達しておらず、医療・福祉の就業者は全体で776万人である（総務省統計局2017）。

では、将来に向けて介護職を確保する見通しはどうだろうか。現実は、高齢化の進展に伴って高まり続ける需要に供給が追いつかず、介護職の人材難は進行している状況である。厚労省によると、介護職の月別の求人倍率は2014年以降、おおむね2倍台が続き、15年12月に初めて3倍台に突入。2016年11月には3.40倍となって（東京、愛知は約4倍）、全職種平均の1.31倍を大きく上回っている。同省は、「団塊世代」がすべて75歳以上になる2025年には介護職が38万人不足する恐れがあるとしている。

1－2　人材確保の阻害要因となっている介護職の否定的なイメージ

　このようにわが国の社会にとって不可欠な存在となっている介護職だが、介護職に対する社会の評価は、必ずしもその役割に見合ったものとはなっていない。内閣府が2010年に行った調査によると、人々の介護職に対するイメージには、「社会的に意義のある仕事」、「やりがいのある仕事」、「自分自身も成長できる仕事」といった肯定的なイメージがある反面、「夜勤などがあり、きつい仕事」、「給与水準が低い仕事」、「将来に不安がある仕事」といった否定的なイメージがあり、それが人材参入の阻害要因となっている（第4回社会保障審議会福祉部会　福祉人材確保専門委員会2015）。

　これに対して、介護職のイメージを向上するための取り組みが、法人経営者、団体、自治体のそれぞれのレベルで行われている。全国で介護サービス事業などを展開する「ベネッセスタイルケア」（東京都渋谷区）の新卒・障がい者採用セクションでは、「介護サービス業は3K（きつい、汚い、危険）のイメージがつきまとう。採用段階で、仕事の本質とやりがいをしっかり理解してもらうことが大事だ」と介護職を確保するための戦略として「仕事の本質とやりがい」を伝えていくことを重要視している（朝日新聞2013年10月4日）。日本介護協会では、毎年末「介護甲子園」を開催して、職員同士が介護の技法や魅力を発信し、やる気ややりがいを奮起させようとするイベントを実施している。2016年には全

序章

国から約5千団体がエントリーし、参加者は第1回大会の30倍余りに増えている（朝日新聞2017年1月10日）。また自治体では、11月11日の「介護の日」に小・中学校等で介護体験教室を開くなどして、若者が介護に関心を持てるようになるための企画を行っている（朝日新聞2017年1月10日）。

1－3　介護職の「働きがい」は利用者の笑顔や「ありがとう」だけにあるのか

　このような介護職のイメージ向上のために、必ずといっていいほど語られる言葉に「働きがい」や「やりがい」がある。しかし、改めて問い直してみると、「働きがい」とは何だろうか。何によってもたらされるのか。現状は介護職の「働きがい」について、充分な議論が積み重ねられてきたとはいえない状況であろう。というのは、介護の「働きがい」が語られる時には、「利用者の笑顔を見れば自分も自然に笑顔になる」、「利用者や家族からの『ありがとう』で疲れが帳消しになる」、「出来なかったことが、接し方次第で出来るようになる楽しさがある」など、笑顔や感謝、自立支援の楽しさとしてもたらされる満足感が「働きがい」として表されることが多い。しかし、介護の「働きがい」は、利用者の笑顔や感謝、楽しさだけからもたらされるのではない。筆者自身が従事した、約15年間の介護職としての経験には、早朝に何十人もの排泄介助と着替え介助を行って、利用者の朝食時間を迎えることができた時の安堵感、ターミナルケアの利用者の最後となるかもしれない入浴介助を担当した時に感じた責任感、進行するリウマチの痛みに耐えながら「どうして？」と問いかける利用者に、答えを出すことはできずとも寄り添うことはできると気づいた時の確信等々、僅かに振り返るだけでも、利用者の不自由な身体を支える重みや人生の現実に直面する厳しさ、命（いのち）を担う責任に意味を見出し、職業としての誇りを自覚するようになった記憶は次々と蘇ってくるのである。

介護職が利用者の笑顔・感謝・自立の楽しさのみならず、不自由な身体を支える重み、人生の現実に直面する厳しさ、命（いのち）担う責任に意味を見出し、誇りを持つ経験をしていることは、介護職が職業の本来的な役割を果たしている証しでもあるだろう。

このように、介護職の「働きがい」は、「重み」や「負担」、「厳しさ」、「責任」にも向き合い、介護職の声を浮かび上がらせることで、はじめて明らかにすることができるのではないだろうか。

1－4　介護職の入職と離職の理由

（財）介護労働安定センターが実施した平成27年度『介護労働実態調査』）入職時に介護職を選んだ理由は（複数回答あり）、「働きがいのある仕事だと思ったから」（52.2％）、「資格・技能が活かせるから」（35.8％）、「今後もニーズが高まる仕事だから」（34.1％）、「人や社会の役に立ちたいから」（31.8％）、「お年寄りが好きだから」（24.1％）、「介護の知識や技能が身につくから」（23.3％）等があげられており、介護という職種や仕事内容に魅力を感じ、資格や技能を活かして、社会貢献し、働きがいを得ることが入職の動機となっていることがわかる。

一方、離職理由から介護職をみるとどのようか傾向がわかるだろうか。わが国における離職理由に関する近年の比較的大規模な調査としては、①労働政策研究・研修機構（2007）『若年者の離職理由と職場定着に関する調査』、②厚生労働省（2015）『雇用の構造に関する実態調査』、③介護労働安定センター（2015）『介護労働実態調査』がある。それぞれ転職経験者を対象に離職理由を調査しているが、離職理由として挙げられた上位3項目を挙げると、①全国に企業に在籍する35歳未満の正社員を対象とした調査では、「仕事上のストレスが大きい」、「給与に不満」、「労働時間が長い」となっており、②の全国の民間事業所に就業している一般社員の転職者を対象とした調査では、「労働条件（賃金以外）がよくなかった」、「満足のいく仕事内容でなかった」、「賃金が低かった」となってい

る。一方、③の全国の介護保険サービス事業所に就業している介護職を対象とした調査では、「職場の人間関係に問題があった」、「法人や施設・事業所の理念や運営の在り方に不満があった」、「他に良い仕事・職場があった」となっている。

　上記の調査結果からは、①②の民間事業所や一般企業の離職理由には、職場の安定性や賃金・時間等の労働条件やストレスに関する要因が挙げられる傾向がみられるのに対して、③の介護職では、職場の人間関係や法人・施設・事業所の理念や運営等、労働条件以外の組織マネジメントに関する要因が上位に挙げられていることが分かる。比較的小規模な組織が多い介護保険サービス事業所では、職場の人間関係の範囲が狭く、いったんうまくいかないと居心地が悪い職場になってしまうといった状況もあるだろう。ただし、③の調査では、4番目に「収入が少なかった」、5番目に「自分の将来の見込みが立たなかった」といった労働条件や将来の安定性の問題もあることは無視できない。

　このように、介護職の職業選択と離職のそれぞれの理由を照らし合わせると、介護の仕事内容に魅力を感じ、やりたい職種として能力や資格が活かせることを期待して入職しても、能力を発揮して期待した役割を果たすことができない状態が続いて、働きがいを見いだすことができず、その結果離職してしまっている状況があることが考えられる。

　このことからも、介護職の離職を防いで、彼らが「働きがい」を持って職務を継続していけるようにしていくためには、「組織マネジメント」という要因を重視する必要があると言える。

1－5　介護職の「働きがい」と職場の「組織マネジメント」に着目する意義

　これらのことから、介護職の「働きがい」と職場の「組織マネジメント」に着目する意義として、2点をあげることができるだろう。

第1点は、これまで「介護職は大変だが働きがいのある仕事」と云われてきたが、そもそも「働きがい」とは何かを問うには、肯定的なイメージだけでなく、「重み」や「負担」、「厳しさ」、「責任」といった側面にも向き合い、「大変だ」と感じる負担を引き受けて職務を果たし、利用者との関係形成に至るプロセスがあるからこそ誇りが見いだされる、といった側面から介護職の「働きがい」を考究することが必要である。

このような職業に関する側面を説明する概念として、「職業の倫理」（尾高邦雄1970 9-69）がある。この「職業の倫理」は、ラテン語の語源をもつ「モーレス（mores）」とギリシャ語に由来する「エートス（ethos）」に分けられる。この内、「モーレス（mores）」とは、職能団体が掲げる倫理綱領等の成員がそれに従うことを要求して、違反があった場合には集団によるなんらかの制裁を伴うような拘束的・他律的で、外的な行動基準である。一方、「エートス（ethos）」とは、ある社会の成員が習慣的に備えるに至った、自発的な職業上の気風や気質、心構えのような内面的な倫理を意味する（尾高邦雄1970 25-26）。

「働きがい」は、専門的な技能が発揮できる、感謝されるといった介護労働が介護職にもたらす満足やプラスの感情に関わるだけでなく、辛さや厳しさがあっても、高齢者のために、自ら負担を引き受けて職務を果たすという側面があり、それはあらかじめ備えられた「職業活動上の特定の心構えや精神」（尾高邦雄1970：22）からもたらされると考えられる。この職業の倫理とは、「エートス（ethos）」に他ならない。そこで、介護職における「エートス（ethos）」を「職業」、「労働」の概念から改めて検討することが必要である。

つまり、「介護職は大変だが働きがいのある仕事」という時、私たちは、「大変」には、介護の負担、苦痛、重荷をイメージし、「働きがい」には、利用者の笑顔や感謝の言葉等の肯定的経験をイメージする。しかし、介護職には、不自由な身体を支える重み、人生の現実に直面する厳しさ、命（いのち）担う責任に意味を見出す経験があるからこそ、誇り

を持つことができるという側面がある。つまり、介護職が利用者の求めに応じて、介護を行うとき、そこには、肯定的経験による満足感だけでなく、重荷を引き受けて職務を果たし、利用者と関係形成に至ったことによる充足感、達成感の両面がある。本研究が焦点を当てるのは、このような内的な動因を説明する概念としての、「エートス（ethos）」である。

　介護職の「職業エートス」と職場組織に着目する意義の２点目は、介護職が能力を発揮して期待した役割を果たすことができないまま、働きがいを見いだせずに離職してしまっている要因を「組織マネジメント」を含めた「職場組織」の問題として示すことである。これまで、介護職の職場組織について、新聞等のマスメディアが主に取り上げてきたのは「労働条件」である。しかし、介護職の離職理由として、介護の理念や目的、人間関係、能力発揮の場づくりといった組織マネジメントがあげられていることから、職務の継続を生み出すような「職業エートス」を創り出すための「組織マネジメント」も必要と考えられる。

　また、これまで、介護職の職務満足・職務負担と職務継続・離職意向に関わる先行研究については、職務満足、職務負担、バーンアウト、ワークエンゲイジメント、個人要因、組織要因、入職動機、継続・離職意向といった変数間の関連が必ずしも体系的に整理されたかたちで研究が取り組まれてきたわけではない。

　これらのことから、職務継続や離職に影響する介護職の「職業エートス」を論証するとともに、「職業エートス」と職場組織の「労働条件」、特に「組織マネジメント」との関係を実証的に示すことに本研究の意義があると考える。

2　研究の目的

　本研究の目的は、介護職の職務継続や離職意向には「職業エートス」

の形成が影響していることを明らかにし、その形成過程を示すとともに、「職業エートス」が職場組織の「労働条件」、「組織マネジメント」によって醸成されること実証的に示すことである。

3 研究の仮説

　介護職が離職にいたる過程には、賃金の低さや労働負荷の重さ、休暇の取りにくさといった厳しい「労働条件」だけではなく、仕事の意義や目的の不明確さ、専門的な能力や個性を発揮する機会の乏しさ、職場の人間関係等の「組織マネジメント」の未整備によって「職業エートス」が形成されない、または形成された「職業エートス」の低下や喪失が考えられる。そうであれば、一定の水準の賃金、労働負荷の軽減、休暇取得への配慮等の適切な「労働条件」が整備され、仕事の意義や目的が明示され、専門的な能力発揮の機会と役割の実現がもたらされ、職場の人間関係等の「組織マネジメント」が整備されることで、「職業エートス」の形成が促進され、職務を継続することができるとの仮説を立てる。

図1　介護職の職業エートスの形成・喪失と職務継続・離職

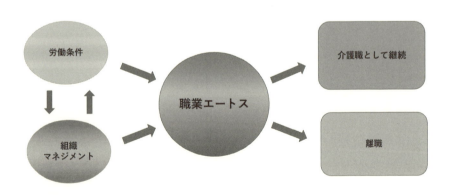

序章

4　研究方法

　実証研究である。「職業エートス」と職場の「労働条件」、「組織マネジメント」に関する分析・検討では、先行研究の論文および文献を中心とした研究を行う。「職業エートス」と「労働条件」及び「組織マネジメント」の関連については、質問紙による調査を行い、明らかにする。続けて特徴的な結果を示した施設の管理者及び介護職にインタビュー調査を行い、「職業エートス」の形成に好ましい影響を与えて、職場の定着に結びつく「労働条件」及び「組織マネジメント」の具体的な取り組みを分析・考察する。

5　本論文の構成

　まず、第Ⅰ章では、介護職の負担感、ストレス、職務満足、職務継続・離職意向、組織マネジメントに関連した先行研究をレビューして、本件研究の研究枠組を提示する。

　第Ⅱ章では、職業選択の基本的な概念である職業アスピレーションと職業エートスの分析視点と枠組みを示す。職業アスピレーションは、職業選択にかかわる志望、動機、予定、必要条件の獲得に努力する個人の志向であり、職業に対する適性の基礎を形成するとともに、その職業を継続する志しを支えている。近代社会において、職業概念が形成される過程で職業アスピレーションがどのように位置づけられてきたのかを論じながら、職業選択における職業アスピレーションの重要性を示す。次に、職業エートスは、倫理の遵守が外部から課せられる他律的な行動基準としての「倫理」ではなく、自発的な職業上の気風や気質、心構えのような内面化した基準としての「倫理」であり、その時代の職業に向けられた社会規範や支配的な倫理感を形成するものである。また、個々の職業の固有の特性を示す概念として説明されることもある。本研究では、

19

職業という概念が成立する前の時代まで遡り、職業エートスの形成と発展の過程を振り返ることで、職業エートスの定義を示す。

第Ⅲ章では、第Ⅱ章で示した職業エートスの視点から。介護職の特性を分析するとともに、介護職の職業エートスを示していく。介護職の特性については、疎外された労働の視点から介護職の特性を検討し、疎外された労働の対極にある非疎外的状態といえる介護職の在り方を示していく。また、戦後のマルクス主義フェミニストを中心に、介護職の活動力の全体を労働（labor）に限定して捉えてきたことの問題点を提示し、その上で、現実に介護職が持つようになっている対人サービスとしての職業エートスを明らかにした。

第Ⅳ章では、職場組織を論じるための基本的な分析視点を提示し、介護職の職場組織について論じる。まず最初に、職場組織を論じるための社会集団の基本的視点を確認し、介護の職場組織における対人サービス組織としての特性を示す。次に、介護施設における労働条件と組織マネジメントを示す。その上で、労働条件と組織マネジメントによって形成される職業エートスと職務・職場継続意向の4つのパターンを示す。

第Ⅴ章では、施設介護職の「労働条件への不満足感」、「組織マネジメント」、「職業エートス」に着目し、介護職の職務・職場継続意向が「労働条件への不満足感」や「組織マネジメント」、「職業エートス」とどのように関連しているのか、そして「職業エートス」がどのように形成されていくのかを分析・考察する。

第Ⅵ章では、介護職が介護という職業と職場に対して持っている意識を分析・考察していく作業を通して、介護職がどのような職業であり、介護の職場がどのような職場であるのかを明らかにすることで、介護職が職業として成立するため職場組織の方向性を提示していく。

第Ⅶ章では、第Ⅴ章、第Ⅵ章の調査結果を受けて、「労働条件」への不満足感が低く、「職業エートス」と「組織マネジメント」が高かった施設の管理者と介護職への面接調査を行い、介護職の「職業エートス」、職場

の「労働条件」、「組織マネジメント」を整えていくための条件と方法を提示していく。

　終章では、各章をまとめながら結論を示す。その上で、本研究の限界と残された課題、今後の方向性を提示する。

文献

朝日新聞　2013年10月4日　朝刊　東京本社『試して納得の就職』
朝日新聞　2017年1月10日　夕刊　東京本社　『若者よ　介護を目指して』
尾高邦雄（1970）『職業の倫理』中央公論社　25-26
厚生労働省（2011）『第9回今後の介護人材養成の在り方に関する検討会資料』
厚生労働省　第4回社会保障審議会福祉部会　福祉人材確保専門委員会（2015）
　『介護人材の確保について』総務省統計局（2017年2月）『労働力調査』

第Ⅰ章　介護職の働きがいに関する先行研究の概要

　このような介護労働の実態の中で、介護職は「働きがい」を持って働くことができているだろうか。介護職の「働きがい」に関連する調査として、職務満足・職務負担と職務継続・離職意向に関する先行研究があるので、これらの経過をまず整理する。なお、ここでは、働きがい概念の職業エートスの側面だけに焦点をあてるのではなく、職務満足などの広い意味を含めて働きがいを捉えて、先行研究をみていく。

１－１　初期の調査研究

　介護職を対象とした研究として、初期の研究に目を向けると、小野内智子（2016：188）が、調査対象が介護職限定ではないとした上で、大阪民生部（1979）「社会福祉従事者の意識調査」、京都府老人福祉協議会（1981）「老人ホームに働く職員の実態調査」、東京都老人総合研究所（1983）「老人ホーム職員の職務定着に関する調査」が行われていることを報告している。

　高齢者施設職員の職務満足に関わる調査・研究としては東條光雄・前田大作（1985:3-14）が、就職時の現職に対する希望の強さと自尊感情が有意な規定要因であることを示している。また、冷水豊・浅野仁（1985:26-41）は仕事自体の満足、自尊感情や上司に対する満足度が全体的な満足度と強く関連していることを示し、冷水豊・前田大作・坂田周一・ほか（1986:24-36）は、仕事内容に対する満足度や自尊感情の低さ等が離職以降に影響を及ぼすことを示した。

　1980年は、特別養護老人ホームの施設数が養護老人ホームの数を超えた年であり[1]、介護サービスの質の確保や職員の定着が問題として認識されるようになったことが、職務満足に関わる研究が行われるようになった背景として考えられる（山埼1984 81-90）。また、「就職時の現職に

第Ⅰ章　介護職の働きがいに関する先行研究の概要

対する希望の強さ」は、本研究で取り上げる「職業アスピレーション」と重なり、「自尊感情」は「職業エートス」と重なると解釈すると、本研究と共通の問題意識は、この時代から既に存在していたことが考えられる。

　ここからは、職務満足・職務負担と職務継続・離職意向に関連する先行研究として、身体的・精神的負担感に関する研究、ストレスとストレス症状に関する研究、職務満足に影響を与える要因に関する研究、職務継続・離職以降に影響を与える要因に関する研究を概観していく。

１－２　介護の身体的・精神的負担感に関する研究

　わが国は1994年に高齢化率14％の高齢社会に入るが、この時期から介護職の負担感に関する調査研究がみられるようになる。まず、身体介助の負担感に関する論文としては、筒井（1993:43-82）、徳田ら（1997:113-122）、永田ら（1999:459-469）があり、入浴介助、移乗介助、排泄介助等の負担感を取り上げている。

　精神的負担感では、認知症高齢者への対応に関連して、筒井（1993:43-82）、永田ら（1999:459-469）、國定（2011:1-8）があり、認知症高齢者の介護による負担感は強いもの、専門的知識の向上により、提供したサービスに対して仕事の達成を感じており、認知症介護に対応した労働環境づくりの必要性が指摘されている。

　2000年に入ると、精神的負担感に関連して、「感情労働」が取り上げられるようになり、「感情労働の要素がある介護職はかなりのエネルギーを必要とする」（田中2010:48-58）、「介護は高度な感情労働が不可欠」（二木2010:89-118）、「9割の介護職が利用者とのコミュニケーションにストレス」（吉田2014:51-91）、であることが指摘された。一方、感情労働は、達成感の向上や利用者とのつながりの感覚を強め、職務満足感を高める等、肯定的な側面があるとの研究もみられる。安部（2011：101-106）、

23

阿部（2014：1-28）。

　記録・文書作成の負担感を取り上げた研究では、「介護労働時間が長くなるにつれて「業務の記録・文書の作成」を主とする介護業務の負担度が増加する」（國定2011：1-8）がある。

　このように、これまでの研究において、介護職の職務遂行に伴う負担感には、身体的負担、精神的負担、事務的業務の負担感があることが明らかにされた。負担感はストレスと同義語として使われていることが多いが、認知症介護や感情労働の負担感に関わる議論では、負担感は職務満足を抑制することが推察される一方で、配慮や優しさ、愛情の結果が達成感の向上や利用者とのつながりの感覚・職務満足感を高めるという報告もされるようになってきている。

１－３　介護職場のストレッサーとストレス症状に関する研究

　ストレスはセリエ（Selye,H 1936：32）によって、「外部環境からの刺激によって起こる歪みに対する非特異的反応」と定義された概念である。

　介護職のストレスに関する研究では、矢富ら（1991:49-59）が「高齢者介護スタッフのストレッサー評価尺度」を開発しており、「限られたマンパワーで24時間ベースの限りない介護ニードに追われる高齢者介護はストレスフルな仕事とみなされる」として、介護職が、①上司とのコンフリクト、②利用者とのコンフリクト、③同僚とのコンフリクト、④介護的仕事の負荷、⑤事務的仕事の負荷の５つのストレッサーに曝されるとしている。これらのストレッサーの結果として、「情動（抑鬱、不安、不機嫌、怒り）等の状態（矢富ら1991:49-59、199282-92、199530-39）（音山ら1997:-89）」、「抑鬱状態（原田ら2013:9-17）」、「精神的健康度（小嶋2013:34-40）」、「心理的ストレス反応（森本2003:263-269、松井2004:21-29、田辺ら2014:1-8）」、「身体的自覚症状（矢富ら1991:49-59、1992:82-92）」、「蓄積的疲労兆候（CFSI）（矢富ら1995:30-39・音山ら1997:80-89）」等のストレス反応の調査研究が行われている。

第Ⅰ章　介護職の働きがいに関する先行研究の概要

　これらの結果から、介護職のストレス研究は3つに分類され、①抑鬱、不安、不機嫌、怒りといった情動、身体的自覚症状、蓄積的疲労兆候等のストレス反応に関わる研究、②上司・同僚・利用者との軋轢（コンフリクト）や温かい人間性と冷静で客観的な態度との葛藤、③介護的・事務的負荷、利用者の生活への深い関与、利用者の抑鬱からの影響があり、いずれの研究もストレッサーを軽減することの必要性を示唆している。

表5　介護職場のストレッサーとストレス症状に関する研究の分類

区分	結果・ポイント
ストレス反応	抑鬱、身体的自覚症状、蓄積的疲労
コンフリクト・葛藤	上司・同僚との軋轢（コンフリクト） 暖かい人間性と冷静で客観的な態度との間の葛藤
負荷・関与・影響	介護的・事務的負荷 利用者の生活への深い関与 利用者の抑鬱からの影響

1－4　介護職の職務満足に影響を与える要因に関する先行研究

　職務満足の一般的定義は、「自分の仕事を評価してみた結果生じる、喜ばしいあるいはポジティブな情動状態」（Locke 1976:1300）とされている。

　介護職の職務満足に関する先行研究では、先に取り上げた東條・前田（1985:3-14.49）、冷水・前田（1985:26-41）に続いて、中野・福渡（2000:7-19）がある。中野・福渡は、職務満足と生活満足とに有意な相互影響があるとしている。笠原（2001:36-42）は、上司の理解、同僚との人間関係、施設説明、ニーズ対応が仕事の満足度に大きく影響しているとしている。Lee Jung Won（2003:85-105）は、待遇への満足、上司との満足、同僚との満足、成長満足の4つに職務満足としての構成概念妥当性を確

25

認している。森本（2003:263-269）は、仕事の裁量度が大きいほど職務満足が高くなり、介護職の精神的健康の肯定的側面が維持されるとしている。松本（2011:85-105）は、介護職の職務満足を向上させて離職を防止する職場環境による介入の条件として、ハーズバーグの「衛生要因」（方針、監督、同僚関係、給与、個人生活）と「動機づけ要因」（仕事内容、達成感、承認、責任、昇進、成長可能性）に働きかけることの重要性を提示している。呉（2013:109-122）は、リーダーシップがチームワークを促し、介護職の職務満足とサービス自己評価を高めることを明らかにしている。福間（2016:1-12）は、介護職の能力と組織風土のモデレート効果（相互調整による適度な状態）に有意差が認められ、仕事の特性と個人の特性、仕事の特性と組織の特性が相乗的に働き合いながら、職務満足の向上に寄与していることを示している。

　2010年以降の、松本、呉、福間らの研究は、いずれも職務満足に関わる要因として、介護職の能力と職場環境や組織風土に関連があることを示しているが、この時期には、他にも単に職場のストレッサーを軽減するだけでは職務満足は向上しないといった問題意識による研究がある。そのひとつが「ワーク・エンゲイジメント（Work Engagement）」である。ワーク・エンゲイジメントは、仕事に誇りを持ち、仕事にエネルギーを注ぎ、仕事から活力を得ていきいきしている状態であり、シャウフェリら（Schaufeli, W.B., Bakker,）によって次のように定義されている。

　「ワーク・エンゲイジメントは、仕事に関連するポジティブで充実した心理状態であり、活力、熱意、没頭によって特徴づけられる。エンゲイジメントは、特定の対象、出来事、個人、行動などに向けられた一時的な状態ではなく、仕事に向けられた持続的かつ全般的な感情と認知である」（Schaufeli, W.B., Bakker,2004：293-315）。

　ワーク・エンゲイジメントの問題意識はバーンアウトの低減と予防を行っても、それだけでは従事者の幸せ（Well-being）に貢献する職場環境としては不十分であり、加えて仕事でいきいきとした状態を高める必

第Ⅰ章　介護職の働きがいに関する先行研究の概要

要があるというものである（島津明人2014:8）。

　なお、このワーク・エンゲイジメントにおける「活力（Vigor）」とは、エネルギッシュで、傷ついてもへこたれずに立ち直るこころの回復力、仕事に対する惜しみない努力、粘り強い取り組みによって特徴づけられる。また、「熱意（Dedication）」は、仕事への深い関与、仕事に対する熱意、ひらめき、誇り、挑戦等の気持ちで特徴づけられる。「没頭（Absorption）」は、仕事に集中し、幸せな気持ちで夢中になることから、時間経過の速さ、仕事から離れることの難しさ等で特徴付けられる（島津2014：28-29）。

　介護職に関わるワーク・エンゲイジメントの研究では、ジェナロら（Jenaro et al 2011）が病院に勤務する看護師、看護管理者、看護助手を対象に調査を行い（対象別の分析なし）、社会的活動障害、患者ケアによるストレスがワーク・エンゲイジメントの下位尺度である「活力」、「熱意」を低下させるとしている。わが国においては、小畑・森下（2011、2013、2014）が、金融、自動車販売・整備、菓子販売、印刷、介護福祉を対象に調査を行い（対象別の分析なし）、女性・高年齢ほどワーク・エンゲイジメントが高く、ストレス反応とは負の相関があること（小畑・森下2011）、年齢、ストレス、職場のサポート、働く目的がワーク・エンゲイジメントに関連していること（小畑・森下2013）、働く目的のうち、企業と社会のため、生活の張り合いのためがワーク・エンゲイジメントを高めることを報告している。

　また、小淵ほか（2012）は、高齢者福祉施設の介護職490人を対象にした調査で、小畑・森下（2011）と同じく、バーンアウトとワーク・エンゲイジメントに負の相関があることを報告している。谷口（2014）は、高齢者福祉施設の介護職を944人を対象に、ワーク・エンゲイジメントと個人要因・組織要因の関連を調査して、年齢、同僚の支援、仕事のコントロールがワーク・エンゲイジメントを高め、就業年数、うつ気分、離職意向が高いとワーク・エンゲイジメントが低減することを報告してい

介護職の働きがいと職場の組織マネジメント

る。

　これらの職務満足に影響を与える要因に関わる先行研究を整理すると、下記のように、就職時の現職に対する希望の強さ、自尊感情、年齢、ワーク・エンゲイジメント（熱意・活力・没頭）、鬱気分、介護職の能力、ニーズ対応、成長満足、サービス自己評価等の「介護職の個人要因」と「労働条件」、「組織マネジメント」等の「介護職場の組織要因」に分類することができ、このうち、「労働条件」には、待遇への満足（給与・手当）、生活満足・生活の張り合い（休暇の取得）があり、「組織マネジメント」には、施設説明・働く目的、リーダーシップ（上司に対する満足）、チームワーク（同僚との満足）、仕事のコントロール（裁量度）、組織風土のモデレート効果があることが分かる。

表6　先行研究における職務満足に影響を与える要因の分類

介護職（個人要因）	介護職場（組織要因）	
	労働条件	組織マネジメント
・就職時の現職に対する希望の強さ ・自尊感情 ・年齢 ・ワーク・エンゲイジメント（熱意・活力・没頭） ・鬱気分 ・介護職の能力 ・ニーズ対応 ・成長満足 ・サービス自己評価	・待遇への満足（給与・手当） ・生活満足・張り合い（休暇の取得）	・施設説明・働く目的 ・リーダーシップ（上司に対する満足） ・チームワーク（同僚との満足） ・仕事のコントロール（裁量度） ・組織風土のモデレート効果

第Ⅰ章　介護職の働きがいに関する先行研究の概要

1－5　介護職の職務継続・離職意向に影響を与える要因に関する研究

　続けて、介護職の職務継続・離職意向に影響を与える要因に関する先行研究を上で提示した個人要因と組織要因（労働条件、組織目ネジメント力）に分けて整理する。

個人要因

　介護職の職務継続・離職意向に影響を与える要因（負担感、不満感、疲弊感、バーンアウト、職務満足等）に関する研究を個人要因からみた研究では、まず①年齢に着目すると、年齢が若い者は職務満足度が低く、バーンアウト徴候が高く（堀田2009:24-36）、30歳未満が退職意向へ強い影響力をもっている（冷水ら1986:24-34）、②経験年数では、在職年数が１年未満および５～９年の場合に不満感が表され、10年以上になると不満感を表す傾向がなくなる（冷水ら1985:26-41）。経験を重ねることは、疲弊感を高め（小野寺ら2007:464-475）、３年以上４年未満の経験者は業務習熟が進んで日常での単独判断、新人指導等が期待され始める時期でバーンアウトの傾向が高くなり（渡邉ら2012:17-26）、介護職歴が10年以上の者は５年以上のものに比べ仕事の量的負担と質的負担を有意に強く受容している（横山2012:171-179）。③専門職としての意識では、意識が高い介護職員ほどストレス経験が強い（畦地ら2006:427-437）。④教育歴では、福祉系専門教育高学歴が退職意向に強い影響力をもつが、反対に勤続意向への影響力ももっており（冷水ら1986:24-34）、高学歴者で年齢が高いほど業務評価が高く、バーンアウトが低い（増田ら2003:3-14）。⑤介護福祉士資格の有無では、有資格者はヘルパーよりも離職意向が高く（小檜山2010:444-457）、介護福祉士資格を持つことで施設運営上のさまざまな責任を負わざるをえないこと、介護サービスに対する理想と現実とのギャップによってバーンアウトを感じやすい（堀田ら2005:131-177）、といった研究がある。まとめると表7のようになる。

29

介護職の働きがいと職場の組織マネジメント

表7　介護職の職務継続・離職意向に影響を与える個人要因に関する先行研究

区分	著者	結果・ポイント
年齢	冷水ら（1986） 堀田（2009）	• 30歳未満が、退職意向へ強い影響力をもっている • 年齢が若い者は、職務満足度が低く、バーンアウト徴候が高い
経験年数	冷水ら1985 小野寺ら2007 渡邉ら2012 横山2012	• 1年未満および5〜9年の場合に不満感が表され、10年以上になると不満感を表す傾向がなくなる • 経験を重ねることは、疲弊感を高める • 3年以上4年未満の経験者は業務習熟が進み、日常での単独判断、新人指導等が期待され始める時期でバーンアウトの傾向が高い • 10年以上の者は5年以上のものに比べ仕事の量的負担と質的負担を有意に強く受容している
専門職意識	畦地ら2006	意識が高い介護職員ほどストレス経験が強い
教育歴	冷水ら1986 増田ら2003	• 福祉系専門教育高学歴が退職意向に強い影響力をもつが、反対に勤続意向への影響力ももっている • 高学歴者で年齢が高いほど業務評価が高く、バーンアウトが低い
介護福祉士資格	堀田ら2005 小檜山2010	• 介護福祉士資格を持つことで施設運営上のさまざまな責任を負わざるをえないこと、介護サービスに対する理想と現実とのギャップによってバーンアウトを感じやすい • 有資格者はヘルパーよりも離職意向が高い

第Ⅰ章　介護職の働きがいに関する先行研究の概要

　このように、個人要因では、年齢、経験年数、専門職としての意識、教育歴、介護福祉士資格と職務継続・離職意向との関連に関する研究があるが、調査によって結果に違いがあり、明らかな関連が示されているわけではない。

組織要因
労働環境・労働条件

　介護職の職務継続・離職意向に影響を与える要因（負荷、ストレッサー、コンフリクト、蓄積的疲労、満足度等）に関する研究を組織要因からみた研究では、まず労働環境・労働条件では、以下の先行研究がある。

　①施設規模では、「利用者定員100人以上の大規模施設ではストレッサーが高くなる」（宇良ら1995:164-171）。②施設ケアの形態では、「小規模ケア型施設と従来型施設では、蓄積的疲労徴候が小規模ケアが有意に高い」（張ら2007:366-374）、「認知症専用ユニットの介護職は、非専用ユニットの介護職に比べて、介護的仕事の負荷、利用者とのコンフリクト、事務的仕事の負荷を多く経験し、情動的ストレス反応、慢性疲労が高い」（矢冨ら1995:30-39）。③職務負担では、「職務量の多さ、利用者とのコンフリクトが高いと離職意向が高い」（矢冨ら1991:49-59）、「仕事的負荷が高いと離職意向が高い」（小野寺ら2007:464-475）。④賃金では、「離職率定位群は賃金に関してより高い満足度を示したが、職員の意識としての離職意向は、必ずしも給与の額面そのものには関連しない」（張ら2008:16-23）。「施設系介護職については他職種との相対的賃金が介護従事者の離職行動に与える有意な影響が認められる」花岡（2010:61-63）。⑤休暇の取得、福利厚生では、「離職率低位群の施設職員は、休暇の取得、福利厚生に関してより高い満足度を示した」（張・黒田2008:16-23）としている。

介護職の働きがいと職場の組織マネジメント

表8 介護職の職務継続・離職意向に影響を与える組織要因
（労働環境・労働条件）に関する先行研究

区分	著者	結果及びポイント
施設規模	宇良ら（1995）	• 利用者定員100人以上の大規模施設ではストレッサーが高くなる
施設ケア形態	張ら（2007） 矢冨ら（1995）	• 小規模ケア型施設と従来型施設では、蓄積的疲労徴候が小規模ケアが有意に高い • 認知症専用ユニットの介護職は、非専用ユニットの介護職に比べて、介護的仕事の負荷、利用者とのコンフリクト、事務的仕事の負荷を多く経験し、情動的ストレス反応、慢性疲労が高い
職務負担	矢冨ら（1991） 小野寺ら（2007）	• 職務量の多さ、利用者とのコンフリクトが高いと離職意向が高い • 仕事的負荷が高いと離職意向が高い
賃金	張ら（2008） 花岡（2010）	• 離職率定位群は賃金に関してより高い満足度を示したが、離職意向は、必ずしも給与の額面そのものには関連しない • 施設系介護職については他職種との相対的賃金が介護従事者の離職行動に与える有意な影響が認められる
休暇取得 福利厚生	張・黒田（2008）	離職率低位群の施設職員は、休暇の取得、福利厚生に関してより高い満足度を示した

　これらの調査研究をまとめると、ストレスと施設規模・ケア形態の関連をみると、定員数が100人を超える大規模施設、小規模ケア、認知症専用ユニットのストレッサーが高いことが報告されている。また、労働条件には、勤務時間、休暇・福利厚生といった負荷を軽減する面と賃金といった負荷に報いる面があることがわかる。負荷については、過重な負

第Ⅰ章　介護職の働きがいに関する先行研究の概要

荷は離職意向につながるが、労働の負荷への報いについては、給与の額面だけでは離職意向との関連が必ずしも結びつけられないこと等から、賃金以外の労働への報酬が影響していることが考えられる。

組織マネジメント

　介護職の職務継続・離職意向に影響を与える要因（ストレス、バーンアウト、職務満足）と組織マネジメントに関連する研究を概観すると、矢冨ら（1991:49-59）は「上司」「同僚」との関係、「決定参加」（矢冨ら1992:82-92）、「仕事のコントロール」（矢冨ら1995:30-39）（矢冨1996:1-22）、「利用者中心的な方針」が高いとストレスは低いこと（矢冨ら1995）をあげている。宇良ら（1995:30-39）は、「管理者が介護理念をはっきりもち、職員の意見を取り入れ、意欲的に指導力を発揮していたりする施設では、職員がストレスフルな出来事を経験することが少ない」ことを報告しており、笠原（2001:36-42）は、「介護職の職務満足は上司の理解、同僚との人間関係、施設説明、ニーズ対応から影響を受ける」としている。岸本（2002:103-114）は、「上司による適切なスーパービジョンや同僚との信頼関係は、バーンアウトを軽減する」と報告している。帳・黒田（2008:16-23）は「職員の資質向上への取り組み、労働環境の充実、職場への所属意識・施設運営への参加、役割の明確化がある施設は離職率が低い」ことを明らかにしている。堀田（200924-36）は、「職場全体の課題共有を十分に行っていると介護職員のストレス度が低い」としており、大和（2010:16-23）は、「職場の人間関係やコミュニケーションが介護職の就業継続意向に影響を与える」としている。花岡（2010:61-63）は、「施設系介護職については他職種との相対的賃金が介護従事者の離職行動に与える有意な影響が認められる。また、研修（一部の内容）についても事業者の早期離職者割合を有意に低下させる傾向がある」賃金に加えて研修の必要性を指摘している。金原ら（2012a:50-58, 2012b:42-50, 2013:57-64）は「リーダーシップ」、「利用者中心的介護方針」、「役割葛

藤・役割曖昧性の役割ストレス」をあげている。

　呉は「リーダーシップはチームワークを促し，またそれが職務満足およびサービスの自己評価に影響を及ぼす」（呉2013:109-122）ことを示している。

表9　介護職の職務継続・離職意向に影響を与える組織要因
（組織マネジメント）として抽出された項目

区分	項目
理念	・介護理念、施設説明 ・利用者中心的な方針 ・職場への所属意識 ・職場全体の課題共有
リーダーシップ	・職員の意見を取り入れ意欲的に指導力を発揮する上司 ・上司の理解 ・上司による適切なスーパービジョン
チームワーク	・同僚との人間関係、信頼関係、コミュニケーション
権限委譲	・役割葛藤・役割曖昧性のストレス ・仕事のコントロール ・決定参加・施設運営への参加
人材育成	・職員資質向上への取り組み ・研修

　これられの先行研究の結果をまとめると、上記のように、介護職の職務継続・離職意向に影響を与える組織マネジメントの項目は、①理念・方針の提示、②リーダーシップの発揮、③チームワークと課題の共有、④権限委譲と役割明確化、⑤人材育成・研修に分類することができる。

第Ⅰ章　介護職の働きがいに関する先行研究の概要

1－6　小括

　介護職の職務満足・職務負担と職務継続・離職意向に関わる調査研究は、高齢者施設の中で、特別養護老人ホームのニーズが高まっていく1980年頃からはじまり、当時既に、サービスの質の確保や職員の定着の問題として認識されていた。また、「就職時の現職に対する希望の強さ」は、本研究で取り上げる「職業アスピレーション」と重なり、「自尊感情」は「職業エートス」と重なると解釈すると、本研究と共通の問題意識は、この時代から既に存在していたことが考えられる。

　その後、負担感に関する調査研究が数多く取り組まれてきた。これらの蓄積から、介護職の負担感には身体的負担感、精神的負担感、事務的負担感があることが認識されてきた。負担感の捉え方としては、否定的な要因としての見方だけでなく、肯定的な側面を分析している研究もある。

　ストレスの面から見ると、ストレス反応、軋轢（コンフリクト）や葛藤、負荷の重さ・関わりの深さによる影響の3つに分類され、いずれもストレッサーの軽減、職場環境の改善が示唆されている。

　また、職務満足に影響を与える要因に関する先行研究をみると、バーンアウトの低減と予防を行っても、それだけでは従事者の幸せ（Well-being）に貢献する職場環境としては不十分であり、加えて仕事でいきいきとした状態（活力、熱意、没頭）を高める必要があるという問題意識からワーク・エンゲイジメントに関する研究が行われるようになった。

　これらの職務満足に影響を与える要因に関する先行研究を整理すると、要因として抽出された項目は、介護職（個人要因）と介護職場（組織要因）に分けることができ、介護職場（組織要因）は、「労働条件」、「組織マネジメント」に分類することができる。

　さらに、介護職の職務継続・離職意向に影響を与える要因に関する研究に着目すると、個人要因では、、調査によって結果に違いがあり、明らかな関連が示されているとは断言できない状況がある。組織要因に目を

向けてみると、組織要因は、職務の負担感に関わる労働条件と能力発揮・成長に関わる組織マネジメントの2つに分類できる。

このうち、労働条件には、勤務時間、休暇・福利厚生といった負荷を軽減する面と賃金といった負荷に報いる面があることがわかる。負荷については、過重な負荷は離職意向につながるが、労働の報いについては、給与の額面だけでは離職意向との関連が必ずしも結びつけられないこと等から、賃金以外の労働への報酬が影響していることが考えられる。組織マネジメントでは、①理念・方針、②リーダーシップ、③チームワーク、④権限委譲と役割明確化、⑤人材育成・研修に分類することができる。

以上のことから、先行研究においては、介護職の職務継続・離職意向に関わる個人要因の分析は充分に行われているとはいえず、特に「職業エートス」に焦点を当てて、職場組織（労働条件、組織マネジメント）との関連を実証した研究はないことが分かる。しかし、職場の「労働条件」や「組織マネジメント」が個人要因に影響し、それが介護職の職務継続・離職意向につながっていることは示唆されている。そこで、本研究では、職務継続や離職に影響する介護職の「職業エートス」を定義して、その形成過程を論証するともに、「職業エートス」と職場組織の「労働条件」、「組織マネジメント」との関係を実証的に示すことに意義があると考える。

図4 介護職の職業エートスの形成・喪失と職務継続・離職（再掲）

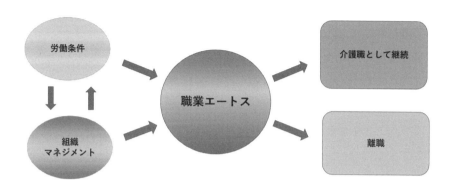

注

1) 1979年に942施設あった養護老人ホームは、10年後の1980年には944施設であり、わずか2施設の増設であった。一方、1979年に903施設だった特別養護老人ホームは、1980年には1030施設と100施設以上の増設された。

文献

Jenaro C., Flores N., Orgaz M., Begoña, Cruz M. (2011)：Vigour and dedication in nursing professionals: Towards a better understanding of work engagement, J. Adv. Nurs., 67, 865-875.

Locke, E. A. (1976), The nature and causes of job satisfaction. In M. D. Dunette (Ed.) Handbook of industrial and organizational psychology. Chicago: Rand McNally College Pub, pp.1297-1349.

Schaufeli, W.B., Bakker, A.B.(2004) Job demands, job resources and their relationship with burnout and engagement: A multi-sample study. Journal of Organizational Behavior25.

Selye, H. (1936). A syndrome produced by diverse nocuous agents. Nature, 138, 32.

阿部正昭（2014）「介護職はやりがいのある職業か—介護職におけるやりがいの構造とやりがいを奪われる経験の考察を中心に—」『社会論集』20，1-28．

安部好法・大蔵雅夫・重本津多子（2011）「感情労働についての研究動向」『徳島文理大学研究紀要』82，101-106

畦地良平・小野寺敦志・遠藤忠（2006）「介護職員の主観的ストレスに影響を与える要因;職場特性を中心とした検討」『老年社会科学』27（4），427-437．

宇良ら（1995）宇良千秋・矢冨直美・中谷陽明・ほか（1995）「特別養護老人ホームの介護職員のストレスに対する管理者のリーダーシップと施設規模の影響」16（2），164-171．

宇良千秋・矢冨直美・中谷陽明・ほか（1995）「特別養護老人ホームの介護職員のストレスに対する管理者のリーダーシップと施設規模の影響」16（2），164-171．

呉世雄（2013）「介護施設における組織管理要因が職員の職務満足およびサービスの自己評価に及ぼす影響」『社会福祉学』53（4），109-122，

音山若穂・矢冨直美（1997）「特別養護老人ホームの利用者中心的介護が介護スタッフのストレスに及ぼす影響」『季刊社会保障研究』33（1），80-89．

小野内智子（2016-03）「高齢者介護施設における介護職の勤務継続に関する文献レビュー －否定的要因に関する研究から－『ライフデザイン学研究』11 185-200

小野寺敦志・畦地良平・志村ゆず（2007）「高齢者介護職員のストレッサーとバーンアウトの関連」『老年社会科学』28（4），464-475．

笠原幸子（2001）「「介護福祉職の仕事の満足度」に関する一考察」『介護福祉学』8（1），36－42

金原京子・岡田進一・白澤政和（2012a）「介護老人福祉施設に従事する介護職が感じる「役割ストレッサー」のストレス反応への影響と職種間ソーシャル・サポートの効果について」『メンタルヘルスの社会学』18，50-58

金原京子・岡田進一・白澤政和（2012b）「介護老人福祉施設の介護職が感じる看護職との連携における「役割ストレス」の構造」『介護福祉学』19（1），42-50．

金原京子・岡田進一・白澤政和（2013）「介護老人福祉施設に従事する介護職の「役割ストレッサー」とバーンアウトの関連～役職者・非役職者別の検討」『メンタルヘルスの社会学』19，57-64．

岸本麻里（2002）「老人福祉施設における介護職者の職業継続の意志に影響を与え

第Ⅰ章　介護職の働きがいに関する先行研究の概要

る要因の分析—バーンアウトと仕事への価値観の重要性を通して」『関西学院大学社会学部紀要』92，103-114

國定美香（2011）「介護老人福祉施設の介護業務における介護労働時間とその負担度と達成度の関連性に関する研究」『日本保健福祉学会誌』17（1），1-8.

小嶋裕（2013）「介護老人福祉施設における介護職員の精神保健に関する研究」『自立支援介護学』7（1），34-40.

小檜山希（2010）「介護職の仕事の満足度と離職意向」『季刊社会保障研究』45（4），444-457.

島津明人（2014）『ワーク・エンゲイジメント』労働調査会,28-29

田中かず子（2010）「感情労働としての介護（介護はなぜストレスになるのか）—（在宅介護者と援助者のストレス）」『現代のエスプリ』（519），48-58.

田辺毅彦・大久保幸積（2014）「ユニットケア環境整備の際の介護職員ストレス低減の試み—GHQを用いたストレスチェック—」『北星学園大学文学部北星論集』51（2），1-8.

張允楨・黒田研二（2008a）「特別養護老人ホームにおける介護職員の離職率に関する研究」『厚生の指標』55（15），16-23.

張允楨・長三紘平・黒田研二（2007）「特別養護老人ホームにおける介護職員のストレスに関する研究—小規模ケア型施設と従来型施設の比較」『老年社会科学』29（3），366-374.

筒井孝子（1993）「特別養護老人ホームの介護職員における介護負担の改善に関する調査研究」『社会福祉学』34（2），43-82

東條光雄・前田大作（１９８５）「次元別仕事満足度の要因分析」『社会老年学』22，3-14．49.

徳田哲男・児玉桂子（1997）「特別養護老人ホームにおける介護負担の改善に関する調査研究」『老年社会科学』18（2），113-122.

永田久雄・李善永（1999）「特別養護老人ホームでの介護労働の実態調査と今後の高齢介護労働の検討」『労働科学』75（12），459-469.

中野隆之・福渡靖（2000）「介護職員の職務満足と生活満足：高齢者保健・福祉施設を中心に」『日本保健福祉学会誌』6（2），7-19.

永田久雄・李善永（1999）「前掲書」8,459-469

二木泉（2010）「認知症介護は困難か—介護職員の行う感情労働に焦点をあてて—」『社会科学ジャーナル』69，89-118.

花岡（2010）「介護労働者の離職要因—賃金が勤続年数別の離職に与える影響」

『医療経済研究機構レター』（192），61-63.

冷水豊・浅野仁（1985）、「全般的仕事満足感の構造と要因分析（特集：特別養護老人ホーム寮母の態度・意識に関する研究No.3）」社会老年学 22 26-41

冷水豊・前田大作・坂田周一・ほか（1986）「特別養護老人ホーム寮母の退職意向」『社会老年学』23 24-36

原口小夜・宮脇宏司（2013）「介護施設職員の抑うつ・ストレス反応と関連要因の検討」『聖泉看護学研究』2，9-17.

福間隆康（2016）「介護職の自律性と職務満足との関連」『広島大学マネジメント研究』17号，1-12

堀田聰子（2005）「介護職のストレスと雇用管理のあり方：高齢者介護施設を取り上げて」『介護職の能力開発と雇用管理』東京大学社会科学研究所人材ビジネス研究寄付研究部門研究シリーズNo.7，131-177.

堀田聰子（2009）「介護職のストレス・バーンアウトと雇用管理」『家計経済研究』（82），24-36.

増田真也・外島裕・藤野信行（2003）「施設介護職者のパーソナリティ，バーンアウトと業務評価との関係」『産業・組織心理学研究』17（1），3-14.

松井美帆（2004）「痴呆性高齢者グループホームの職員におけるストレス」『日本痴呆ケア学会誌』3（1），21-29.

松本佳代（2011）「介護職員の職場環境と職務満足度および離職に関する考察」『熊本大学医学部保健学科紀要』,7 85-105.

森本寛訓（2003）「高齢者施設介護職員の精神的健康に関する一考察：職務遂行形態を仕事の裁量度の視点から捉えて」『川崎医療福祉学会誌』13（2），263-269.

矢冨直美（1996）「介護ストレスと仕事のコントロール」『労働の科学』73，1-22.

矢冨直美・川野健治・宇良千秋・ほか（1995）「特別養護老人ホームの痴呆専用ユニットにおけるストレス」『老年社会科学』17（1），30-39.

矢冨直美・中谷陽明・巻田ふき（1991）「老人介護スタッフのストレッサー評価尺度の開発」『社会老年学』34，49-59.

矢冨直美・中谷陽明・巻田ふき（1992）「老人介護スタッフにおける職場の組織的特性のストレス緩衝効果」『老年社会科学』14，82-92.

山崎豊子（1984）「社会福祉施設調査にあらわれた老人施設の背景と実体」『季刊・社会保障研究』Vol.21 No.1 81-90

大和三重（2010）「介護労働者の職務満足度が就業継続意向に与える影響」『介護福祉学』17（1），16-23.

横山さつき（2012）「高齢者介護における組織的な職業性ストレス対策の試みとその評価」『中部学院大学・中部学院短期大学部研究紀要』13，171-179.

吉田輝美（2014）『感情労働としての介護労働　介護サービス従事者の感情コントロール技術と精神的支援の方法』旬報社，51-91.

李政元 Lee Jung Won（2003）「高齢者福祉施設スタッフのQWL測定尺度の開発」『社会福祉学』44（1），56-66..

渡邉健・石川久展（2012）「高齢者介護施設に従事する介護職員のバーンアウトに与える影響：組織の支援体制を中心とした検討」『Humanwelfare:HW』4（1），17-26.

第Ⅱ章　職業アスピレーションと職業エートス

　本研究の目的は、職務継続や離職に影響する介護職の「職業エートス」を定義して、その形成過程を論証するともに、「職業エートス」と職場組織の「労働条件」、「組織マネジメント」との関係を実証的に示すことである。

　序章で示したように、「働きがい」は、専門的な技能が発揮できる、感謝されるといった介護労働が介護職にもたらす満足やプラスの感情に関わるだけでなく、辛さや厳しさがあっても、高齢者のために、自ら負担を引き受けて職務を果たすという側面があり、それはあらかじめ備えられた「職業活動上の特定の心構えや精神」（尾高邦雄1970：22）からもたらされると考えられる。この職業の倫理とは、「エートス（ethos）」に他ならない。そこで、本章では、介護職における「エートス（ethos）」を「職業」、「労働」の概念から改めて検討する。まずはじめに、「職業エートス」の概念が持つ意味を歴史的に考察する。

1　職業概念の形成

　職業エートスを考察するにあたり、「職業」という概念と職業選択に関わる要因としての「職業アスピレーション」について先に論じておきたい。「職業」という概念のみならず、「職業アスピレーション」をも取り上げるのは、職業選択は、就職時だけでなく、入職後の「職業エートス」の形成にも影響を及ぼすことが考えられるからである。

1－1　近代以前の社会・経済システム

　そもそも、近代以前の社会・経済システムにおける生産と分配の秩序は、「互酬」、「再分配」、「家政」という3つの行動原理によって与えられ

ていた[1]。そこでは、共同労働によって生業と家事が空間的にも経済的にも一体をなしており、最も基礎的な労働単位である夫婦の周囲に、子どもと使用人が集まり、全員が使用価値（貨幣を介した交換価値ではなく）に基づく共同の経済行為に加わっていた（B．ドューデン、C．V．ヴェールホーフ 1986:5）。

　このような社会・経済システムにおいては、職業をめぐる人々の選択肢は、僅かなものだった。それは、社会の基本的な人員・資源配分原理がいわゆる「アスクリプション（属性原理）」[2]にあり、人々が獲得し、実現できる社会生活上の立場は制度的に秩序化され、世代を通じて連続的かつ限定的に継承されるように職業機会が規定されていたからである。したがって、個人が職業を選択することは原則として許容されず、そこには近代的な意味での職業選択の自由は存在していなかった。

　そのため、この時代の人々は、自らの身分に従って社会関係を形成し、支配的権力機構は、不服従を徹底的に排除し、秩序維持のために、「職分」の倫理を創出した。中世カトリシズムにおいては、「社会有機体」論的思想[3]が存在した。それは「コルプス・クリスチアーヌス」という概念で捉えることができる。コルプス・クリスチアーヌスは一般的に「キリスト教社会」と訳されるが、コルプスとは「からだ」であり、「有機体」である。その意味で、中世ヨーロッパは、「キリスト教的社会有機体」であり、個人はあくまでも、「有機体」の一分肢であり、連続性の中での個人と位置づけられていた。コルプス・クリスチアーヌスは、個人がその中で生まれ、その中で死んでいく全体性として存在していた（大木英生 2006:31-34）。

　なお、近世のわが国においても、「天道の自然」を存在根拠とした士農工商による上下の秩序が徹底されていた（寿里茂 1993:70）。

1－2　近代社会の変動過程

　近代化とは、この全体性が分解し、個人化へと向かうプロセスである。

そのプロセスには、2つの構造的な変化の動きがあった。そのひとつ目は、「共同体の紐帯から個人の内面へ」という変化である。これは、16世紀にイギリスのヘンリー8世が行った修道院の解散と教会資産および土地の没収という歴史的事実とも関連しているが、キリスト教会と国家の分離によって、修道院を核として形成されていた共同体の紐帯が弱まり、個人の内部に自分自身を支える確信が必要になったということである。

　もうひとつの変化は、「身分から契約へ」[4]という市民革命を通じた社会編成原理の確立が必要とされるようになったことである。「個人は身分的支配から解放され、自由な人格的存在となり、公式的には社会関係は、自己組織的な存在としての個人相互の自発的かつ自由な意志の一致による合意を通じて形成するものとされた」（寿里茂 1993:71）。その結果、人々の占める地位が出生時に自動的に決定されるのではなく、「居住移動の自由」、「婚姻の自由」、「職業選択の自由」を基盤とする「業績原理」つまり、その努力・営為によって達成する、可能性としての「生活機会」[5]が現実化した（寿里茂 1993:72）。つまり、個人が選択する「職業」という観念が生まれたということである。

　タルコット・パーソンズは、近代以降における職業システムの変動過程を、分化、量的拡大、質的向上という複合的な過程として捉えた（タルコット・パーソンズ 1964:273）。古い家族や親族組織および地域社会から外部化された機能の多くが「職業化」される過程で、かつて存在しなかった職業が創出され、拡大し、そして必要な能力と責任のレベルが上昇することで、近代産業化社会の職業構造が創られていった。

1−3　近代社会と職業概念の形成

　現在の「職業」という観念も、近代社会の生成とともに生まれ、人々に浸透していったものである。マックス・ウエーバー（1920）は、「職業」を表すドイツ語のberufや英語のcallingには、「生業」という意味と神からの「召命」という二重の意味が含まれており、この語句に含まれ

る「世俗的職業こそ召命に基づく使命なり」という人々の内面に呼び起こされた観念は、そもそも宗教改革をもってはじまったプロテスタンティズムに顕著な特徴であると述べている（マックス・ウェエーバー 1920:29-30）。

近代社会における職業概念の形成においては、中世の共同体が解体し、個人の内面へと向かうことで、勤労の精神が形成されていったが、社会の産業化によって職業システムが分化、拡大、質的向上していく過程で、神からの召命や徳目の追求といった精神性が後退し、経済や科学、技術といった倫理とは異質な価値が重要視されるようになっていった。

1－4　小括

近代以前の社会・経済システムにおいては、社会の基本的な人員・資源配分原理は「アスクリプション（属性原理）」にあり、そこでは個人が職業を選択することを原則として許容されず、近代的な意味での職業選択の自由は存在していなかった。個人はあくまでも「有機体」の一分肢であり、連続性のなかの個人と位置づけられていた。近代化とは、この全体性が分解し、個人化（共同体の紐帯から個人の内面へ、身分から契約へ）へと向かうプロセスであり、「居住移動の自由」、「婚姻の自由」、「職業選択の自由」を基盤とする「業績原理」が現実化した。

現在の「職業」という観念も、近代社会の生成とともに生まれ、人々に浸透していったものである。近代社会における職業概念の形成は、中世の共同体が解体し、個人の内面へと向かうことで、勤勉の精神が形成されていったが、社会の産業化によって職業システムが分化、拡大、質的向上していく過程で、神からの召命や徳目の追求といった精神性が後退し、経済や科学、技術といった倫理とは異質な価値が重要視されるようになっていった。

2　職業選択と職業アスピレーション

2−1　業績原理と職業選択の自由

　「業績原理」の最大の舞台は職業的役割遂行の場面であり、職業選択の自由である。しかし、現実には、「業績原理」は、必ずしも社会的に平等な競争条件を保障するものとはなっていない。形式的には確かに職業選択の自由があり、選択肢として多数の職業機会が存在しているが、人々が望む職業機会の獲得に向けた必要条件の充足は、一定の制度的枠組みによって制約され、現実には選択肢は大幅に限定されている。

　その背景に、既成の秩序を再生産するように組み込まれた組織的な事業体としての学校教育があることを指摘しているのがイヴァン・イリイチ（1971:15-17）である。イリイチは、国家による資格付与が官僚的プロセスの中で達成された社会的地位に転化し、知識の高度な蓄積の結果が高度な消費を可能にする特権に転換していることから、現代社会では、「隠されたカリキュラム」によって、専門的な知識の教授の結果は高い社会的地位と高度な消費を可能とする経済価値に置き換えられている現実を明らかにしている。

　業績原理の下では、教育による競争システムを通じて、職業的役割の獲得と遂行が志向される。この競争システムへの参入においては、機会は個人に対して、常に公平に開かれているわけではない。その出身家族の社会的・経済的地位によって、教育システムにおける達成点は、少なからず制約を受けることになる。

　このように、「業績原理」には「たてまえ」と現実との乖離があるのは事実だが、それでもなお、かつての身分社会における世襲的地位の継承は減少し、「属性原理」よりは人員配置の開放性と流動性を伴う教育システムを通じた職業機会の獲得と上昇移動への努力が促進されることとなった。

第Ⅱ章　職業アスピレーションと職業エートス

２－２　職業選択と職業アスピレーション

「業績原理」のもとで、個人が望む職業への参入機会が開放されることによって、社会システムとしての職業選択が機能するためには、各人にその選択を現実化するための「動機づけ」が生まれることが必要となる。この「動機づけ」を形成するものが「職業アスピレーション」である。

１）職業アスピレーションとは

「職業アスピレーション」の「アスピレーション（aspiration）」は、英語語源辞典（研究社）によると１４世紀末から１５世紀末までは、「帯気」、「帯気音」、「息を吸い込むこと」、「呼吸」、（特に）「吸気」といった意味で使われ、１７世紀以降は「抱負」、「大望」という意味を示すようになったという（寺澤芳雄編 2004:72）。また、社会学の分野では、「しばしば欲求、動因、動機とほぼ同じ意味に使われ、これらの概念は、いずれも行動を引き起こし、方向付ける内的要因を指している」（濱嶋朗・石川晃弘・竹内郁郎編 2005:5）とされている。

寿里茂（1993:74）は「職業アスピレーション」を「職業生活への参入以前に、好ましいと考えられる職業につくことを選択し、希望し、予定し、そのために必要な条件の獲得に努力する個人の志向」と定義している。また、片瀬一男（2005）は、「アスピレーションとは社会的地位の獲得という将来展望に結びついた『自己概念』としてとらえることができる」（片瀬一男 2005:37）[6]、「職業アスピレーションとは、将来の職業的地位に向けての志望や達成動機を意味する。いわば将来の職業生活の『夢』である」（片瀬一男　2005：141）といっている。

アスピレーションは、これまで、専ら教育の分野で使われてきた用語であり、広く社会に知れ渡ってはいない。しかし、最近では、経営の分野でも使われ始めており、特に経営コンサルタントの間ではしばしば使われる用語になってきている。この点について、江幡哲也（2006：5-6）は、アスピレーションは、日本語に直訳すると「熱望」という訳語が一

47

般的だが、ビジネスにおいては強い「志」という意味があり、アスピレーションを持っていることが仕事を続ける大きなモチベーションになっていると言っている。

　このように、「職業アスピレーション」は、これまで教育の分野で使われてきた用語であったが、最近になって、経営の世界でも「高い志」を指す用語として使われるようになってきた。

　これらのことから、本稿では「職業アスピレーション」とは、内的要因に方向づけられた職業選択への「志」や社会（職業）的地位への志望・大望・熱望であると定義する。

２）職業アスピレーションの先行研究

　「職業アスピレーション」に関する研究は、社会階層の研究、特に地位達成研究では、社会（職業）的地位を達成する過程における「職業アスピレーション」や「教育アスピレーション」[7] の形成過程と、それぞれのアスピレーションの社会的達成に対してアスピレーションが果たす役割という観点から行われてきた（林2001:45-70、片瀬2003:15-30、中山・小島1979:293,328、新谷1996:109,120.）。これらは、地位達成に社会心理学的な媒介的要因としての「教育アスピレーション」と「職業アスピレーション」を導入した一連の研究である。

　その他の研究としては、「教育アスピレーション」や「職業アスピレーション」が重要な他者（「両親の励まし」、「教師の励まし」、「友人の進路希望」から成る合成変数）の影響を受けつつ形成され、地位達成過程の媒介要因であることが明らかにした研究がある（岩永雅也1990：91、118）。

　一方、教育社会学の分野でも、中・高校生などの青少年を対象に、教育選抜の過程で「職業アスピレーション」が分化・形成される過程をめぐって研究が行われてきた（岩木・耳塚1983:5-24、刈谷1986:95-109、耳塚1988:30-36）。また、女子高校生を対象とした調査研究では、専門職を

志向する者が多いことが指摘されている（尾嶋2001:21,61、新谷1996:109,120）。

このように職業アスピレーションの研究の多くは、職業を社会的地位の高低とそれを実現するために達成することが求められる学歴の高低から捉えている。

3）職業アスピレーションの形成

ここで、「職業アスピレーション」がどのように形成されていくのかを整理しておきたい。

私たちは、子供時代の役割演技を通じて、好ましいと思う職業的役割の獲得と達成を希望する。しかし、成長につれて、職業的アスピレーションは自分を取り巻く現実の諸条件と関連しつつ、具体性を帯びるようになってくる。そして職業の選択とそのために必要な準備が行われ、実現可能性によっては選択する職業を替えるという代替選択が行われる。この意味で、「職業アスピレーション」は、「個人が職業をつうずる業績達成の志向を現実に放射する契機である」（寿里茂 1993：74）ということができる。

「職業アスピレーション」は、さまざまな要因によって規定され、制約される。中山慶子・小島秀夫（1979：306-318）は、両親の学歴水準が子供のアスピレーション水準に影響するとし、片瀬一男（2005）は、家族内で相続される文化資本は、学校教育を通じて学歴に転換され、親から子供へと伝達されるとしている（片瀬一男 2005：115）。この他に、どの段階で教育システムから離れて入職するか、教育システムによる選別体験による強化や挫折の影響を受けることが考えられる（寿里茂 1993：75）。

しかし、どのような「職業アスピレーション」を保有するにしても、現代の職業機会への参入は、制度化されたチャンネルの通過が条件とされるのが一般的である。

2－3　小括

「業績原理」の最大の舞台は、職業的役割遂行の場面であり、職業選択の自由である。「職業アスピレーション」は、業績原理のもとで、個人が望む職業への参入機会が解放されることによって、職業選択の自由とともに、その選択を現実化するための「動機づけ」が生まれることと結びついており、内的要因に方向づけられた職業選択への「志」や社会（職業）的地位への志望・大望・熱望である。

「職業アスピレーション」はさまざまな要因によって規定され、制約されるが、家庭内で相続される文化資本としての一面を持っており、学校教育を通じて、制度化された文化資本である学歴に転換され、教育システムの選別による強化や挫折の影響を受ける。

3　職業エートスの誕生、発展過程と変容

ここまで、職業選択を形づくる「職業アスピレーション」について論じた。ここからは、職業エートスという概念の誕生と発展過程を歴史的な変遷を踏まえて検討していく。

3－1　職業エートスの定義

尾高邦雄（1970：9-69）によると、「職業エートス」を含む概念としては、これまで、日本語では「職業の倫理」という言葉が使われてきた。しかし、「職業の倫理」というと、多種多様な職業のそれぞれに特有の倫理を指す場合と、全ての職業に共通の倫理を指す場合がある。また、「職業の倫理」という場合の、「倫理」をどう意味づけるのかという問題もある。「倫理」といえば、それはある社会全体で公認された行動基準であり、社会的規範を意味するのが普通である。しかし、厳密にいうならば、同じ倫理であっても、倫理の遵守が外部から課せられる他律的な行動基準としての「倫理」と、自発的な職業上の気風や気質、心構えのような

内面的な「倫理」がある。

尾高邦雄は、前者を「モーレス（mores）」、後者を「エートス（ethos）」
と呼んで、次のように説明している。

「ラテン語の語源をもつモーレスのほうは、ある社会の成員がそれにし
たがうことを要求されている行動基準で、それに対する違反が集団によ
るなんらかの制裁を伴うものをさす。これにたいして、ギリシャ語に由
来するエートスのほうは、ある社会の成員が習慣的にそなえるにいたっ
た道徳的気風を意味する。モーレスであるプロフェションの倫理は、拘
束的・他律的であり、それにたいする違反が制裁を結果するがゆえに、
人々はその意に反してもこれにしたがわざるをえない。これに反して、
エートスである勤労の倫理は、制裁を設けることによってこれを人々に
強制することができない。この内面的な道徳的気風を培うためには、辛
抱強い指導とそして特に人々自身の自己啓発が必要である」

このように、日本語ではひとつの言葉で表される「職業倫理」だが、
倫理の遵守が外部から課せられる他律的な行動基準としての「モーレス
（mores）」と、自発的な職業上の気風や気質、心構えのような内面的な
基準としての「エートス（ethos）」の２つがあることがわかる。

この「エートス（ethos）」については、語源を遡ると、その由来はギ
リシャ語にあり、「しきたり」、「習慣」、「慣例」とされている（岩隈直
1971：136）。

大塚久雄（1989）は「エートス（ethos）」について、それは、単なる
規範としての倫理ではなく、また、宗教倫理、伝統主義の倫理、倫理綱
領や倫理徳目という倫理規範ではなくて、そういうものが歴史の流れの
なかでいつしか人間の血となり肉となってしまった、社会の倫理的雰囲
気とでもいうべきものであり、「エートス（ethos）」によって、個々人
は、何かのことがらに出会うと条件反射的にすぐその命じる方向に向か
って行動するような社会心理でもあると説明している（マックス・ウェ
ーバー 1920:388）。

51

医師や弁護士などの専門職は、医師会や弁護士会といった職能団体を形成しているが、専門職の職能団体は必ず、「倫理綱領」を設けている。この「倫理綱領」は、行動基準の遵守を要求する対象をその職能団体の成員に限定しており、かつ患者や依頼者の利益を擁護するために特別の規律や規制を設けている。そのため、医師や弁護士として活動するためには、行動基準としての「倫理綱領」を遵守することが団体によって要求されるのである。

一方、自発的な職業上の気風や気質、心構えのような内面的な倫理といったものは、家庭でのしつけ、学校教育、先輩や友人からの影響、職場での育成や職務経験の積み重ね、さらには制度的な拘束等の一定の社会的規範が「内面化」されたものと考えることができる。このような、職業上の気風や気質、心構えのような内面的な倫理が、ある時代の社会的期待に合致している場合には、その心構えは正しいとされ、支配的な職業倫理、つまり「職業エートス」となって現れる。

これらの先行研究での説明を踏まえ、本研究では、職業エートスを「家庭・学校・職場の育成や職務経験の積み重ねによって形成される内面的な勤労の倫理であり、歴史の流れのなかで、内面化された社会規範、倫理的社会心理である」と定義する。

3－2　職業エートスの誕生と発展

では、内面的な勤労の倫理、内面化された社会規範、倫理的社会心理である職業エートスはどのように誕生し、人々の中に受け入れられて発展していったのだろうか。ここから、近代の経済・社会システムの基盤をつくったヨーロッパ社会を中心に、職業エートスの形成過程を概観したい。ただし、「職業」という概念自体が近代以降に確立したという前提に立ち、近代以前については、「職業エートス」という用語は使用せず、「労働観」という用語を使用して考察を進めていく。

第Ⅱ章　職業アスピレーションと職業エートス

1）古代ギリシャの労働観

　古代ギリシャにおいては、生命を維持するために必要な労働は、人間にとって不可欠であるが、だからといって高い価値が認められていたのではなく、むしろ限りなく「奴隷的な」活動とする考え方が支配的だった。これについて、ハンナ・アレント（1958）は次のように説明している。

　「労働することは必然（必要）によって奴隷化されることであり、この奴隷は人間生活の条件に固有のものであった。人間は生命の必要物によって支配されている。だからこそ、必然（必要）に屈服せざるをえなかった奴隷を支配することによってのみ自由を得ることができたのであった。奴隷への転落は運命の一撃によるものであったが、その運命は死よりも悪かった。なぜなら、それとともに人間はなにか家畜に似たものに変貌するからである」（ハンナ・アレント　1958：137）。

　このように、食糧生産等の生命過程の循環の中で、つかの間に消費されて繰り返される労働は決して自由な人間にふさわしくないとされていた。

　同じ生活必需品の生産に携わる労働のなかでも、職人労働（仕事）は「技術（テクネー）」による「製作（ポイエーシス）」として他の活動から区別された。しかし、永続性や耐久性を持った製作物自体は肯定的評価を受けたが、職人労働自体は「真の活動（プラークシス）」とは区別されていた。なぜなら、職人労働は、「多忙」であり、古代ギリシャにおいては、「多忙」とはひとつの倫理的悪とされていたからである（今村仁司1987:55-68）。それでは、ここで云う「真の活動（プラークシス）」とはなんであろうか。それは、「何もつくらないこと」であり、その最たるものは政治活動であった。これは、何かを作り、生産する行為ではなくて、人間の本性にふさわしい生き方をすることである。そこでは、一切の労働から解放されており、生命過程の自然的必然性と労苦から解放され、言論をもって公共の事物を共同して運営することが自由な活動であり、

53

それは人と人との関係が非暴力的な言葉と説得によって決定されるという意味であった（ハンナ・アレント 1958:43-49）。

このように、アレントは、古代のポリス社会において存在していた人間の諸活動を「活動的生活（vita activa）」として、「労働（labor）」、「仕事（work）」、「活動（action）」に分けて解釈したが、「活動的生活（vita activa）」の対極に位置されるのが、「観想的生活（vita contemplativa）」である。「観照（theorianous）」について、アレント（1958:48）は「人間の最高の能力とは、logosすなわち言論あるいは理性ではなく、nousすなわち観照の能力であって、その主要特徴は、その内容が言論によっては伝えられないところにある」と説明している。このギリシャ語のnousには、①知能、思考（理解）力、分別、②理性、③心、心構え、考え方、④（思考の結果たる）考え、意思、決心、という意味がある（岩隈直 2008:319）。アレントはこの「観想的生活（vita contemplativa）」を再解釈して、「精神の生活（the life of the mind）」とし、その働きを「思考（thinking）」、「意思（willing）」、「判断（judging）」に分けた。アレントが云う「思考（thinking）」とは、理性の欲求に促された意味への問いであり（アレント 1978：上62-63）、「意思（willing）」とは、自由で自発的、偶然的な個体化の原理で、人格に特有のアイデンティティの源泉であり、（アレント 1978：下5-9）、「判断（judging）」とは、常に精神の構築物であるところの普遍と、常に感覚経験の与件であるところの特殊とを統合する精神の神秘的な能力を意味する（アレント 1978:上81）。

アレントは、人間の諸条件を「活動的生活（vita activa）」と「観想的生活（vita contemplativa）」に分けて解釈したが、伝統的な解釈としては、「余暇」とそれ以外に分けるという分類がある。これについて、ヨゼフ・ピーパー（1965:22）は、「余暇はギリシャ語ではスコレー、ラテン語ではスコラ、ドイツ語ではシューレ（学校）であり、ドイツ人が教養、あるいは人格形成の場をさすのに用いている言葉自体が、余暇を意味している」と説明している。一方、それ以外については、ギリシャ語

第Ⅱ章　職業アスピレーションと職業エートス

では週日のれっきとした「労働」や「仕事」をさす言葉がなく、「スコレー：暇」と否定を意味する「ア」を結びつけた「アスコリア：暇なし」という否定形があるだけだとしている。また、ラテン語でもこのことは同じで、業務仕事を意味するネゴティウム（英語のネゴシエイション）は、オティウム（暇）の否定形であると説明している（ヨゼフ・ピーパー 1965:24）。加えて、アリステレスが、『政治学』のなかで、「余暇が物事のかなめであり、すべてはそれを中心に回転している」といっていたことに触れ、「余暇」にこそ「真の活動（プラークシス）」があることを強調している。

　では、「余暇」とはどのような活動であろうか。ヨゼフ・ピーパー（1965:25）は、アリストテレスの「余暇」の思想にまで遡ると、その本質は、キリスト教の精神生活の理想とされている「観照（contemplatio）」（日常生活のあらゆる心づかいや関心をはなれ、小さな自我を抜け出ることによって、世界をあるがままにながめ、その創り主にふれること）にあり、それは、古代・中世を通じて、最高の価値を持った人間の営みとして位置づけられていた。そして、「観照（theorianous）」の次にあげられるのが「真の活動（praxis）」であるところの政治活動であった。すなわち、古代ギリシャにおいては、「観照（theorianous）」や「真の活動（praxis）」が最も重要であり、労働は必然によって奴隷化されることであるとして蔑視されていた。

　ここで注目したいのは、古代ギリシャのポリス社会においては、労働を是とする労働観は個人の内面においても社会規範や社会心理においても存在していなかった点である。その背景には、古代ギリシャ社会の階層序列の社会構造ががあり、肉体労働から解放されて、活動を行うことができる上級市民は、共同体を排除された奴隷によって支えられていたことがある。つまり、古代ギリシャにおける余暇は、奴隷労働なしには成立しない活動だったのである[8]。

55

ここまで、古代ギリシャにおいては、「観照（theorianous）」や「真の活動（praxis）」が最も重要であり、「労働」は「奴隷的」とみなされて、蔑視する考え方が支配的だったと述べてきたが、一方で「労働は恥ではない」とする考え方の原型も残っている。

そのひとつはヘーシオドスの『仕事と日』である。ヘーシオドスは、紀元前8世紀頃のギリシャの詩人であり、『仕事と日』は人間が日々の生活において守り従うべき戒めを語る教訓叙事詩である。

詩のはじめにはパンドラの説話が出てくる。それまで苦しい労働も病苦もなかった人間の世界に彼女はさまざまな苦難をもたらす。それらの苦難はゼウスの怒りによって人間の世界に送りつけられた。ゼウスは人間のために火を盗み出し、プロメテウスに欺かれたからである。そのため、人間は労働という労苦を背負うことになった。以後、人間世界の段階的な堕落が語られて、叙事詩が展開されていくのであるが、その中に、「労働の尊さについて」という節があり、次のようなことが語られている。

「不死の神々は、優れて善きことの前に汗をお据えなされた、
それに達する道は遠くかつ急な坂で、
始めはことに凹凸がはなはだしいが、頂上に到れば、
後は歩きやすくなる　－　始めこそ歩きがたい道であるが。
行く先々、また結末に至るまで、最善となるべきことごとを思いめぐらし、
万事をみずから思量できる者こそ、類なく優れた人間であるが、
他人の善言に従う者もまた、善き人間じゃ。
－（中略）－
怠惰な生を送る者に対しては、神も人もともに憤る
－（中略）－
人間は労働によって家畜もふえ、裕福にもなる、

第Ⅱ章　職業アスピレーションと職業エートス

また働くことでいっそう神々に愛されもする。

労働は決して恥ではない、働かぬことこそ恥なのだ」

（ヘーシオドス 1986:285-310）

この叙事詩を次のように受け止めることができるだろう。つまり、労働は神々によって人間に与えられた苦難のひとつである。しかし、それは「優れて善きこと」に達するために必要な苦難でもある。人間は労働によって、飢えから免れ、裕福になることができ、神々にも愛される。ヘーシオドスの労働観には、労働によって生活の糧が得られ、ゆとりが生まれ、神々に愛されるという徳にも通じるとする判断が含まれていたのである。

このように、古代ギリシャにおいて、上級市民が構成するポリス社会では、労働は生命過程の循環の中で必然によって奴隷化されることとして蔑視されていたが、そのような観念が、すべての人々にまで浸透していたわけではなく、労働を「優れて善きこと」に達する苦難であるとする労働の倫理感、つまり労働エートスもすでに存在していたことが分かる。

ところで、アレントは、古代ギリシャのポリス社会の欠陥として、以下の3点を指摘している。第1は、奴隷制が前提とされており、さらに市民から外国人、未成年者、女性が排除されていたことである。第2は、競い合い（アゴーン）の精神に鼓舞されるあまり、同盟関係を築くことがほとんど不可能であったことである。第3は、共通善について意図する統治者が不在であったために対外的な関係の構築が困難であったことである。

3）初代キリスト教会の労働エートス

古代ギリシャに続いて古代社会における労働エートスの源流をなして

いるのは、初代キリスト教会の労働観である。ここでは、1世紀の中頃にキリスト教を伝道した使徒パウロをとりあげる。パリサイ派の律法学者であり、キリスト教徒の迫害を行っていたサウロ（回心後はパウロ）は、旅の途中で「目から鱗が落ちる回心」を経験し、その後はキリストの使徒となって、生涯をキリスト教の福音宣活動に捧げた人物である。

　パウロは新約聖書に多くの書簡を残しているが、そのひとつである「テサロニケ人への第2の手紙3章6節〜12節」では、誰からもただでパンをもらって食べるようなことはせず、昼も夜も労苦し、骨を折って人々ともに働き、自分で稼いだパンをたべるように勧めている（フランシスコ会聖書研究所訳『新約聖書』1979:758〜759）。

　救いを求める信仰生活は、霊的・精神的な活動を重視し、ともすれば現世的な日常性を軽視する態度を生んだであろう。これに対して、パウロは信仰における働くことの重要性を説いている。実際、パウロ自身も天幕（テント）職人を続けながら伝道活動をしていたことはよく知られており、教団内での役割としては、労働せずに使徒としての活動に専念することが認められる立場にいながら、模範として自らも労働したのである。パウロは「テサロニケ人への第1の手紙4章9節〜12節」でも働くことを重視して、愛を完全なものにするために自分の手で働くことを勧めている（フランシスコ会聖書研究所訳 1979:748〜749）。

　このように、パウロは労働を蔑視してはいない。しかし、だからといって労働そのものが信仰であるともいっていない。パウロの労働観においては、労働は信仰を完全なものとするための活動のひとつとして位置づけられているのである。

　パウロの労働エートスは、その後のアウグスティヌス（354-430）にも、引き継がれている。世界修道院文化事典（ファン・マリーア・ラボーア 2002:36）によると、キリスト教の修道院が誕生する契機となったのは、313年のコンスタンティヌス帝のミラノ勅令であるという。

　この勅令によって、信教の自由が保障されるようになり、キリスト教

第Ⅱ章　職業アスピレーションと職業エートス

へ改宗する者が増え、キリスト教は徐々に社会に受け入れられていった。キリスト教徒の数が増えていくと、キリスト教徒の間では、禁欲的な生活態度への要求が軽減されていった。

　ところが、キリスト教徒の中には、世俗的で堕落したローマ社会では、観想的な修道生活を実践することができないと考える人々がいて、その中からエジプトの砂漠に逃れて、孤独な隠修生活をはじめる人々が出てきた。やがて、これらの孤独な隠修者達が霊的自己完成を成就するための生活形態として共同生活をするようになったのが修道制のはじまりである。修道院では、農業をはじめ造園、鍛冶パン作り、機織り、大工などさまざまな労働が行われ、労働は人が背負うべき日々の十字架であるとして、その禁欲的意味が強調された（杉村芳美 1997:88）。

　しかし、その一方で、「もし使徒がその生命を維持しようとして肉体労働を行なったとすれば、それ自体どういう労働であったか。労働し、しかも福音を教える暇がいつ彼にあったか」（今野國雄 1981:42-43）、と労働を忌避し、放浪を旨とする修道士も存在していた。これに対してアウグスティヌスは、「もし誰かに説教を教えなければならないからといって、彼がそれに没頭して手によって労働することに専念しないというようなことがあれば、一体修道院内において、他の生活領域を棄ててやってきた兄弟たちに聖句を解き明かしたり、あるいはなにかの質問についてすべての者が公正に討議することなど果たしてできるだろうか」（今野國雄 1981:43）と怠惰な放浪修道士たちの偽善的生活を戒めて、「修道院では毎日一定の時間労働に従事すべきこと、その他の時間は読書、祈り、聖書釈義に当てるべきこと」（今野國雄 1981:45）と説いている。

　これらことから、初代キリスト教会において、すでに近代社会の職業エートスの原型となる労働エートスが存在しており、その禁欲的な意味が強調されるようになっていたことが分かる。

介護職の働きがいと職場の組織マネジメント

４）中世の修道院の労働エートス

　アウグスティヌスによって示された修道士の労働観は、ヨーロッパの修道院に受け継がれ、ベネディクト（４８０頃～５５０頃）の『聖ベネディクト戒律』によって確立された。そして、後にはこの戒律がヨーロッパのほとんどの修道院で、基本準則とし遵奉されることとなった（今野國雄 1981:72）。『聖ベネディクト戒律』では、労働、祈り、読書、食事、黙想、休息などが細かく決められているが、労働については、その第４８章『日課の労働について』があり、怠惰は魂の敵であるので、修道士は一定時労働しなければならない。己の身を労して働いてはじめて真の修道士であると規定している（吉田暁 2000:188-189）。また、修道士にとって、神を探求し神と出会う最も特徴的な活動とされた「レクティオ・ディヴィナ（lectio divina）」は、「朗読（lectio）」、「黙想（meditatio）」、「観想（contemplatio）」、「祈り（oratio）」の４つで構成されているが、そこに「労働（labor）」が取り込まれてることで、修道士の１日を「不断の祈祷」で構成する修道制が成立したのである（吉田暁 2000:189-190）。

　『聖ベネディクトの戒律』はその後、多くの修道会において、修道生活および修道院運営の基本的な規律として採用されて伝統を形づくった「戒律」であるが、そのモットーは、「祈りかつ働け」（Ora et Labora）という言葉で表され、古代から中世の修道士にとって、祈りと労働は完徳に至る双翼として受け入れられていった（朝倉文市 2007-3:37-67）。

　修道院におけるこのような禁欲的な徳目は、現代においても「従順」、「清貧」、「貞潔」、「沈黙」、「完徳」、「一定所住」といった修道生活における修道士（ブラザー）や修道女（シスター）達の信仰を修練する重要な行為となって引き継がれている。このなかで、「労働」もまた、労苦と忍耐を伴う点で禁欲的行為であり、それは人間の生存にかかわる根源的行為であり、自給自足を旨とした修道院においては特に重要であった。その意味で、「労働」は信仰を完成する上で軽視できないものであり、「魂の浄化と怠惰の予防のための行い」（杉村芳美 1997:43 98）と位置づけら

60

第Ⅱ章　職業アスピレーションと職業エートス

れてきた。

　中世ヨーロッパにおいて、修道制は常にその基盤を支えていたが、修道制の核とも言える「祈りかつ働け」（Ora et Labora）の禁欲的な徳目は、数百年の蓄積を経てヨーロッパ社会の全体に広がっていった。この過程で、「労働」の労苦と忍耐に信仰の完成を見出す労働エートスも、中世の人々の内面に深く浸透していったのである。この他にも、近代社会に浸透した生活文化や様式のうち、中世修道院に起源を有するものが少なくない。先に取り上げた修道院の『日課』は、完徳という目的を達成するために時間を意図的に構造化するものだが、近代社会で広く浸透している時間割は、修道院を起源としてヨーロッパ社会に浸透していった生活様式である（朝倉文市1995：134-140）。また、修道院では「聖務日課の時間は聖務日課の空間に対応するべきものであり、その厳密な対応に基づいてはじめて完全な姿の修道院建築が成立する」と睡眠、食事、労働、瞑想、沐浴、談話には、それぞれ規定された空間があてられ、修道士の参集離散を短縮するために「回廊（回廊を意味するクラウストルムは修道院をさす）」が採用された。現代では当たり前となっている目的別に専用室を置く建築レイアウトや学校や庁舎などの公共的な機関で多く取り入れられている「回廊」式の建築構造も修道士の生活に規律と合理的な生活行動を生み出すために採用されたものである（W・ブラウンフェルス1969：15-22）。12世紀から13世紀にかけて大学が生まれ、学士号から博士号に至る大学課程が設置されるまで、筆記と学問の専門機関は、基本的には修道院が維持していた（J・ル＝コブ2003：146-150）。また、修道制の初期段階から、修道院内では、病者や孤児、孤老、困窮者の世話をすることが行われてきたが、十字軍の時代になると都市の成長に伴い、病者の療養と扶助を使命とする「聖霊の看護修道会」（1198年設立）等の修道会が設立され、コミューンのひとつの機能として修道会が活動するようになった（K.S.フランク1993：118-121）。現代のテクノロジーの歴史的な開始時点は、11世紀末から12世紀初めのスコラ哲学に

61

おいて成熟した姿を取り始めた「道具の観念」にあるとされているが（デイヴィッド・ケイリー2005：335-337）、9世紀から12世紀にかけて、生産性の向上につながる耕作技術の4つの変革と革新が行われている。第1は収穫を行う犂（すき）の改良、第2は三圃式農業（耕作地ローテーション）の発案、第3は蹄鉄技術の革新、第4は水車にみられる動力の使用であるが、これらの技術革新も、静態的な中世のヨーロッパ社会において、「祈りかつ働け」（Ora et Labora）を旨とする修道院で、労働の負荷を軽減して、観想の時間をより多くつくるために修道士達が行った取り組みと無関係ではない（ルドー・J・ミリス1992：85-93）。さらには、会計学もまた、清貧と勤勉な労働の結果として修道院に蓄積された富を共同体として管理するために発展してきたという背景がある（朝倉文市1995：141-146,51）。

　このように、中世ヨーロッパの修道院は近代社会から見ると、一見全く異質な世界であるように映るが、実際には、近代社会の合理的な生活様式の原型は、修道院に起源を持つものが少なくないのである。

5）近代における職業と天職概念の誕生

　資本主義経済が勃興してくる過程で、その動きを人々の心の内側から推し進めていった心理的機動力がキリスト教のプロテスタンティズムにおける禁欲的な精神であるといったのはマックス・ウェーバー（1920）である。彼はこのことについて、『プロテスタンティズムの倫理と資本主義の精神』の中で、西洋的な禁欲のエートスは、中世修道院において、完徳を目的として、非合理な衝動の力を計画的意志に服従させるとともに、合理的生活態度を組織的に完成させて、数々の生産技術を生み出す共同体（ゲゼルシャフト：gesellschaft）を形成したとしており（マックス・ウェーバー 1920:200-201）、こうした中世の修道院における能動的な自己制御による完徳が、後のピューリタニズムの実践生活に決定的に重要な理想であった、と説明している。

第Ⅱ章　職業アスピレーションと職業エートス

　古代ユダヤの宗教意識から生まれた宗教倫理がキリスト教に流れ込み、ギリシャ思想と手を携え、さらにはグノーシス主義等の異教徒との間で続けられた果てしない葛藤を通して、キリスト教的禁欲は追求されていった。その結果、中世修道院において世俗外禁欲（修道院における禁欲）の倫理が生まれ、それがピューリタニズムの世俗内禁欲倫理（修道院の外の社会における禁欲）の姿をとり、広く一般信徒の間に浸透し、それによって、「資本主義の精神」を形成する中心的な要因が生み出された。

　しかし、なぜピューリタニズムの世俗内的禁欲倫理が、「資本主義の精神」を形成する中心的な要因となりえたのであろうか。ウェーバーは、「あたかも労働が絶対的な自己目的－Beruf（天職）－であるかのように励むという心情が一般的に（人々にとって）必要となるからだ。しかしこうした心情は、決して、人間が生まれつきに持っているものではない。また、高賃金や低賃金という操作で直接作り出せるものでもなくて、むしろ長い年月の教育の結果としてはじめて生まれてくるものなのだ」（マックス・ウェーバー　1920:67）と述べている。つまり、労働エートスとは、長い間の宗教教育の結果として、はじめて生まれてくるものであり、またこうした行動様式を持った労働者達が産業界に大量に与えられて、はじめて資本主義的な産業経営が成立しえるのだ。

　ここで、ウェーバーは「職業」の意味に着目しており、「職業」を意味するドイツ語の「ベルーフ（Beruf）」や英語の「コーリング（calling）」には、神から与えられた「使命（Aufgabe）」という観念がこめられており、特にプロテスタントが優勢な諸民族においては、「天職（神から与えられた召命としての職業）」として使われてきたと述べている。そして、この「天職」が使われ出したのは、ルターの聖書訳に端を発しているという（マックス・ウェーバー　1920:95-109）。

　ルターは、「ベン・シラの知恵」という旧約聖書外典の翻訳を通じて、カトリック教会の修道院における世俗外の禁欲的生活を、現世の義務から逃れようとする利己的な愛の欠如の産物だとして否定した。そして、

63

世俗的職業の内部における義務の遂行をおよそ道徳的実践のもちうる最高の内容として重要視し、世俗の職業労働こそ隣人愛の外的な現れであるとする、世俗的日常労働に宗教的意義を認める思想を生み出し、「天職」という概念をつくり出した。ウェーバーはこの隣人愛の現れとしての世俗の職業労働を「世俗内的禁欲倫理」といっているのである（マックス・ウェーバー　1920:109-111）。

　このように、ルターにおいては、労働エートスは「隣人愛」から導き出されていたが、この「世俗内禁欲倫理」は、①カルヴィニズム、②敬虔派、③メソジスト派、④洗礼派運動から派生した諸教団に引き継がれると、「神の栄光」がエートスとなった。この変容についてウェーバーは次のように説明している。

　「カルヴァン信徒が現世において行う社会的労働は、ひたすら「神の栄光を増すため」のものだ。だから、現世で人々全体のために役立とうとする職業労働もまたこのような性格を持つことになる」（マックス・ウェーバー　1920:166）。

　「禁欲」というと「欲を禁じる」という消極的な意味を連想しがちであるが、もともと「禁欲」を表すギリシャ語の「アスケーシス（askēsis）」には、「体を動かして訓練やトレーニングする」という意味がある（朝倉文市1995：21）。これは、パウロが新約聖書のフィリピ人への手紙[9]で、決勝点に向かってひたすら邁進することを勧めているように、ゴールに向かって他のあらゆることがらへの欲望を抑えて、すべてのエネルギーを目標達成のために注ぎ込む行動様式であり、このことをウェーバーは「キリスト教的禁欲」といっているのである（マックス・ウェーバー　1920：399-401）。

　「天職」という概念が生まれた時期は、社会の産業化の進展によって、さまざまな職業が生み出され、職業機会が増大していく時期でもある。宗教改革が進められ、教会財産が没収され、修道院の解散が相次いで、共同体の紐帯が失われていくなか、社会には、人々が自発的かつ意欲的

第Ⅱ章　職業アスピレーションと職業エートス

に勤労していくための内面的な機動力が必要とされた。その結果、修道院を核とする共同体の中で機能していた労働エートスは、修道院外の産業化された社会で生き抜くための「職業エートス」へと変容して、「天職」概念が生み出されていったのである。

　ただし、この変容のプロセスについては、「キリスト教的禁欲」のエートスが「職業エートス」へと変容したというよりは、むしろエートス（宗教的心情）が社会の大きな転換に対応しきれなくなった結果であるとの指摘もある（小山路男1978:1-6）。

　つまり、中世ヨーロッパ社会における慈善やこれらの諸団体の相互扶助は、宗教的心情の強く支配する静態的社会のなかで、貧困問題に対応していた。その財源は、教会の主要収入源であった十分の一税（献金）であり、その三分の一が貧民救済に使われていた。しかし、16世紀からの封建家臣団の分解、修道院の解体、エンクロージャーは、農業資本家に雇用される農業労働者と土地を失って都市に流入する工場労働者を生み出し、さらには、大量の無所有の貧民が発生するようになると、従来のやり方では救済や保護が不可能となった、という説である。

　その結果、17世紀になると、大量に発生する無所有の貧民における怠惰との闘いは、政治、経済、宗教領域で決定的に重要な課題となり、貧困者対策は、強制禁欲と労働の結合、宗教倫理と経済活動の結合へと変容した。この結合は、キリスト教倫理の段階では、信仰における「贖罪」の手段として位置づけられていた労働エートスが、ブルジョアジーから経済的収益を生み出す源泉の手段とみなされた貧民を産業労働者に転換するために、乞食の禁止令や施療院・矯正院への監禁収容といった「国家のイデオロギー装置」として機能し、国家と行政による禁欲の強制となって人々に注入されていった（今村仁1998:44-53）。

　さらに、労働能力のある貧民を労役場で自助教育して組織化し、経済的利益を得る（利潤を得る、無為徒食の貧民が働くことで国家の富に）、または、人道主義的立場から貧民保護を充実し、同時に市民階級の根本

65

的理解を守るという目的は、実際には、利潤と人道主義が矛盾し、最終的には人道主義とは逆の貧民抑圧、恐怖と恥、悲惨な状況になり、混合労役場は、第二の牢獄になった。この意味で、有能貧民の就業、貧困児童の職業教育、浮浪禁止という貧民雇用の考えは、資本家的投機師たちの経営の下で、利潤追求手段として利用され、救済とは程遠い悪徳と怠惰、不潔の場となり、労役場が近代的労働者の創出の手段となった。このことから、労働意欲を欠いていた浮浪者を一定の技能と労働意欲をもたせ、規律ある集団的な労働に耐えうるような、本来的意味での近代的労働者にするためにワークハウスが役立った、という説は間違いであり、人道主義的であった場合でも、社会的隔離と自由の喪失をもたらし、近代的労働者に錬成陶冶する効果をワークハウスはもたなかったことも事実である。つまり、当初、ワークハウスで、有能貧民を近代的労働者につくりあげていこうという考え方は、実験的に行われたものの、容易には進まなかったことをも示している（小山路男1978:53-67）。

　有能貧民に教育を施して、近代的労働者をつくりあげていこうとするこれらの企みが容易には進まなかった背景には、これらの労役所に収容された者は、児童、老人、病者、障害者などの無能力貧民であったことがある（小山路男1978:57）。また、その目的が、ブルジョアジーに経済的収益を生み出すことであり、その方法が請負制度下の過酷な収奪と非人道的で懲罰的な処遇によったこともあるだろう。そこには、修道士達を内面から突き動かしたエートス（隣人愛）とその制度的模造品との間の決定的な違いが存在している。それは、自由が立法化されて義務とされた時に生じる「残忍な生真面目さ」であり、イバン・イリイチ（1992：314-320,2005：78-81,）が「最善なるものの堕落は最悪である（corruptio optimi pessima）」と評した変容の過程であるだろう。

　修道院の土地の強制的な没収と解散が進められていった17世紀から19世紀にかけて、カトリック教会で行われた論争に「ケノーシス（kenosis）」の解釈を巡る論争がある。「ケノーシス（kenosis）」はギリシャ語の「ケ

第Ⅱ章　職業アスピレーションと職業エートス

ノオー（kenoo）」に由来する名詞であり、「無化」、「空しくすること」
という意味があり、もともとは神の子の受肉における自己卑下を示す神
学上の用語である。17世紀に起こったこの論争は、受肉に際して、神性
は「放棄」されたのか、「隠蔽」されたのかをめぐる論争であったが、結
果的には、放棄によるケノーシス説は位格的結合の教説とは相いれない
ものがあるとして、近年では、「ケノーシス（kenosis）」は父なる神の自
己贈与の深淵であると表現されている（新カトリック大辞典Ⅱ巻741-
742）。

　元来、修道制は、修道士達が共同生活による完徳を求めて採用された
戒律であり、禁欲的なエートスは、ゴールに向かって他のあらゆること
がらへの欲望を抑えて、すべてのエネルギーを目標達成のために、自発
的に追求するための行動様式であった。アレントは『精神の生活』で、
「意志」を特徴づけるものとして、「自由」、「自発性」、「偶然性」、「個体
化の原理（人格に特有のアイデンティティの源泉）」をあげて、「意志」
は、そうであることもそうでないことも可能な状況化において、自発的
に何かを始めるという自由のイデーに対応する精神的能力であり、それ
が人格に特有のアイデンティティの源泉となると説明している（アレン
ト1967：下7-8,9,16-18,233）。中世において、修道士達が受け入れて追求
した禁欲的なエートスも神の全知への信頼と自由意志による行為への移
行によって成立してきた経緯を踏まえるならば、16世紀からはじまる国
家による教会財産の没収と強制的な修道院の解散によって、修道院を離
れて都市の只中に居住するようになった数多くの修道士達が、修道院外
の産業化された社会で生き抜くために、完徳という目的を内面化させて、
禁欲的エートスを「職業エートス」へと変容させていったことが解る。
彼らが、それぞれの職能によって、世俗の人々と同じ空気のなかで生き、
顔を合わせ、共に生きる生活様式を選択したことによって、かつては修
道院内（世俗外）に存在していたエートスは、修道院外（世俗内）の都
市に浸透していったのである。

「プロテスタンティズムの倫理」と「資本主義の精神」を結びつけているのが、「禁欲的エートス」の概念である。中世の「労働エートス」は、世俗外の修道院に存在した「禁欲的エートス」であり、世俗の社会秩序を魂の救済と対峙するものとして斥ける立場である。それに対して、近代における世俗内で発展した「職業エートス」は、まずルターのBeruf概念において、職業を神の召命とする職業召命観すなわち天職という観念が生み出され、続くカルヴァンにおいては、ルターに由来する天職概念を捉え直し、救済の恩寵は神からの一方的な下賜であるが故に、救いの証しを信じる手立てとして、勤勉と節制に努める職業生活を実践することが「神の栄光を増す」ことに繋がるとする立場である。

　この世俗の社会生活に神の計らいを見いだして神の栄光が増すことに使命感を抱き、利潤の費消を抑えて生産性を高めることに自尊心を見いだし、経営体の発展を可能ならしめたのが他ならぬ「天職観」であった。

　このように、キリスト教的禁欲を基盤として形成された近代の職業エートスは、結果的に、合理的産業経営を土台とする、歴史的にまったく新しい資本主義の社会的機構をつくりあげていくこととなった。しかし、いったんつくりあげられた資本主義の社会機構は、信仰による内面的な力とは異質な性質を含有して変容しながら禁欲的勤勉を特質とするインダストリーな社会全体に浸透していき、人々は、合理化された強固な経済秩序の枠に、他律・機械的に組み込まれることを余儀なくされてゆくことになるのである。

３－３　近代産業社会における労働の目的と余暇との関係の変容

　かつての修道院における「従順」、「清貧」、「貞潔」、「沈黙」、「完徳」、「一定所住」といった徳目と合わせて引き継がれていた労働は信仰を通じた自己完成を目指した労働であった。一方、資本主義の発展とともに変質した労働とは、資本主義の社会機構に強制されるようになった労働である。では、近代社会における資本主義の社会機構とは、どのようなシ

第Ⅱ章　職業アスピレーションと職業エートス

ステムなのだろうか。それは、ポランニー（1944）が「自己調整的市場」と名付けたシステムである。そこでは、「労働」という名のもとに人間が、「土地」という名のもとに自然が、ともに商品として用意され、「貨幣」による等価交換システムによって売買される（カール・ポランニー1944：236-242）。

　中世における労働は、自己完成の必要条件と位置づけられ、その在り方は「祈りかつ働け」（Ora et Labora）という言葉に象徴される。そこでは、自己完成が目的であり、「労働」は自己完成に至るひとつの「徳目（virtue）」であった。

　近代になって、中世の「徳目（virtue）」に取って代わったのが、貨幣による等価交換で生み出される「価値（value）」である。この転換は、「余暇」に対して「労働」が相対的な優位性を獲得する転換でもあり、「余暇」と「労働」の在り方にも影響を与えた（佐藤敏夫　1988：6）。「余暇」が「労働」に従属する関係に置かれることで、まず「余暇」においては、それまで中核的な機能であった「観照（theorianous）」や「真の活動（praxis）」が後退し、労働力を再生産するための「休息」や「暇つぶし」が優先順位を上げ（Ｊ．デュマズディエ 1962:17-19）、さらにそこに「消費」が加わることとなった（中山元2013：17-20）。

３－４　資本主義の社会機構と「疎外された労働」

　信仰の完成という目的を失った「労働」の内実も変容した。マルクス（1844）は、目的から切り離されるようになった「労働」を「疎外された労働」であるとし、「疎外された労働は、人間から自然を疎外し、人間自身を、人間自身の活動を、人間の生命活動を疎外し、その上に、人間を類から疎外する」（カール・マルクス1844：101）と述べている。

　つまり、「疎外された労働」のもとでは、人間は、自然対象ないし感覚的外界との間で疎遠な関係しか形成することができず、労働者自身の肉体的・精神的エネルギー、ないし個人的生命は人間である彼に対立し、

69

彼に属さない活動となってしまう。また、「疎外された労働」は、自己活動ないし、自由な活動を手段に貶めるのに加えて、人間の類的生活[10] を個人の肉体的生存の手段へと貶めてしまうのである（カール・マルクス 1844：98-105）。

　さらに、マルクスの「疎外」概念を近代社会のテクノロジー、社会構造、そして労働者の個人的経験という３つの変数間における関係として示したのがロバート・ブラウナー（1964）である。ブラウナーは、「無力性」、「無意味性」、「孤立」、「自己疎隔」の４つの類型を挙げ、「疎外」を説明している。まず「無力性」とは、①生産手段・完成された製品からの分離、②意志決定に対する統制力の欠如、③雇用条件に対する統制の欠如、④直接の作業工程に対する統制力の欠如をいう。次に「無意味性」とは、自己の職務内容が組織の目標に対する関係性が乏しく、製品、作業工程、作業組織のいずれに対しても何ら影響力を持たず、自己の貢献を見出すことができない状況をいう。そして「孤立」とは、組織の社会的目的や方針への共鳴がなく、組織への帰属感や所属意識が形成されていない状況をいう。最後に「自己疎隔」とは、職業活動が労働（labor）を通じた生計の手段にとどまっていて、そこに個人の能力発揮である仕事（work）や社会的な貢献となる活動（action）が形成されていない状況をいう（R.ブラウナー　1964：40-65）。

　これらのことから、資本主義の発展に伴う変容を整理すると、以下のように説明することができるだろう。まず、中世までは「余暇」における「観照（theorianous）」と「真の活動（praxis）」が「労働（labor）」や「仕事（work）」に対して優位にあった。ところが、近代に入ると、資本主義の発展に伴って、「労働（labor）」が「余暇」に対する相対的な優位性を獲得するとともに、人間は世界を造る「仕事（work）」からも疎外されて、生命の再生産過程である「労働（labor）」に一括りにされて扱われるようになった。その上、「労働（labor）」が「余暇」に対して

第Ⅱ章　職業アスピレーションと職業エートス

優位な位置に置かれるようになったことで、「余暇」の機能においても、「観照（theorianous）」や「真の活動（praxis）」が後退して、「休息」や「暇つぶし」が優先順位を上げて、そこに「消費」が加わり、「余暇」は「労働（labor）」に従属する位置に置かれるようになった。

３－５　職業エートスの問い直し

　先に取り上げたアレント（1958）は、マルクスが人間を「労働する動物」と規定し、その結果、「仕事（work）」をも「労働（labor）」として捉えてしまったとしている。しかし、同時にアレントは、これらはマルクスに特有の問題なのではなく、人間のあらゆる能力を「生命の必要」に従属させてしまったのは、近代の社会理論に広く共有された現象であり、マルクスはただそれを最も明確に表現しているに過ぎないと述べて、「仕事（work）」と「活動（action）」を含んだ三類型による「活動的生活」の重要性を示している（アレント1967：54-55、157-158）。

　ブラウナーもまた、「疎外された労働」の対極にある状態を示しており、「無力性」の反対極は「自由と自己統制力」、「無意味性」の反対極は「目標を持った組織の全体的な機能と活動の理解」、「孤立」の反対極は「規範の体系を共有することによって統合される社会ないし共同体への帰属感と所属感」、「自己疎隔」の反対極は「活動による自己表出ないし自己実現」であるとしている（R.ブラウナー1964：66-67）。

　ところで、アレントは、「労働（labor）」、「仕事（work）」、「活動（action）」による「活動的生活」と「思考（thinking）」、「意思（willing）」、「判断（judging）」による「精神の生活」の望ましいあり方として、どのような考えを持っていたのだろうか。この点について、中山元（2103：111-116）は、アレントは『人間の条件』のなかで、若い時期の博士論文である『アウグスティヌスの愛の概念』の「同胞（フラテル）」の概念の考察の中にそれを示しているとしている。ここで、アレントは、「十分に強力な、人々を相互に結びつける絆を発見することは、初期キリスト教哲学

71

の主要な政治的課題であった」（アレント1959：79）とし、その絆は、「構成員がたがいに同じ家族の兄弟のように結び合うような一種の身体（コルプス）でなければならない」（アレント1959：80）と説き、「同胞愛の原理が政治的な仕組みとして適用された唯一の共同体」（アレント1959：81）が修道院であったことを示している。その上で、アレントは、「神の国」に至る「地の国」の旅のあいだ、人間は閑暇における観照と活動の両方に従事するのであるとしている（アレント1929：241）。

　アレントがここで取り上げている閑暇における観照と活動について、アウグスティヌスは次のように説明している。「誰も閑暇において、隣人の益を考えないほど暇であるべきではない。また、神の観想を求めないほど活動的であってはならない」（アウグスティヌス　5世紀初頭：19巻19章）。つまり、（手の仕事を怠って）隣人の益を損なうほどに観想的になることも、観想を求めなくなってしまうほどに活動的であることもあってはならないとしている。また、「真理への愛（カリタス）が聖なる閑暇を求めるのである。愛が私たちを強いて正しい業務を引き受けさせるのである。もしも誰もこの荷を課さない時は、私たちは真理の把握とその考察のために閑暇であるべきである。しかし、そのような荷が私たちに課せられる場合には、愛の力に強いられてそれを引き受けるべきである」（アウグスティヌス　5世紀初頭：19巻19章）として、観想と活動のいずれも愛の（内面的な）力に動機づけられていることの大切さを説いている。

　このように、人間のあらゆる能力を「生命の必要」に従属させてしまった近代においては、アレントが「人間は閑暇における観照と活動の両方に従事する」と提言したように、「活動的生活」においては、「労働（labor）」以外の「仕事（work）」、「活動（action）」が、「精神の生活」においては、「思考（thinking）」、「意思（willing）」、「判断（judging）」の復権が求められるだろう。そして、そのためには、「構成員がたがいに同じ家族の兄弟のように結び合うような一種の身体（コルプス）」であり、

第Ⅱ章　職業アスピレーションと職業エートス

「同胞愛の原理が政治的な仕組みとして適用された共同体」の機能を備えた職場組織が求められるだろう。

　経済成長の中心が第一次産業である農業から第二次産業である工業、そして第三次産業であるサービス産業へと移行するという「脱工業化社会」で中心的役割を担う職業となったのが専門職である。H.J.パーキン（1998:15）は、「工業化以前の社会が産業資本家（capitalist enterpriser）によって支配されていたように、専門職社会は職業専門家（professional expert）（伝統的な専門職や新興の技術専門職ならびに福祉専門職のみならず専門的経営者や官僚もふくめ）によって支配される社会である。（中略）専門家という希少資源は、高度に熟練しかつ非常に多様化した労働力からなる人的資本（human capital）であって、多種多様な職業に必要な専門教育を受けることができる人々が存在する限り拡大し得るものなのである」と説明し、脱工業化社会は高度サービス産業社会であり、専門職社会（professional society）であるとしている。

　脱工業化社会における専門職の特徴は、その多くが雇用されるという形態をとっていることである。雇用された専門職は、高度な知識や技術を習得し続けることでエンプロイアビリティー（雇用可能性）を高めて社会経済環境の変化に柔軟に対応し、専門職としての雇用を確実なものとし、自律性を高め、社会的な影響力をも拡大していこうとする。専門職に付与される自律性の高まりと合わせ、近年になって、企業や組織活動の社会性や倫理性が問われるようになると、あらためて、さまざまな職業活動に応じた貢献と責任が内面化されたエートスに関心が向けられるようになった。その背景には、サービス産業の中心となっている対人サービスでは、サービスの供給と消費が供給者と顧客の間でコミュニケーション行為を通じて同時に行われるため、物財の所有権移転を伴わず、在庫として保存しておくことも、生産した後に移送することもできないという特性がある。つまり、コミュニケーション行為である「活動action」

73

を含んだ対人サービスにおいては、各自の責任によって職務を自律的に遂行していくための内面化されたエートスが必要なのである。

そのひとつのキーワードが「職業的使命感」である。この「職業的使命感」は、もっとも高揚した形では、「ノブレス・オブリジェ（高邁な義務感）」と呼ばれる。しかし、高邁な聖職者や組織のトップだけが持ちうるものが「職業的使命感」ではない。それぞれの持ち場と役割に応じて内面化されるのが、「職業的使命感」である。「職業的使命感」は職位の構造、職種の在り方、職場の風土や価値観の在り方、目標達成のための文化・環境要因等によって変わってくるが、それら文化・環境要因のもとで「職業的使命感」を生み出す心理的個人差として「職業的自尊心」がある（岡本浩一ほか2006：ⅰ-ⅱ）。「職業的自尊心」の研究は、これまで、消防、警察、防衛等の非営利で極端に高収入でないパブリック・サービスの職業を対象に、働きがい（職務満足、存在価値、意欲）や組織内市民行動等を高める変数として着目されるようになってきた。

3-6　小括

職業エートスは、家庭・学校・職場の教育や自己啓発によって形成される内面的な勤労の倫理であり、歴史の流れのなかで、内面化された社会規範、倫理的社会心理である。

職業エートスの歴史的発展過程を振り返ると、古代ギリシャにおいては、生命の必然に拘束される労働は、限りなく奴隷的な活動と位置づけられ、哲学者の「観想theor ianous」と市民の政治活動である「真の活動praxis」を含む「余暇」のみが人間の本性にふさわしい生き方であるとされていた。

その後、キリスト教が広がって浸透した中世ヨーロッパでは、労働は信仰を完成するためのひとつの活動として受け入れられた。特に、中世ヨーロッパの基盤を形成した修道院では、祈りと労働は完徳に至る双翼とし位置づけられ、その禁欲的な意味が強調された。

第Ⅱ章　職業アスピレーションと職業エートス

　資本主義が勃興する過程で、中世修道院で生まれた世俗外禁欲（修道院における禁欲）の倫理は、教会が領有していた土地財産の没収と修道院の解散を契機に、ピューリタニズムの世俗内禁欲倫理（修道院の外の社会における禁欲）の姿をとり、広く一般信徒の間に浸透し、それによって、「資本主義の精神」に発展する中心的な要因である「天職」が生み出された。

　「天職」概念の誕生によって、修道院を核とする共同体の中で機能していた「労働エートス」が、修道院外の産業化された社会で生き抜くための「職業エートス」へと変容していった。中世の「労働エートス」は、世俗外の修道院に存在した「禁欲的エートス」であり、世俗の社会秩序を魂の救済と対峙するものとして斥ける立場である。それに対して、近代における世俗内で発展した「職業エートス」は、世俗の職業生活も神の計らいによるものとみなし、それゆえ勤勉と節制に努めることが「神の栄光を増す」ことに繋がるとする立場である。

　この世俗の社会生活に神の計らいを見いだして神の栄光が増すことに使命感を抱き、利潤の費消を抑えて生産性を高めることに自尊心を見いだし、経営体の発展を可能ならしめたのが他ならぬ「天職観」であった。

　近代になって、中世の「徳目（virtue）」に取って代わったのが、貨幣による等価交換で生み出される「価値（value）」である。この転換によって、「労働」は「余暇」に対する相対的な優位性を獲得し、「余暇」が「労働」に従属する関係に置かれるようになった。

　一方、信仰の完成という目的を失った「労働」の内実も変容した。マルクス（1844）は、目的から切り離されるようになった「労働」を「疎外された労働」であるとした。さらに、マルクスの「疎外」概念を近代社会のテクノロジー、社会構造、そして労働者の個人的経験という３つの変数間における関係として示したロバート・ブラウナー（1964）は、「無力性」、「無意味性」、「孤立」、「自己疎隔」の４つの類型を挙げ、「疎外」を説明した。

75

アレント（1958）は、マルクスが人間を「労働する動物」と規定し、その結果、人間のあらゆる能力を「生命の必要」に従属させてしまったとして、「仕事（work）」と「活動（action）」を含んだ三類型による「活動的生活（vita activa）」の重要性を示し、ブラウナーもまた、「疎外された労働」の対極にある状態を示した。

このように、人間のあらゆる能力を「生命の必要」に従属させてしまった近代においては、アレントが「人間は閑暇における観照と活動の両方に従事する」と提言したように、「活動的生活」においては、「労働（labor）」以外の「仕事（work）」、「活動（action）」が、「精神の生活」においては、「思考（thinking）」、「意思（willing）」、「判断（judging）」の復権が求められる。そして、そのためには、「構成員がたがいに同じ家族の兄弟のように結び合うような一種の身体（コルプス）」であり、「同胞愛の原理が政治的な仕組みとして適用された共同体」の機能を備えた職場組織が求められる。

近年になって、企業や組織活動の社会性や倫理性が問われるようになると、あらためて、さまざまな職業活動に応じた貢献と責任を内面化されたエートスに関心が向けられるようになった。その背景には、サービス産業の中心となっている対人サービスでは、サービスの供給と消費が供給者と顧客の間でコミュニケーション行為を通じて同時に行われるため、物財の所有権移転を伴わず、在庫として保存しておくことも、生産した後に移送することもできないという特性がある。つまり、コミュニケーション行為である「活動action」を含んだ対人サービスにおいては、各自の責任によって職務を自律的に遂行していくための内面化されたエートスが必要なのである。

そのひとつのキーワードが「職業的使命感」である。この「職業的使命感」は、もっとも高揚した形では、「ノブレス・オブリジェ（高邁な義務感）」と呼ばれる。「職業的使命感」は職位の構造、職種の在り方、職場の風土や価値観の在り方、目標達成のための文化・環境要因等によっ

第Ⅱ章　職業アスピレーションと職業エートス

て変わってくるが、それら文化・環境要因のもとで「職業的使命感」を
生み出す心理的個人差として「職業的自尊心」に関心が向けられるよう
になっている（岡本浩一ほか2006：ⅰ-ⅱ）。

注

1）Karl Polanyi(1944)The Great Transformation.（＝2009.野口建彦・栖原学訳
　　『大転換』東洋経済　76～96頁、「互酬」は主として家族・親族といった血縁的
　　な組織において作用し、「再分配」は主として首長を頂点とするすべての人々に
　　対して効果を及ぼす地縁的な性格を有する。「家政（householding）」は、エコ
　　ノミーの語源となるギリシャ語の「オイコノミア（oeconomia）」であり、共同
　　体（家族、居住地、荘園等）において生産と消費が内部で完結する経済を指す。
2）アスクリプション（ascription）とは、行為者がある状況で社会的対象に対し
　　て、それが何をなしうるか、また何をなしえたかという「アチーブメント（業
　　績原理）」からでなく、それが現に何であるか（性別、年齢、家柄、身分等の生
　　得的地位やそれの有する属性）という角度からみる原理をいう。「属性原理」、
　　「帰属原理」等と訳される。「アチーブメント（業績原理）」の反対概念とされ
　　る。（『社会学小事典』有斐閣　5頁）
3）「社会有機体説」であり、社会を動物有機体になぞらえる理論、社会的分業を
　　動物有機体の各機関の機能分化とその相互依存になぞらえるとともに、分化に
　　対する統合機能を宗教や政府に求めた。コント、スペンサーらの成立期社会学
　　に一般的な理論であったが、葛藤の説明が不能なこともあって、19世紀までに
　　は力を失った。しかし、社会を諸機能の相互関連として捉える考え方は、社会
　　システム論に受け継がれている。（『社会学小事典』有斐閣274頁）
　　　なお、カトリック教会が「社会有機体」思想の根拠とした新約聖書（コリン
　　ト人への第Ⅰの手紙12章12～27節）には、次のような記述がある。
　　　「12ちょうど、体はひとつで多くの部分があり、体のすべての部分が多くても
　　ひとつ体であるように、キリストも同じです。13実に私たちは、ユダヤ人であ
　　れ、ギリシャ人であれ、奴隷であれ自由人であれ、洗礼を受けて皆一つの「霊」
　　によって一つの体に組み入れられ、また、皆一つの「霊」を飲ませてもらった
　　のです。14確かに、体は一つの部分ではなくて、多くの部分から成り立ってい
　　ます。15たとえ、足が「自分は手でないから体に属していない」といったとし

ても、それで体に属さないということではありません。16また、たとえ、耳が、「自分は目でないから体に属していない」といったとしても、それで体に属さないということではありません。17もしからだ全体が目であったら、どこで聞くのでしょうか。もしからだ全体が耳であったら、どこでにおいを嗅ぐのでしょうか。18それですから、神はお望みのままに、体にいちいち部分を備えて下さったのです。19もし全部がひとつ部分であったら、体はどこにあるのでしょうか。20ところが実際、部分はたくさんあっても、体は一つなのです。21目が手に向かって、「おまえは要らない」とは言えず、あるいはまた、頭が足に向かって、「おまえたちは要らない」とも言えません。22それどころか、体のうちではかより弱いと見える部分が、むしろずっと必要なのです。23また、わたしたちは、体のうちで他より見栄えがしないと思われる部分を覆って、よりいっそう見栄えがするようにします。また不体裁なものは、もっと体裁よくします。24体裁のよい部分には、その必要がありません。しかし、神は劣っている部分をよりいっそう見栄えよくし、調和よく体を組み立ててくださったのです。25体のうちに分裂がなく、かえって、各部分が分け隔てなく互いのことを心し合うようにしてくださったのです。26それで、もし体の一部分が苦しめば、すべての部分も一緒に苦しみ、もしひとつの部分がほめたたえられれば、すべての部分が一緒に喜びます。27さて、あなたがたはキリストの体であり、ひとり一人その部分なのです」

　　（フランシスコ会聖書研究所訳（1979）『新約聖書』中央出版社　614〜615頁）

4）イギリスの歴史法学者Henry Sumner Maine（1822〜88）の言葉。「from status to contract 身分より契約へ」。封建時代、土地利用は、領主と領民の身分関係で規制され、雇用も徒弟制度という身分関係で規制されることが多かった。これでは自由経済、すなわち自由な土地と労働力利用を前提とする自由な資本主義経済は誕生できない。資本主義経済が誕生するには自由な土地所有権、賃貸借関係、雇用関係が成立する必要があった。

5）ここでいう「生活機会」とは、世襲と継承に替わる競争的選抜を優位とする職業選択の自由と法のもとでの平等の原則による機会の解放を意味している。

6）この定義は、ウイスコンシン・モデルを中心とした地位達成研究での定義である。

7）教育アスピレーションとは、学歴アスピレーションとも呼ばれており、実現できるかどうかは別として、自分としてはぜひ行きたい学校、段階を指す。

8）今村仁司（1987）はこのことを次のように説明している。「古代ギリシャの労

第Ⅱ章　職業アスピレーションと職業エートス

働表象に従って人間的活動の階層序列を提示してみよう。最上階には、あらゆる肉体労働から解放された上級市民の活動がある。それは何よりもまず公共的事物を扱うプラークシスであり、あるいは観想（テオーリア）である。プラークシスには知恵（ソフィア）の徳が伴う。中間の階には、勇気という美徳を持つ戦士がいる。最下層には農民と職人がいる。ポリス共同体は三つの階層から成る。ポリスの周縁に在留外人による商業がある。そして最後に、ポリスの生活を有形・無形に支える奴隷労働が存在する。奴隷は言葉を話す動物であって、ポリス共同体から排除されている」（今村仁司（1987）『前掲書』34 72-73頁）

9 ）「12わたしは、そこへ、すでに到達したわけでも、自分がすでに完全なものになったわけでもないので、目指すものをしっかり捕らえようと、ひたすら努めています。このために、わたしはキリスト・イエズスに捕らえられたのです。13兄弟の皆さん、わたしは自分がそれをすでにしっかりと捕らえているとは思っていません。ただ一つのこと、すなわち、うしろのことを忘れて、前のことに全身を傾け、14目標を目指してひたすら努め、神が、キリスト・イエズスに結ばせることによって、わたしたちを上へ招き、与えてくださる賞を得ようとしているのです」（フランシスコ会聖書研究所訳（1979）『前掲書』45 中央出版社　722頁）

10）この類的生活の「類」は、個体を超えた存在を表す概念であるが、そこには2つの側面がある。そのひとつは、人間＝労働者が類的な存在としての活動　－普遍的で、自由で、意識的で、創造的な活動　－　を行うという意味での存在概念である。もうひとつは、人間を社会的、共同的、集団的存在と捉え、人間の生産が「交換」を通して結合されたとき、そこには共同の社会的な活動が生成されているという意味での存在概念である。いずれにしても、ここで提起されている問題は、人間の自由に関することであり、個体的限界の止揚によって類的生活が実現するのは、人間の普遍的で、自由で、意識的で、創造的な活動によるのであり、社会や共同体が個人を抹殺する「全体主義」によるのではないということが含意されていると理解するべきであろう。

文献

Aurelius Augustinus(～426) <u>De Civitate Dei contra Paganos</u> .（＝1991．服部英次郎・藤木雄三訳『神の国』岩波文庫82-84

Barbara Duden(1986) <u>ARBEIT AUS LIEBE-LIEBE ALS ARBEIT</u>. Claudia von

介護職の働きがいと職場の組織マネジメント

Werlhof(1986)
"SCHATTENARBEIT" ORDER HAUSARBEIT?. FRAUEN UND DRITTE
WELT ALS "NATUR" DES KAPITALS ORDER OKONOMIE AUF FUSSE
GESTELLT . DIE FRAUEN UND DIE PERIPHERIE（＝1998. 丸山真人訳
『家事労働と資本主義』岩波書店 5

David Cayley(1992)Ivan Illich in Conversation interviews with Ivan Illich.（＝
2005. 高島和哉『イバン・イリイチ 生きる意味』藤原書店314-320

David Cayley(2005)The Rivers North of the Future: The Testament of Ivan
Illich.（＝2006. 臼井隆一郎『イバン・イリイチ 生きる希望』藤原書店78-81

Hannah Arendt(1958)The Human Condition.（＝1994. 志水速雄訳『人間の条件』
岩波書店137

Hannah Arendt(1978)The Life of the Mind.（＝1994. 佐藤和夫訳『精神の生活』
岩波書店 上62-63 下5-9 上81

Harold J. Oerkin(1998) the British Higher Education and Orofessional Society.
（＝1998. 有本章、安原義仁訳『イギリス高等教育と専門職社会』15

Himmelweit.S.(1999)"Careing Labor"Annals of the American Academy of
Poluical and Social Science,561 Ivan Illich(1971)Deschooling Society .（＝1979.
松崎巌訳『脱学校化の可能性』東京創元社15-17

Jacques Le Goff(2003)A LARECHERCHE DU MOYEN AGE.（＝2005. 池田健
二・菅沼潤訳『中世とは何か』藤原書店146-150

Joffre Dumazedier(1962) VERS UNE CIVILIATION DU LOISIR? .（＝1976. 中
島巌訳『余暇文明に向かって』東京創元社17-19

Josef Pieper(1965) MUSSE UND KULT .（＝1988. 稲垣良典訳『余暇と祝祭』講
談社学術文庫22

Juan Maria Laboa(2002) HISTORICAL ATLAS OF MONASTICSM .（＝2007.
朝倉文一監訳『世界修道院文化辞典』東洋書林36

Karl Polanyi(1944)The Great Transformation.（＝2009.野口建彦・栖原学訳『大
転換』東洋経済76〜96,236-242

Karl Suso Frank(1993) Geshichte des christlichen Monchtums.（＝2002.戸田聡訳
『修道院の歴史』教文館118-121

Ludo J.R.Milis(1992) ANGELIC MONKS AND EARTHLY MEN.（＝2001. 武内
信一訳『天使のような修道士たち』新評社85-93

Max Weber(1920)Die protestantische Ethik und der 'Geist' des Kapitalismus.

第Ⅱ章　職業アスピレーションと職業エートス

（＝1989.大塚久雄訳『プロテスタンティズムの倫理と資本主義の精神』岩波書店

Robert Blauner(1964) Alienation and Freedom:The Factory Worker and His Industry.（＝1971.佐藤慶幸訳『労働における疎外と自由』　新泉社66-67

Talcott Parsons(1964)Social Structure and Personality.（＝1973.武田良三訳『社会構造とパーソナリティ』新泉社 273

Wolfgang Braunfels(1969) ABENDLANDISCHE KLOSTERBAUKUNST.（＝1974.渡辺鴻訳『西ヨーロッパの修道院建築』鹿島出版15-22

新谷康浩（1996）「職業アスピレーションの変化ー「専門職」志向を中心にー」鈴木昭逸・海野道郎・片瀬一男編（2001）『教育と社会に対する高校生の意識：第3次調査報告書』東北大学教育文化研究会　109、120

朝倉文市（1995）『修道院』講談社現代新書　21,134-140,141-146,51

朝倉文市（2007-3）「修道院と労働のエートス」『キリスト教文化研究所年報』(29).ノートルダム清心女子大学キリスト教文化研究所 37-67

岩永雅也（1990）「アスピレーションとその実現ー母が娘に伝えるものー」岡本英雄・直井道子（編）『現代日本の階層構造4女性と社会階層』東京大学出版会 91、118

岩隈直（2008）『新約ギリシャ語辞典』教文館　319

岩木秀夫・耳塚寛明（1983）「高校生ー学校格差の中でー」『現代のエスプリ高校生』至文堂No.195:5-24

今村仁司（1987『仕事』弘文堂30 55-68

今村仁司（1998）『近代の労働観』岩波書店45-53

江幡哲也（2006）『アスピレーション経営の時代』講談社 5-6

岡本浩一・堀洋元・鎌田晶子・下村英雄『職業的使命感のマネジメント』新曜社ⅰ-ⅱ

大木英生（2006）『ピューリタン　－近代化の精神構造－　』聖学院大学出版会 31-34

尾高邦雄『職業の倫理』（1970）中央公論社 25-26

尾嶋史章（2001）「進路選択はどのように変わったのかー16年間にみる進路選択意識の変化ー」尾嶋史章（編著）『現代高校生の計量社会学』ミネルヴァ書房　21、61

刈谷剛彦（1986）「閉ざされた将来像ー教育選抜の可視性と中学生の『自己選抜』」

『教育社会学研究』41　95-109

片瀬一男（編）（2001）『教育と社会に対する高校生の意識:第3次調査報告書』東北大学教育文化研究会　109、120

片瀬一男「夢の行方ー職業アスピレーションの変容ー」『人間情報学研究』（2003）第8巻 15-30

片瀬一男『（2005）夢の行方』東北大学出版会 37

今野國雄（1981）『修道院－祈り・禁欲・労働の源流－』42-43

小山路男（1978）『西洋社会事業史論』光生館　1-6,53-68

佐藤敏夫（1988）『レジャーの神学』新教出版社　6

寿里茂（1993）『職業と社会』学文社 70

杉村芳美（1997）『「良い仕事」の思想』88

寺澤芳雄編（2004）『英語語源辞典』研究社 72

中山慶子・小島秀夫（1979）「教育アスピレーションと職業アスピレーション」富永健一（編）『日本の階層構造』東京大学出版会 293、328

中山元（2013）『ハンナ・アレント〈世界への愛〉』新曜社　17-20　111-116

林拓也（2001）「地位達成アスピレーションに関する一考察ー先行研究の検討とキャリアアスピレーション研究の展望」『人文学報』318号 45-70

林拓也（2001）「地位達成アスピレーションに関する一考察ー先行研究の検討とキャリアアスピレーション研究の展望」『人文学報』318号 45-70

フランシスコ会聖書研究所訳『新約聖書』（1979）中央出版社　758〜759

ヘーシオドス／松平千秋訳（1986）『仕事と日』岩波文庫 285-310

耳塚寛明（1988）「職業アスピレーションー教育選抜とアスピレーション・クライシス」『青年心理』72　30-36

吉田暁（2000）『聖ベネディクトの戒律』すえもりブックス 188-189

第Ⅲ章　介護職の特性と職業エートス

　第Ⅱ章では、「職業」という概念と「職業アスピレーション」を論じ、「職業エートス」の形成過程を振り返りながらその意味を考察するとともに、「職業エートス」が何によって構成されるのかを検討してきた。第Ⅲ章では、介護職の特性に焦点を当てながら、介護職における職業エートスの必要性とその形成過程を論じていく。

1　介護労働の特性

1－1　介護職は生命再生産労働でしかないのか

　職業としての介護職の特性を考える時、2つの意味で、生命再生産労働として一括りに扱われてきた問題がある。まず、第1点は、前章で取り上げたように、マルクスが人間を「労働する動物」と規定して、「仕事（work）」をも「労働（labor）」として捉えてしまったこと、そして、マルクスのみならず、近代の社会理論の多くが、人間のあらゆる能力を「生命の必要」に従属させてしまった問題である。

　これについては、マルクスの（1818-1883）少し前を生きたアダム・スミス（1723-1790）の時代には、サービス（スミスがサービスと捉えていたのは役人、法律家、医療従事者、作家、芸術家、喜劇俳優、音楽家、オペラの踊り子、家内使用人など）は財貨を生産せず蓄財的でないがゆえに「不生産的」であるとされていたことを知る必要があるだろう（菊池隆、鴨志田晃（2008：115-116）。つまり、産業のサービス化が今ほど進んでいない当時の社会にあっては、サービスに経済価値としての有用性を認識することが、まだ浸透していなかったのである。ところが、産業のサービス化が進展していく過程で、サービスの経済価値としての有用性が認識されるようになっても、なお、マルクス主義フェミニズムに

おいては、サービスとしての介護を「生命の必要」の枠内にとどめて認識し、生命再生産労働として一括りに扱ってきたという問題がある。

第2点は、近代社会の誕生によって性別役割分業によって営まれる核家族が生まれ、産業化の進展に伴って、家事、育児、介護が家族機能から外部化さて職業化されるようになったが、元々介護は家事、育児と同じく生命再生産労働であり、家庭内のシャドーワーク（社会活動から閉ざされた不払い労働）とされていたが故に、職業化された後も経済的価値が低く換算されている問題がある。

この介護職の活動力の全体を生命再生産の労働（labor）として括りにしてしまうことの問題を改めて、H.アレント（1958）の人間の「活動的生活」から捉え直してみたい。アレントは、人間には、労働（labor）、仕事（work）、活動（action）の基本的な活動力があるとしていることは既に述べた（ハンナ・アレント　1958：19-22）。この「労働（labor）」、「仕事（work）」、「活動（action）」の概念については、後で詳しく取り上げるが、ここでは、介護職における「労働（labor）」、「仕事（work）」、「活動（action）」の区別について、触れておきたい。

まず、「労働（labor）」とは、肉体の生物学的過程に対応する活動力であり、生命過程の中で生み出され、消費される生活の必然に拘束されている。介護職でいえば、食事、排泄、入浴、更衣といった生命を維持するためにに繰り返される介助の過程である。

次に、「仕事（work）」とは、自然の循環と異なる『人工的』世界を作り出す活動力である。建造物や芸術家の作品のように耐久性や永続性があり、人間の居場所である世界を形成する。介護職でいえば、継続的なケアの結果として、利用者のADLやQOLが一定の継続性が保持される状態がある。また、マニュアル等の記録物、組織内のルールづくり、委員会等によって構成される世界も「仕事（work）」の構築物ということができる。

続いて、「活動（action）」とは、直接人と人との間で行われる活動力

であり、人間が一人の人間（man）ではなく、多数の人間（men）であるという事実に対応している。介護職が利用者と関わることによって、利用者の人生の物語に関与し、組織内での職員間のコミュニケーションや地域で暮らす要介護高齢者や家族との関わりを積み重ねて、地域の歴史に貢献することは、「活動（action）」であるということができる（ハンナ・アレント　1958：19〜20）。

　この３つの視点から捉えるならば、実際の介護職と利用者のやりとりには、労働（labor）だけでなく、仕事（work）や活動（action）が存在していることが分かる。

　そこで、介護職の活動力の全体を「労働labor」に一括りにして捉えてきた先行研究がどのように進められてきたのかを考察するとともに、介護職は、単なる「労働（labor）」ではなく、「仕事（work）」や「活動（action）」が含まれていることを述べていきたい。

1－2　職業としての介護の特性と職業エートス

1）家族介護は自然で望ましいのか

　多くの人々が文化的所与の下に受け入れている考え方のひとつに、介護は家族機能の一部であるので、家族介護は自然であり、介護は家族がすることが望ましという規範が存在している。近年は、家族介護そのものが、歴史的に新しい社会現象であることが指摘されるようになってきているが、家族は今もなお、主たる介護の担い手とされている現実がある。

　上野（2011）は（上野千鶴子　2011：105-108）、以下の４つの理由によって、同居家族による家族介護は歴史的にみて一般的ではなく、人口学的にみても多数派の経験だったことはないと述べている。まず、第１に高齢者介護は、社会の経済水準、栄養水準、衛生水準、医療水準、介護水準に依存しているため、平均寿命が短かった戦前の「家」における高齢者介護で要介護期間が長期化することはなかった。第２に戦前の同

居に伴う扶養慣行は現在と異なっていて、農家世帯では一家総出の家族労働が継続しており、同居の親世代は生産労働に貢献しない場合でも家事や育児の担い手で、被扶養者とはいえない位置づけであった。第3に戦前のファミリーサイクルにおける同居期間は現在より短かった。第4に戦前の平均出生数（平均5人）からみると、子世帯との同居率は現在よりも低かった。

　これらのことから、現在の家族介護は、戦前の家族介護に比較して、重度化、長期化しており、しかも、ひとりの家族にのしかかる負担も重いというわが国がこれまで経験したことのない新しい問題となっている。この歴史的事実が示しているのは、介護は本来的な家族機能のひとつであるとはいきれないし、必ずしも家族介護が自然で望ましともいえないということである。

2）生命再生産労働としての介護

　近代産業化社会の誕生とあわせて生まれたのが、性別役割分業によって営まれる核家族である。タルコット・パーソンズは、核家族の定義として、①両親とそれに依存する子ども、②分離独立した住居、③夫（父親）の収入で生計を立てることによる経済的独立をあげているが（タルコット・パーソンズ　1956：26）、性別役割分業によって営まれる核家族は、わが国においても高度経済成長を支える基礎集団として機能してきた。この核家族の下では、男は家の外で賃労働に従事し、女は家の中で家事、子育て、介護を担当することになる。ここでいう家事、子育て、介護は、生命と生活の再生産のための労働である。後藤澄江（2012）は、この「生命再生産労働」を「人類の存続のために新しい生命を誕生させ養育することを目的とした労働、および、子どもから高齢者まであらゆる世代の人間の生活や人生を対象として、日常生活のなかで喪失した生命エネルギーを補填し、生命を持続かつ活性化させることを目的とした労働」（後藤澄江　2012：19）としている。I.イリイチ（1981）は、女性

に割り当てられたこの生命再生産労働を「シャドーワーク」と表現して、その本質に①賃金が支払われないこと、②社会から隠された家庭内（私的空間）において孤立した状態で行われることを指摘した（イヴァン・イリイチ　1981：191-226）。

これら「生命再生産労働」の社会化が進展している現在においても、家事・育児・介護にかかわる職業が経済的・社会的に低く評価されがちである背景には、もともとこれらの「生命再生産労働」が女性の役割であるがゆえに、賃金が支払われず、家庭内で私的に行われて「可視化」されてこなかった歴史的事実がある（森川美絵　2015：1-2）。

3）ケアの有償化におけるディレンマ

さらに、ケアの有償化そのものの持つディレンマの問題もある。つまり、ケアが支払われる労働になれば、贈与の関係（gift relationship）が減少して奉仕としての価値が下がり、ケアの与え手の優位性が損なわれることから、ケアが支払い労働になることへの抵抗が働くというものである（上野千鶴子　2011：156）。介護職の経済的評価には、「崇高な奉仕」という正当化をあがなうためのイデオロギー価格があらかじめ差し引かれているのである。上野千鶴子（2011）は、有償ボランティア価格が地域の最低賃金をわずかに下回る程度に平準化されていることの謎はこれで解けると説明している（上野千鶴子　2011：156）。

加えて、日本以外の先進国では、介護職に占める外国人労働者の比重が大きいことがある。人口減少に転じたわが国においても、介護職の人材不足はさらに深刻化することが予測されるなか、グローバルな労働予備群の参入が進めれつつある。低賃金で就労する外国人労働者の増加は、今後、介護職の経済的評価を抑える方向で作用することが考えられる。

4）要介護高齢者の社会的地位と介護職

春日キスヨ（2001:38）は要介護高齢者の社会的地位と介護者として女

性が選ばれることに着目し、「介護する側とされる側の相互行為的実践の中で、介護をめぐる『性別秩序』が構成されるという見解をとるとき、重要になってくるのは、要介護高齢者の置かれた社会的地位と成人を対象とした身体性に関わる介護労働の特殊性」であることを指摘している。病気や障害によって「依存」の状態になることは、「負い目」意識を生み、援助を与える側の勢力下におかれることであり、それは地位の失墜に他ならない。病気の場合は治療を受け、回復すれば、元の地位に復帰することができる、しかし、障害の場合は治るということはなく、失墜した地位に留まることになる。さらに、病気の治療では、部位による「点」の関係だが、障害の場合は、生活全体にわたる「面」の関係が形成され、依存性は増大する。したがって、障害者は病人よりも、より下位の地位に置かれることになる。要介護者がおかれるこの社会的地位の劣位性こそが介護者として女性が選ばれる理由だという。そのことに加えて、「介護は成人を対象とした労働であり、保育では現象しない『羞恥心』『当惑』『不浄感』『性的おぞましさ』などさまざまな否定的感情が介護関係のなかで生起し、それが交互関係を規定していく」(春日キスヨ 2001：41)。このような介護関係においては、介護される側の負担感が性別の差異につながり、介護者として、女性がより選考される一因となっているという。ここでも、ジェンダーにもとづく偏見が介護労働に対する社会的・経済的評価をも引き下げる要因となってきたということができるだろう。

5）対人サービスとしての介護職の特殊性

　バージェスとロックは、家族機能を本質的機能（intrinsic：愛情、生殖、養育）と歴史的機能（historical：経済、保護、教育、娯楽、宗教）に分け、本来的機能は時代的・社会的に不変だが、歴史的機能は近代産業化の進展に伴って衰弱して専門機関に委ねられるようになるとした（Burgess, Ernest Watson and Locke, Harvey John 1945）。しかし、現

第Ⅲ章　介護職の特性と職業エートス

実には、産業化の進展は、本質的機能とされた養育（保育）の社会化を
必要とさせ、加えて介護のニーズを生み出した。

　家族機能の外部化は、産業社会のサービス化に伴って進行した。先に、
アダム・スミスは、サービス（スミスがサービスと捉えていたのは役人、
法律家、医療従事者、作家、芸術家、喜劇俳優、音楽家、オペラの踊り
子、家内使用人など）は財貨を生産せず蓄財的でないがゆえに「不生産
的」であるとしたことを紹介したが（菊池隆、鴨志田晃　（2008：115-
116）、同じ古典派の中にも例外があり、ハインリヒ・シュトルヒは、「教
育や医療といった活動の成果は、受け手の肉体や精神に具体的な痕跡を
残す」として、これを「内的財貨」、「内的利益」であるとした。今日の
経済学では財とサービスの厳格な区別は余り意味をなさず、財とサービ
スは同時に処理されるという考え方が一般的となっている（菊池隆、鴨
志田晃（2008：116）。

　菊池隆、鴨志田晃（2008）は、わが国におけるサービス産業を①Social
Service（保険ケア、教育、郵便サービスなど）、②Distributor Service
（流通サービス）、③Producer　Service（銀行業、事業サービス、不動
産業）、④Personal Service（家事支援、ホテル、レストラン、旅客、宅
配など）の４つに分類し、対人サービスの特徴を所有権の非移転性、同
時性、消滅性、移送不能性、在庫不能性、労働集約性のサービスである
としている。つまり、対人サービスにおいては、物財の所有権移転を伴
わず、サービスの供給と消費は供給者と顧客の間でのコミュニケーショ
ン行為を通じて同時に行われて、消滅していくので、在庫として保存し
ておくことも、生産した後に移送することもできないという特徴がある
（菊池隆、鴨志田晃　2008：117）。

　職業としての介護はこの対人サービスのひとつであり、上野千鶴子
（2011：138-139）は、ケアが労働であることの条件として、①依存的な
（ニーズを持った）他者の存在を前提とし、②消費されるその時・その場
で生産されるために、ニーズを持った他者とその時・その場を共有する

89

ことを要求するので、大量生産や在庫調整、出荷調整をすることができず、したがって③省エネ化も省力化もできないコミュニケーション行為としてのサービスであるとしている。

　さらに、介護保険においては、介護サービスの価格は法定価格であり、上限が決まっているため、サービスに付加価値を加えにくいという制限がある。

　このように、職業としての介護は、ニーズを持った他者とその時・その場を共有しながらコミュニケーション行為を中心にしてサービスを提供する職業であり、同時性、消滅性、移送不能性、在庫不能性、労働集約性を伴っているが故に、そのすべての行為を貨幣価値に換算することの難しさを持っている。しかし、対人サービスに属するすべての職業の社会的・経済的評価が介護職のように扱われているわけではない。やはり、介護職の低い社会的・経済的位置づけは、家事・育児（保育）と同じく、もともとこれらの生命再生産労働が女性の役割であるがゆえに、賃金が支払われず、家庭内で私的に行われて「可視化」されてこなかったこと、崇高な奉仕としてのイデオロギー価格が差し引かれてきたこと、要介護者である高齢者や障害者が低い社会的地位に置かれてきたことによって、介護職が社会的・経済的に低く評価されてきたという歴史的事実に根があることを認識べきであろう。

6）感情労働論における介護職の「労働」「仕事」「活動」

　職業としての介護は、ニーズを持った他者とその時・その場を共有しながらコミュニケーション行為を中心にしてサービスを提供する職業であり、同時性、消滅性、移送不能性、在庫不能性、労働集約性を伴っているが故に、そのすべての行為を貨幣価値に換算することの難しさを持っている。介護職が利用者との関わることによって、利用者の人生の物語に関与し、組織や地域の歴史に貢献することは「活動（action）」であるということができる（ハンナ・アレント　1958：19〜20）。それにもか

かわらず、職業としての介護が「労働（labor）」として一括りに扱われてきた事実のひとつに「感情労働論」がある。

　肉体労働、頭脳労働と並ぶ第3の労働形態として感情が労働となることを「感情労働」という概念を用いて取り上げたのがA.R.ホックシールドである（A.R.ホックシールド：1983）。ホックシールドは、感情労働を「公的に観察可能な表情と身体的表現を作るために行う感情の管理」であると定義し、「自分の感情を誘発したり抑圧したりしながら、相手の中に適切な精神状態を作り出すために自分の外見を維持しなければならない」と説明した（A.R.ホックシールド　1983：7）。また、ホックシールドは、労働者が感情の「表出」のみならず、どのような感情を感じるべきかという、内面の「経験」までも、社会的、組織的な目的を実現するために作り変えられていることを見いだし、労働形態として感情労働を位置づけた（榊原良太著　2011：175）。

7）マルクス主義フェミニズムと対人サービスとしての介護職

　佐藤俊樹・広田照幸（2010）は、「働くことの自由と制度」と題した対話のなかで、アレントの枠組みから介護職を捉えて、ケア労働は、対人サービスとして、それなりの自律性と判断力が必要とされる仕事であり、「労働labor」の性格と「仕事work」の性格の両方を強く持っており、人と結び合うという意味で「活動action」、「真の活動praxis」と言えるとし（佐藤俊樹・広田照幸　2010：4-8）、その上で佐藤は、現代の職業は、「〈労働〉的な労働は質の低い、劣った働き方として、〈仕事〉的な労働は質の高い、優れた働き方として、〈活動〉的な労働は誰もが夢見る理想の働き方として位置づけられるようになった」（佐藤俊樹　2010：35）と分析している。つまり、対人サービスとしての介護職には、「労働labor」だけでなく、「仕事work」と「活動action」が含まれているのである。

　一方、上野千鶴子（2011:141）は、「ケアとはケアの受け手と与え手とのあいだの相互行為である」と定義を示したうえで、ケアワークの概念

化、ケア労働と家事労働の比較、労働力商品としてのケアの価値と特性を示し、ケアワークがなぜ安いのかを議論している。この議論の過程で、上野は一貫してケアを「労働labor」として捉え、ケアを語源的に「陣痛labor」と同義語である苦痛を伴う身体の行使や苦役という含意の中に一括りにしている。

　対人サービスとしての介護職には、現実に、「労働labor」と「仕事work」と「活動action」の性格が含まれるようになっている現実があるのに、上野が介護職のあらゆる営みを一括りに「労働labor」として位置づけようとするのは、そもそも、「生命再生産労働」が、マルクス主義フェミニズムが導入した概念であるとう背景があるだろう。マルクス主義フェミニズムは、「生命再生産労働」は、ジェンダーの社会化からくる一種の搾取であって、資本主義の進展にともなって，女性も生産労働に動員されることになるが，そうなると女性は二重の搾取のもとに置かれ、生産労働者として搾取されるうえに，「女性の本来の仕事は家庭だ」とする性役割の不当な押しつけによって、もうひとつの搾取が女性労働者に加えられる問題を指摘してきた。

　では、マルクスが共産主義社会という理想の実現を思い描いていた時の労働概念とはどのような状況だったのかを改めてみてみると、『ドイツイデオロギー』でマルクスは「私はきょうはこれをおこない、明日はあれをおこなう、たとえば午前中は狩りをして午後には釣りをするといった自由を、さらには望むがままに夕方に牛の世話をし、食事の後は批評する自由を享受でき、しかもそうするために猟師や漁師、牛飼いあるいは批評家になる必要すらないのだ」（カール・マルクス　1846：66-67）と記し、共産主義社会においては、労働は自分が何者であるかの直接的な表現として、人間に計り知れない満足を与え、自分自身のあるべき姿へと立ち返らせるものとして労働条件を重視していた。

　ラース・スヴェンセン（2016:66-67）は、この時、マルクスが労働概念の典型例とみなしたのは、産業に従事する労働者ではなく、中世の職

第Ⅲ章　介護職の特性と職業エートス

人であったと述べている。中世においては、職人と芸術家の厳密な区別はなかった。芸術家は、先に取り上げたアレントが「仕事work」の典型として建築家とともに例示した職業である。すなわち、芸術家はイデアに基づいて作品（works）を制作し、建築家は設計図に基づいて耐久性・永続性のある構築物を建設していた。これらの耐久性・永続性のある構築物は、人間の世界を形づくるものであり、世界を造り出すことは、人間に計り知れない満足を与えるものだった。

　しかし、マルクスは後年になって、「仕事work」でさえも、必要の拘束から逃れられないことから、『資本論』第三巻では、自由の領域を余暇のうちに移動した（カール・マルクス　1887：第7篇48章）。このことは、古代ギリシャのポリス社会において、職人が造った制作物自体は肯定的評価を受けても、職人労働自体は、「多忙」であるがゆえに、倫理的悪とされたことと重なる。

8）人間生活としての介護職の職業エートス

　かつてハインリヒ・シュトルヒは、「教育や医療といった活動の成果は、受け手の肉体や精神に具体的な痕跡を残す」としたが、対人サービスであるところの職業としての介護は、「生命再生産労働」としての「労働labor」の域にとどまらず、利用者のADLやIADL、そしてQOLにおける状態像の変化をもたらし、職場内で人材を育成して組織を形成し、制度やシステムとの結びつきを生み出す「仕事work」の領域にまで広がっている。さらに、コミュニケーション行為であるところの介護は、アルファでありオメガである時間の過程で利用者の人生の物語に関与し、事業所や地域社会の歴史をつくる「活動action」を形成している。

　これらのことから、現在、対人サービスとしての介護職が現実に含有する特性には、「生命再生産労働」としての「労働labor」に加え、個性の発揮によって形成される「仕事work」の成果が存在し、「活動action」によって「類的本質」の実現を可能とする意義が存在していると考える

93

ことができるだろう。

　ところで、前章では、近代社会における「疎外された労働」と非疎外的な状態について考察したが、ここで、あらためて介護職に焦点を当てて、介護職における「疎外された労働」と非疎外的な状態について考察したい。

1－3　「疎外された労働」と介護職
　まず、ブラウナーが疎外された労働として示した、「無力性」、「無意味性」、「孤立」、「自己疎隔」の４つの類型から介護職を検証していきたい。

1）介護労働における「疎外された労働」
　介護職の場合、「無力性」には、利用者や家族のニーズに応えるケアをしたいと介護職が望んだとしても、自己の裁量で調整することができず、上司から信頼や同僚からのサポートが受けられず、マニュアル通りで画一的なケアしか提供することができない状況がある。
　次に、「無意味性」には、自分の職務内容が極端に分業化されているために、ケアの結果が全体としての利用者の幸福や家族の安心につながることが自覚できない状況がある。
　介護の現場では、より多くの利用者の生活ニーズにより少ない介護職で対応するために、本来一連の流れをもった生活行為をいくつかの場面に切り分け、複数の職員が役割分担して効率的に行うという実態がある。例えば、入浴という生活行為は、普通はひとりの人が自分自身の生活の技法に従って、自分のペースで行っている。しかし、特養等の大規模収容型施設では、居室から浴室までの移動については「誘導係」が、更衣室内での着脱は「着脱係」が、浴室内での洗身は「洗い場係」が担当することで作業の効率化を図ることがある。また、定時の排泄介助で介護職は、専ら排泄介助のみに集中して介助を行い、利用者が他の要望を訴

えても、介護職はそれを後回しにせざるを得ない。これらの場面で介護職は、業務（task）を回す全体の歯車でしかなく、人（person）に対面する人格ではなくなる。業務（task）を処理するために人（person）を無視するという介護は、介護労働を疎外された労働にしてしまうのである。

　続いて、「孤立」には、事業所の理念や方針への共鳴がなく、職場に愛着を感じることができないでいる状況、上司との信頼関係や同僚との連帯が形成されていない状況がある。

　最後に、「自己疎隔」は、日々の仕事で、介護職としての固有の専門性を発揮することができず、介護の結果が利用者のADLやQOLの向上、家族の安心、地域社会の発展に役立っていると確認することができない状況である。これは、日々の介護実践が、利用者の生命過程の維持「労働（labor）」に限定され、「仕事（work）」の結果である利用者のADLやQOLの向上が実現できない状況であり、「活動（action）」の結果である利用者との間に意味ある生の完成という「物語」をつくる働き、そして、組織における職員間のコミュニケーション活動や地域社会への貢献といった、組織や地域社会の「歴史」を形成する働きができない状況である。

２）介護職における非疎外的状態

　それでは、「疎外された労働」の対極にある非疎外的状態とはどのような状態であるのだろうか。ブラウナーは、「無力性」の反対極は「自由と自己統制力」、「無意味性」の反対極は「目標を持った組織の全体的な機能と活動の理解」、「孤立」の反対極は「規範の体系を共有することによって統合される社会ないし共同体への帰属感と所属感」、「自己疎隔」の反対極は「活動による自己表出ないし自己実現」であるとしている（R.ブラウナー　1964：66-67）。

　これを介護職にあてはめると、まず、「自由と自己統制力」では、利用者との相互関係に応じて、自分で介護内容を調整する自由と自分で判断

する裁量権が与えられていることが考えられる。

「目標を持った組織の全体的な機能と活動の理解」では、自己の介護実践が、利用者の幸福や家族の安心、事業所の目的の実現や発展につながっている状況が考えられる。

「規範の体系を共有することによって統合される社会ないし共同体への帰属感と所属感」では、施設の理念や方針への共鳴があって、上司との信頼関係と同僚との連帯が形成されている状況が考えられる。

最後に、「活動による自己表出ないし自己実現」では、これらの活動の結果として利用者のADL・QOLの向上、家族の安心、事業所と地域社会の発展に貢献していることが確認できる状況が考えられる。

1－4　小括

職業としての介護職の特性を考える時、2つの意味で、生命再生産労働として一括りに扱われてきた問題がある。まず、第1点は、マルクスが人間を「労働する動物」と規定して、「仕事（work）」をも「労働（labor）」として捉えてしまったこと、そして、近代社会が、人間のあらゆる能力を「生命の必要」に従属させてしまった問題である。この背景には、産業のサービス化が今ほど進んでいない当時の社会にあっては、サービスに経済価値としての有用性を認識することが、まだ浸透していなかったことが考えられる。ところが、産業のサービス化が進展していく過程で、サービスの経済価値としての有用性が認識されるようになっても、なお、マルクス主義フェミニズムにおいては、サービスとしての介護を「生命の必要」の枠内にとどめて認識し、生命再生産労働として一括りに扱ってきたという問題がある。

第2点は、近代社会の誕生によって核家族が生まれ、産業化の進展に伴って、家事、育児、介護が家族機能から外部化さて職業化されるようになったが、元々介護は家事、育児と同じく生命再生産労働であり、家庭内のシャドーワーク（社会活動から閉ざされた不払い労働）とされてい

第Ⅲ章　介護職の特性と職業エートス

たが故に、職業化された後も経済的価値が低く換算されている問題がある。

　しかし、対人サービスとしての介護職が現実に含有する特性は、「生命再生産労働」としての「労働labor」の域にとどまらず、利用者のADLやIADL、そしてQOLにおける状態像の変化をもたらし、職場内で人材を育成して組織を形成し、制度やシステムとの結びつきを生み出す「仕事work」の領域にまで広がり、コミュニケーション行為であるところの介護は、時間の過程で利用者の人生の物語に関与し、事業所や地域社会の歴史をつくる「活動action」を形成している。

　近代社会は、人間を自然、人間自身、類的生活から切り離し、「無力性」、「無意味性」、「孤立」、「自己疎隔」といった「疎外された労働」をつくりだした。

　では、疎外された労働の対極にある非疎外的状態とはどのような状態であるのだろうか。介護職にあてはめると、日々の介護実践において、①利用者との相互関係に応じて、自分で介護内容を調整する自由と自分で判断する裁量権が与えられており、②自己の介護実践が、利用者の幸福や家族の安心、事業所の目的の実現や発展につながり、③施設の理念や方針への共鳴があって、上司との信頼関係と同僚との連帯が形成され、④これらの活動の結果として、介護職が利用者のADL・QOLの向上、家族の安心、事業所と地域社会の発展に寄与していることが確認できる状況が考えられる。

　今あらためて介護職を問うには、介護職が社会的な制度の上でどう扱われているいるか、つまり,社会的・経済的にどのように位置づけられているかという問題意識に加えて、実際に介護職が持つようになっている対人サービスとしての職業エートスを明らかにする必要があるだろう。

　そこで、次に、介護職の職業エートスの形成過程と必要な構成要素について考察していきたい。形成過程については、岡本浩一ら（2006）に

97

よる「職業的自尊心」の研究から、構成要素については、尾高邦雄 (1941)の「職業の3要素」とアレント (1958) の「人間の活動力」の研究を踏まえて考察を進めていく。

2 職業の構成要素と介護職の職業エートス

2-1 職業的自尊心の形成過程からみた介護職の職業エートス
1) 職業的自尊心の形成過程

まず、介護職の職業エートスの形成過程について検討していく。

職業エートスが個人の内面で、どのような経験と意識を重ねることで形成されていくのかを取り上げた研究に、職業的使命感に関わる研究がある。

岡本浩一ら (2006: ii) は、職業的使命感に関する一連の研究で、職業エートスを「職業的自尊心」という概念に則って説明している。

岡本浩一らは、「さまざまな職業に従事するさまざまな人たちが、それぞれの持ち場と役割に応じて自分の貢献と責任を内面化したとき、それが職業的使命感となる」(岡本浩一・堀洋元・鎌田晶子・下村英雄他2006: ii) として、職員の職業的使命感の持ち方が、職位の構造、職種のあり方、職場の風土や価値観のあり方、組織の社会性の安定に影響を及ぼしていると説明している。また、この職業的使命感を生み出す「心理的個人差」として「職業的自尊心」が醸成されることが大切であることを指摘している。

その上で、岡本浩一らは、「職業的自尊心」を専門的な技能の習得によってもたらされる「職能的自尊心」と仕事の社会的責任や社会的貢献度の自覚によってもたらされる「職務的自尊心」の2段階モデルで説明している。

「職能的自尊心」は、技能を要求される職業・職種に対応する職業的自尊心の第一段階である (岡本・堀・鎌田・下村2006: ii)。そもそも、

「職能（job ability）」には、2つの意味があり、ひとつは、職務の機能的側面に焦点をあてて、類似した職務をひとつにまとめた仕事のクラスターであり、いま一つは、個人の職務遂行能力を意味する（森岡・塩原・本間1993：757）。「職能的自尊心」は、その職業の職務遂行を可能とするうために必要となる基礎的な能力、専門的な技能を習得することによって形成されるので、初期段階に必要とされるものである。

　次に、「職務的自尊心」は、それぞれの仕事の社会的責任、社会貢献度の自覚によってもたらされる第二段階である（岡本・堀・鎌田・下村2006：ⅱ）。「職能（job ability）」に対して、「職務（job）」は職位の一構成要素であり、職位に配置された個人に期待されている仕事の総体であり、職場の職務分析を通じて標準化されて職務記述書に明記される仕事の内容である。「職務的自尊心」では、教育や人材育成、経験を重ねることで習得された専門的な技能が利用者の役に立ち、事業所や地域社会に貢献していることの自覚が必要となる。

2）介護職における職業的自尊心の形成過程

　この段階は、ちょうど、職業の3要素における「個性の発揮」と「役割の実現」に対応している。

　岡本浩一ら（2006）はこの2段階モデルに加えて、「職務的自尊心」と平行する概念として「天職観」があることを示唆しており、「天職観」の形成が、専門職としての行動に、より直接的な規定力を及ぼしていることを報告している（岡本・堀・鎌田・下村2006：98）。筆者はこれを「職命的自尊心」として位置づけて、3段階モデルで説明したい。本研究における「職命的自尊心」とは、序章でも述べたように、肯定的経験による満足感だけでなく、重荷を引き受けて職務を果たし、利用者と関係形成に至ったことによる充足感、達成感が継続的に経験さることによってもたらされる内的動因としての「エートス（ethos）」である。

　第Ⅱ章でも取り上げたが、「天職観」は、ウェーバーが明らかにしてい

るように、自己選択的に自覚するというよりは、ある社会の成員が習慣的に備え、いつのまにか血となり肉となるような職業エートスである（ウェーバー　1989＝1920：388）。ウェーバーは、「職業」を意味するドイツ語の「ベルーフ（Beruf)」や英語の「コーリング（calling)」には、神から与えられた「使命（Aufgabe)」という観念がこめられており、「天職（神から与えられた召命としての職業)」として使われてきたと述べた。このことからも、「天職観」は、「呼びかけ」と「応答」の相互関係が継続的に蓄積される過程を経て、サービスの利用者による専門職としての認知と共に、使命感を伴った「職業的自尊心」となって形成されるのである。

　介護職のように、対面的で身体接触をともなった相互関係的な関わりを職務の中核とする職業では、まず、第1段階では、利用者のニーズに応えるための専門的な技能が習得されることで「職能的自尊心」が形成され、第2段階では、習得した専門的な技能を日常の介護場面で発揮して、役割の実現を自覚する過程を通じて「職務的自尊心」が形成される。その上で、第3段階では、利用者に対する役割の実現を積み重ねることによって、利用者による介護職としての認知が強化されて「職命的自尊心」の形成が進んでいくことが考えられる。

　介護施設の入居者は、居室から職員を呼ぶ時には、ベッドサイドに設置してある「ナースコール」を使うことが多い。介護職は常に携帯している受信機で利用者の「呼びかけ」に応答し、居室に出向いて、利用者のニーズを確認し、必要な支援を行う。利用者の「呼びかけ」に応答して行われる介護行為は、その都度のコミュニケーションを介して、利用者の生活領域の全体に渡って行われるが、24時間体制で365日続けられるこれらの介護場面のひとつひとつは、介護職の「職務的自尊心」を形成するプロセスである。そして、介護職は、その都度の介助場面で、利用者の眼差しの中に、介護職として認知され、受け入れられていく自己の姿を観るという経験をする。この利用者の眼差しに、継続的に投影され

第Ⅲ章　介護職の特性と職業エートス

ていく介護職としての自己像を見いだす経験が「職命的自尊心」が形成
されていくプロセスである。

　このことはクーリー（1902／船津衛2008：58）の「鏡に映った自分」
の概念からも説明できる。つまり、介護職は介護を実践することで、利
用者のまなざしの中に介護職として認知され、評価され、必要とされる
自分を発見し、職業的な自己像を形成していくのである。この過程はま
たミード（1934：264〜278）が「創発的内省性」として説明した概念と
も重なる。「創発的内省性」とは他者の目を通じて自分を振り返ることに
よって新たに創発される自我像である。介護職は、介護を通じた利用者
との相互関係の深まりによって、どのような場面で自己の能力が発揮さ
れ、利用者から介護職として認知され、評価され、必要とされるのかを、
新たな自己像として獲得していくのである。

　この相互関係は、まず利用者が介護職を呼び、介護職が応答するとい
う関係であるから、利用者の「呼びかけ」が先にあることで介護職の「応
答」が成立する（村岡晋一　2008：162-190）。「呼びかけ」への「応答」
としての介護関係が成立することで、「呼格」（マルティン・ブーバー
（1923・1932：198-202）としての介護職が受容され、「職命的自尊心」が
形成される。

　以上のことから、介護職の職業エートスは、「職能的自尊心」、「職務的
自尊心」の形成過程を通して、「呼びかけ」と「応答」の相互関係によっ
て「職命的自尊心」が形成される段階に至ることで、全体としての形成
が実現するということができるだろう。

　岡本らは、この「職命的自尊心」に至る職業的自尊心の形成が、専門
職としての行動に、より直接的な規定力を及ぼしていることを報告して
いる（岡本・堀・鎌田・下村2006：98）。

　なお、この職業的自尊心の形成過程は、専門職としての自己覚知が深

101

められるプロセスでもある。まず、基礎的な技能の習得によって「職能的自尊心」が獲得され、能力発揮によって「職務的自尊心」が自覚される過程で、エキスパート（熟練）としての専門職像が形成される。次に、「職務的自尊心」から「職命的自尊心」が形成される過程では、利用者との相互関係の深まりを通じて、スペシャリスト（分化）としての専門職像が自覚される。さらに、利用者の「呼びかけ」に対する自発的な「応答」としての関係が成立することで、プロフェッショナル（使命）としての専門職像が自己覚知されるのである。

2－2　職業の3要素からみた介護職の職業エートス

　職業的自尊心の形成を可能とするためには、そもそも介護職が職業としての構成要素を持っていることが必要である。そこで、次に、介護職が職業として成立するための、構成要素について検討していく。

　尾高邦雄（1941）は、職業を社会学的に研究するにあたって、スペンサーの『社会学原理』の第三巻にある「職業制度」および「産業制度」の研究、デュルケムの『社会分業論』、マックス・ウェーバーの『プロテスタンティズムの倫理と資本主義の精神』を土台にして（尾高邦雄1995：26）、職業は「職」と「業」からなる二重構造を有し、さらに「個性の発揮」、「役割の実現」、そして「生計の維持」の三要素からなっていることを示した（尾高邦雄　1995：47）。

　まず、「職」と「業」からなる二重構造について、「職」には、ドイツ語の「ベルーフ（Beruf）」や英語の「ヴォケーション（vocation）」における「天職」という意味、そして英語の「コーリング（calling）」における「召命」、そしてフランス語の「プロフェッション（profession）」における「宣誓」という意味があり、宗教的な概念が含まれている。それは、職業選択に先立って、あらかじめある人に課せられた使命を意味し、天職はかかる使命と同時にある特別の才能がある人にさずかっていることを意味する。すなわち、一方ではそれは神の召命であるがゆえに職分

であり、他方では召命が特別の天分を授かっていることを意味するがゆえにそれは天職なのである（尾高邦雄　1995：45）[1]。

　一方、同じく職業を意味する言葉である英語の「オキュペーション（occupation）」や「ビジネス（business）」は、社会のなかのある場所つまり、「職場」を占有することであり、「生業」と訳されるにふさわしい職業の意味であるとしている。これが職業の「業」を構成する部分である（尾高邦雄　1995：45-47）。

　次に、職業の3要素については、それぞれ職業の個人的側面、社会的および経済的側面と考えることができるとしている。第1に「個性の発揮」は職業の個人的側面である。これは各個人の信念であり、特別の天分であるところの能力を発揮することである。第2に「役割の実現」は職業の社会的側面である。社会の成員である限り、各人にはそれぞれその役割があり分担がある。かかる役割あるいは分担が遂行されることによってのみ人間の社会生活は可能となる。第3に「生計の維持」は職業の経済的側面である。人々は一定の勤労の代償として、一定の収入を得る。これによって人々はその生活を営み、その家族を養っていく。

　その上で、尾高は個性の発揮は、役割の実現のためであり、その結果として伴うのが生計の維持であるとしている。そして、これらの3要素の関係が調和的である時、職業はその理想形態を得ることができるとしている（尾高邦雄　1995：48-50）。

　尾高の職業の3要素から検討してみると、介護職はどのような職業だろうか。

　第1の「個性の発揮」で重要なのは、それが「固有の能力」であることと、それが単なる保有能力にとどまらず、実践の場で「発揮される」ことである。つまり、介護の実践場面において、自分の職務内容が、誰にでもできることではなく、専門職としての価値・倫理、知識、技術によって構成された「固有の能力」によって遂行されること、そして、その「固有の能力」が利用者や家族のニーズに応える形で発揮されること

が重要である。

「個性の発揮」の場面は、日々の介護実践場面で蓄積されることで、より専門分化が進むプロセスへと向かうことが考えられる。全国社会福祉協議会は、介護職員のキャリアパスの方向性として、熟練志向（熟練者）、教育志向（スーパーバイザー）、組織志向（介護統括責任者）の3つを示しているが（全国社会福祉協議会　1997）、筆者は、この他に、保健・福祉等の関連領域に移動する他職種志向が加わると考える。

日々の介護実践場面において、利用者や家族、職場組織との相互関係を通じて、「固有の能力」を発揮する経験を積み重ねていくことは、自分がこれらのどのキャリアパスへの指向性を持っているのかを認知させ、介護職としてのの専門分化を進める過程となる。

第2の「役割の実現」については、介護職には、医療職や保健職と共通して、対面的な関係形成や身体接触を持った介護の技術が求められるという特性がある。これは、介護の実践場面において、利用者や家族からの「ありがとう」という感謝の言葉によって、「役割の実現」を確認できる対人援助の関係が形成されるということであり、事業所への貢献を通じた社会貢献を確認できる場が形成されるということでもある。

また、専門的な役割の実現は、利用者の「ありがとう」や家族からの感謝の言葉が返ってくる場面ばかりでなく、利用者の生活や人生の一部を担うことの責任、難しさ、厳しい現実といった重たい経験からも認知される。それは、例えば、ターミナル期にある利用者を安易に病院に送り込むことを止め、介護施設で最後まで看取るといった積極的な介護場面から見いだされることもある。

第3の「生計の維持」については、第Ⅰ章で述べたように、介護職は、賃金等の経済的評価が低い水準であることから、職業の3要素から捉えると、「生計の維持」において、弱みを抱えた職業であるといわざるを得ない状況がある。

2−3　人間の活動力からみた介護職の職業エートス

　前章で、単なる「労働（labor）」でなく、「仕事（work）」、「活動（action）」を含んだ職業に、対人サービスがあり、介護職は対人サービスとして特性を持っていることを取り上げたが、ここでもう一度、アレントの「人間の活動力」から、介護職の職業エートスの形成を可能とする構成要素について検討したい。

　ハンナ・アレント（1958）は、人間の基本的な活動力を「労働（labor）」、「仕事（work）」、「活動（action）」の３つに分け、この３つが「人間が地上の生命を得た際の根本的な条件に、それぞれ対応している」（ハンナ・アレント　1958：19）として、３つの条件について次のように定義している。

　「労働 labor とは、肉体の生物学的過程に対応する活動力である。人間の肉体が自然に成長し、新陳代謝を行い、そして最後には朽ちてしまうこの過程は、労働によって生命過程の中で生み出され消費される生活の必要物に拘束されている。そこで労働の人間的条件は生命それ自体である。

　仕事 work とは、人間存在の非自然性に対応する活動力である。人間存在は、種の永遠に続く生命循環に盲目的に付き従うところにはないし、人間が死すべき存在だという事実は、種の生命循環が永遠だということによって慰めるものでもない。仕事は、すべての自然循環と際立って異なる物の『人工的』世界を作り出す。その物の世界の境界線の内部で、それぞれ個々の生命は安住の地を見いだすのであるが、他方、この世界そのものはそれら個々の生命を超えて永続するようにできている。そこで、仕事の人間的条件は世界性である。

　活動 action とは、物あるいは事柄の介入なしに直接人と人との間で行われる唯一の活動力であり、多数性という人間の条件、すなわち、地球上に生きる世界に住むものが一人の人間 man ではなく、多数の人間 men

であるという事実に対応している」（ハンナ・アレント1958：19-20）

　アレントがいう「労働の人間的条件は、生命そのものである」とは、人々は生命を維持する食物と安全という必要不可欠なものを自分自身に供給するために労働しなければならないことを意味している。「仕事の人間的条件は、世界性である」とは、地球の自然環境において、人々は、移動式の住居であろうと、農場、集落、村落、であろうと、都市国家、帝国、国民国家であろうと、そこに住まい、耕し、文化を発展させる「世界」を築かなければならないことを意味している。「多数性plurality という人間の条件」とは、1人として同じ人間はいないのだから、人々は互いに関係し、意見を交換し、合意し、共生する方法をみつけ、違いを乗り越え、自分たちがつくりだした世界のなかで関係形成をしなければならないことを意味している。

　マルクス主義では、アレントにおける「仕事（work）」を含んだ意味での「労働」を、人間の「類的本質」とみなし、自然に対して働きかけ、共同で利用できる有用物を作り出すことが「労働」であり、「労働」が社会的な価値の源泉（労働価値説）であるとしている。しかし、「世界」を作り出すことは「労働（labor）」と「仕事（work）」によって完結するだろうか。

　アレントはこれに対して、「活動（action）」を示すことで否と応えている。なぜなら、「仕事（work）」が永続性・耐久性のある構築物として保存しているのは、「活動」がつくりだす人々の織り成す物語であり、歴史であるからである（ハンナ・アレント　1958：273）。

　このようにして、アレントは、人間の活動力は、「労働（labor）」、「仕事（work）」だけでは完結されるものではなく、人々の善きものを求める共同的な実践の行為である「活動（action）」によって意味がもたらされなければならないことを示した。

　アレントはこの「活動（action）」が「始まり（アルファα）」と「終

わり（オメガω）」を持つ物語であり、歴史であるとしている（ハンナ・アレント　1958：299）。この「始まり」とは、人間が人と人の間に在ること、つまり、言論と活動によってはじめて人間としての「創始」が示され、人間を人間たらしめるのが「創始」であるとしている（ハンナ・アレント　1958：287）。しかし、人間には、「不可逆性（自分の行っていることを知りえない）」と「不可予言性（未来の混沌とした不確かさ）」があるため、「救済」がなければ、人間の活動力は、人間そのものだけでなく、人間に生命が与えられた条件をも必ず圧倒し、破壊してしまう（ハンナ・アレント　1958：374）。

　では、「救済」は何によってもたらされるのであろうか。アレントは、人間に「不可逆性」の苦境から抜け出すことを可能とさせるのは、「赦し」であり、「不可予言性」から救うのは、「約束」であると説明している（ハンナ・アレント　1958：371）。

　アレントが示している人間の活動力から介護職を検討してみよう。
　まず、介護職においては、「食事」・「排泄」・「入浴」といったいわゆる3大介護の領域で「労働（labor）」として活動力が消費されることが起こりうる。というのは、例えば、「食事」という生活行為は、まさに肉体の生物的な新陳代謝の過程であり、利用者の空腹感を満たすべく介助を行っても、生命過程の中では、再び空腹感が生じ、介助を必要とする状態が生じる。「排泄」もしかりであり、生命過程を維持するためには、一定の間隔で排泄介助を継続していくことが求められる。「入浴」もその主な目的を清潔の維持や血液の循環を円滑にすること、皮膚の新陳代謝を促すことといった、保健衛生的な目的を中心に介助が行われるならば、それはやはり肉体の生物学的過程に対応した活動力である。
　従来型の特養ホーム等でしばしば行われている介護方法に、排泄介助を行う介護職は、排泄介助ばかりを延々と行い、おやつ介助の介護職はおやつ介助を延々と行い、居室環境整備の職員は次から次へと居室環境

整備を行うといった流れで介護が展開されていることがある。これは、限られた時間と職員配置で最も効率的に多くの介護を行おうとした結果採用された介護の方法なのだが、このような介護業務に組み込まれた介護職員と利用者との関係からは、人格的な関わりが排除され、介護は生命過程の必要に拘束された労働となってしまうのである。

次に、介護職における「仕事（work）」には、まず、介護職による日々の介護の積み重ねによって、利用者のＡＤＬやＩＡＤＬ、そしてＱＯＬの向上がもたらされることがある。これらの介護の結果としての建設的な変化は、介護職に仕事の満足感や達成感を与える。また、その結果として利用者や家族から伝えられる「ありがとう」の一言も介護職に働きがいをもたらすものである。

介護職の職務内容には利用者や家族に直接関わる働きかけだけでなく、介護・福祉実践の根拠となる制度やシステムをつくること、職場の組織を形成していく働くこと、職場研修等を通じた人材を育成すること、ケース記録をはじめ、マニュアルやケアプラン等の記録物を作成することがこれに該当するだろう。介護の職場組織がこれらの「耐久性」・「永続性」を持った人工物によって構成され、「世界」が存在していることによって、入職する職員が円滑に職務に入ることができ、退職する職員がいたとしても、他の職員が新たに役割を担い、一定の介護の質を維持することができるのである。

また、このような、「耐久性」・「永続性」を持った「世界」をつくることは、生命過程の必要に拘束されて消費されてしまいがちな介護職の実践が、利用者の望まし状態像の変化によって確認され、制度や記録を介して他の職員に広がっていくことを意味する。さらに、利用者と介護職の間における「今、此処で、この人」との唯一性を持った関わりが、チーム連携といったつながりに発展していくことをも意味する。

最後に、介護職における「活動（action）」とは、利用者との対面的な関係形成を通じて介護職が利用者との間で「よく生きる」（ハンナ・アレ

第Ⅲ章　介護職の特性と職業エートス

ント　1958：331）ことであり、「今、此処で、この人」との関係の中に完全な意味があり、ユニークさがある。これは介護職にとっては、介護関係を介して利用者のまなざしのなかに、介護職として「よく生きる」自分をリアリティを持った「現存性」（ハンナ・アレント　1958：331）として認知する人格的な出会いの場を経験することでもある。そして、このような出会いを継続的に積み重ね重ねていくことは、利用者との間に意味ある生の完成という「物語」をつくっていく働きとなる。また、組織における職員間のコミュニケーション活動や地域社会への貢献は、組織や地域社会の「歴史」を形成する働きであるということができるだろう。

　このように生命過程の必要に拘束されて消費されてしまいがちな介護職の実践を「耐久性」・「永続性」を持った「世界」に変えていき、利用者との間で「よく生きる」というをリアリティを持った「現存性」を実現していくことは、それ自体が介護職の職業エートスの形成を支えることにもつながっていくのである。

　ところで、「世界」を構成する「耐久性」・「永続性」を持った「構築物」はみな、使用していく過程で耐久性が減退していくため、常にメンテナンスすることが必要である。先に、「食事」・「排泄」・「入浴」といったいわゆる3大介護の領域では、介護は「労働（labor）」として活動力が消費されると述べたが、介護の結果である利用者の状態像の変化もひとつの作品（works）なのだと捉えると、3大介護の領域も「仕事（work）」として位置づけるべきであろう。というのは、「食事」・「排泄」・「入浴」といった介護は、人間が生きていく上で欠かすことのできない生活支援であり、神の作品（works）としての人間をメンテナンスをして、その「耐久性」・「永続性」を保持し、意味ある生の物語を完成するための働きかけである、ということができるからである。

　そのように考えていくと、「労働（labor）」として捉えられがちな「食

109

事」・「排泄」・「入浴」といったいわゆる３大介護は、利用者の命（いのち）を支えるきわめて責任の重い支援であり、「仕事（work）」、「活動（action）」の基盤を形成するかけがえのない働きであるということができるだろう。

最後に、第Ⅱ章でとりあげた職業アスピレーションも含めた概念として、職業エートスの全体像を捉えると、職業エートスは、「志（こころざし：aspiration）」が核となって、職能的自尊心、職務的自尊心の形成過程を通して、「呼びかけ」と「応答」の相互関係によって職命的自尊心が形成される。しかし、その前提には、「職業の３要素」と「活動的生活（vita activa）」が構成要素として存在していることが必要であり、職業エートスは、これらの構成要素が成立することによって、階層的なつながりを形成しながら構造化されていくと考えることができるのではないだろうか。

２－４　小括
最後に、前章の職業アスピレーションも含めた概念として、介護職の職業エートスと職業エートスの構成要素をまとめて示す。

本研究では、第Ⅱ章で、職業エートスを「家庭・学校・職場の育成や職務経験の積み重ねによって形成される内面的な勤労の倫理であり、歴史の流れのなかで、内面化された社会規範、倫理的社会心理である」と定義したが、この定義を踏まえて、介護職の職業エートスを示すと、介護職の職業エートスは、「職能的自尊心、職務的自尊心の形成過程を通して、『呼びかけ』と『応答』の相互関係によって職命的自尊心が形成される段階に至ることで、全体としての形成が実現する」と定義することができる。

しかし、職業エートスの形成には、そもそも介護職が職業として成立するための構成要素が必要となる。それが、「職業の３要素」であり、①

第Ⅲ章　介護職の特性と職業エートス

専門職としての固有の能力発揮である「個性の発揮」、②その結果としての「役割の実現」、③「個性の発揮」と「役割の実現」の結果としての「生計の維持」があり、この「職業の3要素」が一定の均衡を保っていることが介護職の職業エートスの形成に大きな影響を与えると考えられる。

また、対人サービスとしての介護職の職業エートスの形成を可能とする構成要素に、「人間の活動」がある。「人間の活動」は、「労働（labor）」、「仕事（work）」、「活動（action）」で構成される。介護職の場合は、①「労働（labor）」は食事、排泄等の利用者の生命過程を円環的に支える職務、②「仕事（work）」は、利用者のADLやQOLの向上、職場組織の成長・発展等の建設的な成果としてかたちに残る職務、③「活動（action）」は、利用者の意味ある生（story）の完成や職場組織が地域社会に貢献する歴史（history）への関与、があげられる。

日常の介護実践において、「職業の3要素」と「活動的生活（vita activa）」の2つの構成要素が条件として成立することで、介護職の職業エートスが形成されると考えられる。

図1　介護職の職業エートスと構成要素

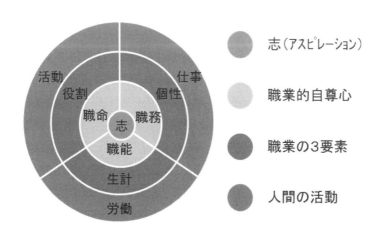

介護職の働きがいと職場の組織マネジメント

　このように職業エートスは、「志（こころざし：aspiration）」が核となって、職能的自尊心、職務的自尊心の形成過程を通して、「呼びかけ」と「応答」の相互関係によって形成される。しかし、その前提には、「職業の３要素」と「活動的生活（vita activa）」が構成要素として存在していることが必要であり、職業エートスは、これらの構成要素が成立することによって、階層的なつながりを形成しながら構造化されていくと考えることができるのではないだろうか。

注

1 ）なお、ここで尾高（尾高自身がクリスチャンでもある）が宗教的な意味として「あらかじめある人に課せられた使命」といっているのは、新約聖書のヨハネによる福音書15章16-17節のキリストの聖句であろう。「16あなたがたが私を選んでのではなく、わたしこそあなたたちを選んだのである。わたしがあなたたちに使命を与えたのは、あなたがたが出かけていき、実を実らせ、その実がいつまでも残るためであり、また、あなたがたがわたしの名によって父に願うことは、何でもかなえていただけるようになるためである。17あなたがたが互いに愛し合うこと、これがわたしの命令である」。

　また、「特別の天分」といっているのは、聖書に記されているタレント（賜物）のことであるのは明らかである。これは新約聖書のローマ人の手紙12章6節〜8節に次のように記されている。「6わたしたちは与えられた恵みに従って、異なった賜物をもっているので、それが預言の賜物であれば信仰に応じて預言をし、奉仕の賜物であれば奉仕をし、また教える人は教え、励ます人は励まし、施しをする人は惜しみなく施し、つかさどる人は心を尽くしてつかさどり、慈善を行う人は快く行うべきです」（フランシスコ会聖書研究所訳（1979）『前掲書』22 中央出版社　562頁）

文献

Arlie Russell Hochschild(1983)The Managed Heart: Commercialization of Human Feeling. Berkeley: University of California Press.（＝2000.　石川准・

室伏亜希訳『管理される心』世界思想社　170

Burgess, Ernest Watson and Locke, Harvey John 1945 The Family: From Institution to Companionship, American Book Company.

Deci, Edward L.; Ryan, Richard M. (1985). Intrinsic motivation and self-determination in human behavior. (＝1999.桜井茂男訳『人を伸ばす力－内発と自律のすすめ－』新曜社 39-58,77-99

Franz Rosenzweig(1921)Der Stern der Erlosung. (＝2009. 村岡晋一他訳『救済の星』みすず書房266-268

George Herbert Mead(1934), Mind, Self, and Society, ed. C.W. Morris, University of Chicago. (＝1975. 河村望訳『精神・自我・社会』人間の科学社 264～278

Hannah Arendt(1958)The Human Condition. (＝1994. 志水速雄訳『人間の条件』岩波書店 19-22,19-20,273,299,287,374,371,331

Himmelweit.S.(1999)"Careing Labor"Annals of the American Academy of Poluical and Social Science,561 27-38

Ivan Illich(1981)Shadow Work. (＝2005.玉野井芳郎訳『シャドウ・ワーク 生活のあり方を問う』岩波書店・モダンクラシックス191-226

Karl Marx(1844)Economic and Philosophic Manuscripts of 1844 . (＝2010. 長谷川宏訳『経済学・哲学草稿』光文社101,98-105

Karl Marx(1846)The German Ideology . (＝2002. 廣松渉訳『ドイツイデオロギー』岩波文庫66-67

Karl Marx(1887)Capital, Volume III. (＝1970. 向坂逸郎訳『資本論』9岩波文庫第7篇48章

Lars Fredrik Handler Svendsen(2011)Arbeidets filosofi, Universitetsforlaget. (＝2016. 小須田健訳『働くことの哲学』紀伊国屋書店 66-67

Martin Buber(1923. 1932)I and Thou . (＝1978.田口義弘訳『我と汝・対話』著みすず書房 198-202

Max Weber(1920)Die protestantische Ethik und der 'Geist' des Kapitalismus . (＝1989.大塚久雄訳『プロテスタンティズムの倫理と資本主義の精神』岩波書店388

Peter Drucker(1991)Managing the Nonprofit Organization: Practices and Principles (New York: Harper Collins). (＝2007.上田惇生他訳『非営利組織の経営』ダイヤモンド社 5-130

Robert Blauner(1964) Alienation and Freedom:The Factory Worker and His

Industry.（＝1971.佐藤慶幸訳『労働における疎外と自由』 新泉社40-65,66-67

Talcott Parsons(1956)Family, Socialization and Interaction.（＝1966.橋爪貞夫ほか訳『核家族と子どもの社会化』黎明書房26

安部好法・大蔵雅夫・重本津多子著（2011）「感情労働についての研究動向」『徳島文理大学研究紀要』101

上野千鶴子（2011）『ケアの社会学』太田出版 138,105-108,231-233,156,141,

岡本浩一・堀洋元・鎌田晶子・下村英雄他（2006）『職業的使命感のマネジメント』新曜社 ii

尾高邦雄『職業社会学』（1995）夢窓庵 26,45-47,48-50

春日キスヨ（2001）『介護問題の社会学』岩波書店 38,41

菊池隆、鴨志田晃（2008）「サービス類型と日本のインスティテューションの相互作用」『国際プロジェクト・プログラムマネジメント学会誌』3 (1) ,115-116,117

後藤澄江（2012）『ケア労働の配分と協働』東京大学出版 19

佐藤俊樹（2010）『自由への問い 労働』岩波書店 35

佐藤俊樹・広田照幸「対論 働くことの自由と制度」『自由への問い 労働』（2010）岩波書店 4-8

榊原良太著（2011）「感情労働の研究の概観と感情労働方略の概念規定の見直し－概念規定に起因する問題点の指摘と新たな視点の提示－」『東京大学大学院教育学研究科紀要第51巻』175

崎山治男著（2005）『「心の時代」と自己 感情社会学の視座』勁草書房 132-144

二木泉著（2010）「認知症介護は困難か－介護職員の行う感情労働に焦点をあてて－」『社会科学ジャーナル』 94,92

船津衛（2008）『社会的自我』放送大学出版会 58

全国社会福祉協議会（2006）「介護サービス従事者の研修体系のあり方について（最終まとめ）」

長谷川美貴子著（2008）「介護援助行為における感情労働の問題」『淑徳短期大学研究紀要第47号』123

三橋弘次（2006）「感情労働の再考察」『ソシオロジ』京都大学文学部社会学研究室vol51. No1. 35-51

三橋弘次著（2006）「感情労働の再考察 - 介護職を一例として - 」『ソシオロジ』39

村岡晋一（2008）『対話の哲学 －ドイツ・ユダヤ思想の隠れた系譜－ 』講談社選書メチエ 162-190

森岡清美・塩原勉・本間康平・（1993）『新社会学辞典』有斐閣 757
森川美絵（2015）『介護はいかにして「労働」となったのか』ミネルヴァ書房　1-2

第Ⅳ章　介護職と職場組織

　第Ⅱ章では、「職業」という概念と「職業アスピレーション」を論じて「職業エートス」の概念が持つ意味を考察し、第Ⅲ章では、介護職の特性に焦点を当てながら、介護職における職業エートスの必要性とその形成過程を論じた。第Ⅳ章では、職場組織を論じるための基本的な分析視点を提示し、介護施設における労働条件と組織マネジメントについて検討していく。

1　職場組織の基本的視点

　近代社会の誕生とともに、性別役割分業によって営まれる核家族が生まれ、産業化の進展に伴って、家事、育児、介護は徐々に家族機能から外部化・職業化され、専門機関に委託されていった。その過程で、人々を結びつけているつながりには、家族・親族等の血縁・地縁による有機的なつながりに、契約や協約によるつながりが加わって変化していった。これらの職業化された育児や介護を提供する基礎的な集団となったのが職場組織である。本章では、まず最初に、職場組織の結びつきを分析・考察するための基本的な視点をみていく。

1－1　ゲマインシャフトからゲゼルシャフト、ゲノッセンシャフトへ
1）近代の社会組織の原型である中世修道院
　第Ⅱ章では、中世ヨーロッパにおいて、禁欲的なエートスが生まれるのに合わせて、目的を達成するために合理的生活態度を組織的に完成させた共同体であるゲゼルシャフトが形成されたことを述べた。
　このゲゼルシャフトの原型となったのが、中世ヨーロッパの修道院である。当時の修道院では、「聖ベネディクトの戒律」という規定集が広く

116

取り入れられていたが、これが修道院長や修道指導者の在り方を規定し、修道施設を規定したものであることはあまり知られていない（W.ブラウンフェルス　1969：18）。「聖ベネディクトの戒律」は、現在でいえば、組織リーダーの役割をはじめ、組織マネジメントの在り方に関する規定集なのである。

　中世ヨーロッパの修道院では、修道院長がすべてを判断して決定し、修道院の運営はその命令によって実施されていた。また、一日の日課はミサ、読書、労働、食事、瞑想、睡眠の時間に区分され、これらの日課の多くは、それぞれ定められた建造物、場所で実施されなければならなかった。聖務日課の時間は聖務日課の空間に対応すべきであり、その厳密な対応に基づいて初めて完全な姿の修道院が成立すると考えられていた。

　近代社会で社会のルールとして浸透している日課や使用目的によって区分される建築物の内部構造を最初に採用したのは修道院であった。そこで、修道院長は、徳の完成という目標を設定し、その達成に向けて修道士個々の共住生活を統合的に組み立てて組織化を行い、「完全な使徒的生活」（M.H.ヴィケール　1963：26）という一定のレベルを常時維持するという役割・機能を担っていたのである。

　このように、近代の社会組織の源流は中世ヨーロッパの修道院にあり、近代の社会組織における官僚的な組織運営は、中世においてその原型が形成されていたことがわかる。

２）ゲマインシャフトとゲゼルシャフト

　ゲゼルシャフトとは、ゲマインシャフトと合わせて、フェルナンデス・テンニエスが提唱した概念である。テンニエスは、ゲマインシャフトの本質を「実在的で有機体的な生命体」とし、そこは「信頼に満ちた親密な水いらずの生活」であり、諸個人は本質的に結合している、とした（吉田浩　2003：24〜25）。また、テンニエスは、ゲマインシャフトの３類型

として、「血のゲマインシャフト」、「場所のゲマインシャフト」、「精神の
ゲマインシャフト」をあげ、「血のゲマインシャフト」は「肉親」（家族）
に、「場所のゲマインシャフト」は「近隣」（村落）に、「精神のゲマイン
シャフト」は「朋友」（労働組合、ギルド、教会団体等）にそれぞれ対応
している、とした。

　一方、ゲゼルシャフトについては、その本質を「観念的・機械的な形
成物」とし、「公共生活」（offentlichkeit）や「世間」（welt）であって、
そこで人々はよそよそしい冷ややかな関係にあり、潜在的な闘争状態が
あるため、「契約」や「協約」を結ぶことで相互肯定の関係をつくる必要
がある、と説明した（吉田浩　2003：24）。テンニエスは、ゲゼルシャフ
トは、資本主義経済によって広がった概念であり、「契約」を介した「労
働」、「土地」、「貨幣」が商品として交換される社会・経済システムと結
びついているとした。

3）ゲノッセンシャフトによる施設の原型

　また、テンニエスは、資本主義経済の進展がゲゼルシャフトを生み出
したが、それが絶対的で永続的な社会・経済システムとは考えず、歴史
は新たなゲノッセンシャフト（友愛によるつながり）の段階に向かうと
考えた。テンニエス自身は、このゲノッセンシャフトについて、具体像
を示す段階まで発展させることができかなかったが、その理念は、現代
の協同組合等に活かされている。

　テンニエスがゲマインシャフトとゲゼルシャフトに替わって、社会を
結合する新たな内的本質と考えたゲノッセンシャフトであるが、その原
型は近代以前の社会集団に既に存在していたと考えられる。

　ヨーロッパにおいては、313年のミラノ勅令によって、キリスト教が公
認され、ニケアの公会議（325年）は、「各都市に外国人、不具者、貧者
のための家を建てよ。これにクセノドキウム（Xenodochium）の名称を
与える」と命じている（田代菊雄　1989：6）。このクセノドキウムは、

聖書の言葉である「旅にいた時に宿らせてくれた」[1]施設であるとともに、孤児、やもめ、老人、病人そして行き倒れの貧民を収容保護する施設であった。クセノドキウムは、その後、分化して「乳児院（Brephorophium）」、「孤児院（Orphanotrophium」、「養老院（Gerontoconium）」、そして「病院（Nosocomiun）」となった（田代菊雄　1989：6）。

　13世紀になって、社会の都市化の進展に伴って、農村共同体が衰退して貧困が発生するようになると、専ら孤児、孤老（身寄りのない高齢者）、病者をケアする修道会が生まれ、さらには教会や修道会から独立した組織も生まれるようになった（K.S.フランク　1993：118-119）。

　これらの組織の核をなしていたのが、ゲノッセンシャフト（友愛によるつながり）である。

1－2　近代化と組織

　このように、近代社会においては、かつては地域内にあって、外部化された教育、医療・介護等の専門機関こそが組織である（井原久光2000：162）。社会的な存在である組織には、達成すべき目的があり、その目的はしばしば成文化されて成員に示されている。このことは組織が合理的な存在であることと関係があり、近代化された組織は、「責任」と「権限」の体系を持っていて、役割分担、規則、命令系統等によって成立している。構造的には、組織の縦の広がりを示す組織図として描くことができる「支配の体系」を形成している。

　同時に、組織とは、「分業」と「協業」の場であり、組織の目的は、組織成員がそれぞれの仕事を専門的に分担して行う働きと役割を統合する働きがあって初めて達成される。

　一方、組織は、「人間集団の場」としての性質も持っており、「支配の体系」以外の組織を動かす非公式の力が働く場でもある。組織は自由意思を持った人間が形成しており、人間の働きによって組織が変わっていく側面も持っている。専門的な仕事と組織全体の目的、「分業」と「協

業」、「責任」と「権限」を結びつけて統合していくのが人間の相互関係
である。

1－3　介護における社会集団としての職場組織

　現在、介護には家族による情愛のつながりを介した介護があり、介護
保険制度のもと社会福祉法人によって運営される介護施設で提供される
介護があり、株式会社が経営する有料老人ホームで提供される介護があ
り、NPO法人や協同組合が運営する施設や事業所で提供される介護があ
る。

　政治学者のビクター・ペストフは、これらの多様な介護の提供主体を
「公的・私的」、「フォーマル・インフォーマル」、「営利・非営利」の３つ
の視座から整理している（ピーターA．ペストフ　1998：47-59)。これ
によると、「家族・親族」は「私的」、「インフォーマル」、「非営利」であ
り、「政府」は「公的」、「フォーマル」、「非営利」であり、「企業」は「私
的」、「フォーマル」、「営利」にそれぞれ、位置づけられる。

　その上で、ペストフは、家族・共同体、政府、企業のいずれでもなく、
いずれとも重なる面を併せ持つ担い手としてNPOや協同組合が経営する
第３セクターである「社会的企業」に着目している。

　「社会的企業」には、いくつかの特性がある。「継続的な財の生産やサ
ービスの提供」、「限定的な有償労働」、「限定的な利潤分配」といった経
済的特性に加え、「コミュニティーへの貢献という明確な目的」、「市民グ
ループ主導の組織」、「出資比率に基づかない民主主義的な意思決定」、
「便益を受ける側の人々を巻き込む酸化型活動」といった社会的特性であ
る。

　「社会的企業」は、「家族」、「政府」、「企業」に対して独立しながらも、
それぞれの部門と競争・協力の関係をもって成立している。

　近代の先進産業化社会においては、国家主導の強化や市場主導では決
して解決できない問題が存在しており、今後の民主的な社会統治を実現

図1　ペストフの福祉トライアングル

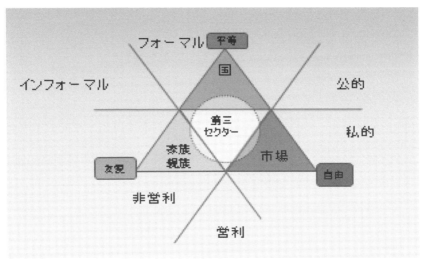

出典：ピーター A．ペストフ著/藤田暁男訳『福祉社会と市民民主主義』
（1998/2000）日本経済評論社48より筆者が作成

するために、能動的な市民と社会的企業による持続的な福祉サービスの提供が期待されている。

1－4　小括

　社会集団としての最も基礎的な集団の単位は家族であるが、近代社会になると、ゲマインシャフトの本質的な結合による「肉親」（家族）、「近隣」（村落）、「朋友」（教会団体、ギルド、労働組合）に加えて、「契約」を介して「労働」、「土地」、「貨幣」が商品として交換される社会・経済システムの結びつきであるゲゼルシャフトが生み出された。テンニエスは、歴史は新たな友愛によるつながりであるゲノッセンシャフトに向かうと考えた。

　しかし、その原型は、近代以前の社会集団にすでに存在しており、ヨーロッパにおいては、これらの事業を継続するために、修道院によって

組織運営の戒律がつくられ、設定した目標を厳密な日課によって組み立てて、修道士の共住生活を統合的に組織化するという、近代の社会組織における官僚的な組織運営の原型が形成された。

近代化された組織は、「責任」と「権限」の体系を持っていて、役割分担、規則、命令系統等によって成立している。同時に、組織とは、「分業」と「協業」の場であり、組織の目的は、組織成員がそれぞれの仕事を専門的に分担して行う働きと役割を統合する働きがあって初めて達成される。一方、組織は、「人間集団の場」としての性質も持っており、人間の相互関係が、専門的な仕事と組織全体の目的、「分業」と「協業」、「責任」と「権限」を結びつけて統合していく。

現在、介護の提供主体は、「公的・私的」、「フォーマル・インフォーマル」、「営利・非営利」の3つの視座から整理され、「家族」、「政府」、「企業」が存在するが、加えて、いずれとも重なる面を併せ持つ担い手としてNPOや協同組合、社会的企業等の第3セクターがある。今後の民主的な社会統治を実現するために、能動的な市民と社会的企業による持続的な福祉サービスの提供が期待されている。

2　産業界における職場組織に関わる先行研究の概要

ここからは、職場組織の労働条件と組織マネジメントについて検討していく。

F．ハーズバーグ（1923-2000）は、『仕事と人間性』（F．ハーズバーグ　1966）で職員の仕事に対する満足度が「職務不満」と「職務満足」の2要因によって形成されていることを示した。この「職務不満」とは労働の苦痛や負荷によってもたらされるものであり、「職務満足」とは仕事を通じた能力発揮や成長によってもたらされるものである。つまり、職員の仕事に対する総合的な満足感は、まず「職務不満」を生じさせる労働の負荷を軽減させることが必要であるが、それだけで満足感がもた

第Ⅳ章　介護職と職場組織

らされることはなく、仕事を通じた能力発揮や達成感を得ることが必要である。そこで、本稿においても、まず組織マネジメントの前提となる労働条件の整備についてみておく。

２－１　労働条件の整備

ハーズバーグの２要因説における「職務不満」とは労働の苦痛や負荷によってもたらされるものであり、「職務不満」に対するアプローチとしては、労働の苦痛や負荷自体を軽減するための対策と労働の苦痛や負荷に報いるための対策が求められる。

この条件に従って考えると、労働条件の整備は、２つの側面から行うことが必要である。

その１つは、労働の負荷を軽減する条件整備であり、職務遂行に伴う心身負荷の軽減、休暇の取得・福利厚生、職場の物理的な環境・設備・機器等の整備がある。

２つめは、労働の負荷に報いるための条件整備であり、給与・手当等が生計を立てることが可能となる水準であり、その内訳について、経営者との間に信頼があり、同僚との間で納得ができていることが大切である。

この２つの関係を図で示した。労働の対価としての賃金（給与・手当）が中心にあり、心身負荷の軽減、休暇の取得・福利厚生、施設の物理的な環境・設備・機器等の労働の負荷を軽減する条件整備がその外側に配置される。

図2 労働条件整備の基本構造

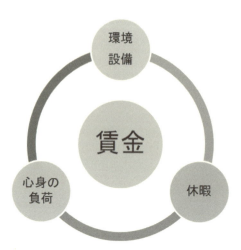

2−2 組織マネジメントの基礎となる経済界における主要な経営理論

続いて、組織マネジメントについて考察していくが、その前に、組織マネジメントの基礎となる経済界における主要な経営理論をみておく。

R.E.マイルズは、経営理論の背景にある人間観を「経済人」、「社会人」、「自己実現人」3つに分類している。ここでは、この3つの人間観に沿って、職場組織を分析する視点となる経営理論を取り上げる（深山明　2001：100）。それぞれの人間観は、「経済人」はテイラーの「科学的管理論」、「社会人」はメイヨーやレスリバーガーの「人間関係論」、「自己実現人」はマクレガーの「X−Y理論」やハーズバーグの「動機づけ−衛生理論」などに代表される行動科学に基づく理論といった一連の理論に裏付けられている。

1）経済人

近代産業化社会において、職場における管理者と従業員の労使協調に

第Ⅳ章　介護職と職場組織

よる共存共栄の思想を最初に示したのはT．W．テイラー（1856－1915）である。彼は、『科学的管理法』（T.W.テイラー　1932）によって、職務の「単純化」、「専門化」、「標準化」の概念を提示して、それまで熟練の職工に占有されていた仕事を工場の管理者の手に渡した。テイラーはこれにより、素人の労働者でも一定の訓練によって、能力のゆるす限り最高級の仕事ができること、つまり現在でいう「自己実現」を仕事の場で達成しようとした。テイラーの『科学的管理法』はその後産業界に浸透し、フォード・システムによる大量生産方式に発展していったものの、「管理と現場の分化」、「現場管理への傾斜」、「人間性の欠如」といった批判にさらされた（井原久光2000：162）。

　生産現場の立場から「管理の科学」提唱したのがF．テイラーであるとすると、同時代に、経営の立場から「管理の科学」を追求したのがH．ファヨール（1841-1925）である。彼は、経営実践の中で適用すべき14の管理原則を提唱した。その原則とは、「分業」、「権限と責任」、「規律」、「命令の一元性」、「指揮の一元制」、「個人的利益の全体的利益への従属」、「従業員の報酬」、「権限の集中」、「階層組織」、「秩序」、「公正」、「従業員の安定」、「創意」、「団結」である（角野信夫　2011：49-53）。

　組織は、原則がなければ、暗中模索の状態になり混乱する。しかし、優れた原則があっても、経験と節度がなければ活動は妨げられる。管理原則は、方法付けを可能ならしめ、進路を決定させる灯台としての機能を果たす。ファヨールは「管理論の父」と呼ばれ、戦後の経営論に大きな影響を与えた。このように、「経済人」としてのマネジメントには、現場に方向付けを示して、進路を決定する灯台としての機能と現場の職務内容を把握・分析して、能力を十分に発揮できるように組み立てる機能がある。

２）社会人

　「管理論的組織論」の接近法に対して、組織を「人間の組織」と捉えた

125

接近法による研究を行ったのがG．E．メイヨー（1880-1949）である。彼はF．J．レスリバーガーらとともに1927年〜1932年にかけて行った「ホーソン実験」等を通じて、生産性には職員の「誇り」、「責任感」、「友情」、「友好的雰囲気」、「事前情報」、「事後評価」等の人間関係に関連する要因によって形成されるモラール（morale　集団レベルの勤労意識）の影響が少なくないことを指摘した（新藤勝美　1978）。

　R．リッカートも1940年にプレデンシャル生命保険で、賃金や待遇などの労働条件と生産性の違いを比較する実験を行い、生産性にモラールの影響が少なくないことを見いだした。リッカートの特徴は、モラールをモチベーション（motivation 個人レベルの勤労意識）の方法で捉えて、リーダーシップ論に結びつけたことである。調査の結果、生産性の低いグループは「職務中心の監督者」が多く、生産性の高いグループは「従業員中心の監督者」が多いことがわかった（R．リッカート　1961：12-15）。このように、「社会人」としてのマネジメントには、人間関係に関連する要因によって形成されるモラールや従業員中心のリーダーシップによって生産性の向上に寄与するモチベーションがあるとされている。

3）自己実現人

　その後、D．マクレガー（1906-1964）は、伝統的な組織管理の方法を批判し、現代の組織では、リーダーが意のままに従業員を動かす統制よりも相手の人間性に合わせた管理、命令一元化の規則よりも自由な管理、人の上にそびえる権限よりも従業員の状況（完全依存→部分依存→相互依存）に応じて権限を委譲する管理が重要であるとして、命令や統制、権限を重視する古い人間観に基ずく「X理論」に対して、従業員個々人の自己実現の目標と企業目標の統合を目指す「Y理論」を提唱した（D．マクレガー　1960：38-66）。

　A．マズロー（1908-1970）もまた、自らが提唱した「欲求の５段階説」（①生理的欲求、②安全への欲求、③社会的欲求、④尊敬への欲求、⑤自

己実現の欲求）のそれぞれの動機づけレベルに応じた経営管理原則を実際のマネジメントに適応することが必要であるとしているが、特に高次の発達レベルに応じた管理原則は現場に対して明確に示すことが重要であるとしている（A.H.マズロー　1998：28-30）。

このように、自己実現人としてのマネジメントでは、組織の目標と個人の目標を統合しつつ、自由裁量を認めて、従業員の状況や発達段階に応じて権限を委譲していくことが有効である。

これらの経済界における主な経営理論をまとめると、組織マネジメントの基本要素には、組織の方向付けを可能ならしめ、進路を決定する灯台としての機能であり、現場に誇りをもたらす「理念」、モラールやモチベーションを高める「リーダーシップ」、職員間での「情報」・「評価」の共有と「友情」・「友好的雰囲気」の人間関係を円滑に機能させる「チームワーク」、職員の人間性や習熟段階に合わせて自由裁量を認める「権限委譲」が重要であることが解る。なお、権限を委譲するためには、職員の発達段階に応じた職務の遂行を可能にする「人材育成」が必要となるので、組織マネジメントの基本要素としては、「理念」、「リーダーシップ」、「チームワーク」、「権限委譲」、「人材育成」の５つを取り上げることができるだろう。

２－３　組織マネジメントの整備

次に、これらの経済界における主要な経営理論を踏まえて、介護の職場組織における組織マネジメントを考察していくが、介護や福祉施設における組織マネジメントの先行研究においては、経営学における組織論の理論体系に基づいた研究は少ない。崔允姫（2015:81-102）は、高齢者福祉施設における組織マネジメントが介護職の人材定着に影響を及ぼす要因について、ハーズバーグの理論を検討している。また、船木幸弘（2016：47-55）は、社会福祉施設におけるコミュニケーションの不満を

理由とする職員の離職に対して、職場の協働性に関する規範の改革が有効であることを示している。いずれの研究も経営学の理論を体系的に踏まえた研究ではなく、組織マネジメントの理論を部分的に援用した研究にとどまっている。そのため、本研究では、あらためて、経営学の組織論を踏まえた組織マネジメントを考察していく。

1）理念

理念（ideolpgy）とは、「最も大きく長期的な企業目標で、公表された企業経営に関する信念体系やステイクホルダーへの誓約」である（井原久光　2000：220）。理念は、組織の社会的存在理由であり、組織マネジメントを構成する中核的な要素である。ここで重要なのは、理念を日常のサービスにいかに具現化することができるかということである。これにより、職員は自らのサービスの目的を知り、大切にすべき価値を学び、実現すべき目標を見いだし、実践の方法を理解することができる。

経営の目的が社会的理由である介護の職場組織においても理念の具現化は重要である。P.F.ドラッカーは、「非営利機関は、人と社会の変革を目的としている」と述べ、機関における「理念」の重要性を強調している。また、ドラッカーは、「理念」を「使命（mission）」、「価値（value）」、「目標（vision）」、「戦略（strategy）」の4段階でサービスへと具体化することで、はじめて非営利機関の目的を実現することができると論じている（P.F.ドラッカー　1991：5-130）。

ここでいう「使命（mission）」とは、組織の社会的存在理由と信念であり、「価値（value）」とは、組織が重視するものや基本姿勢を表し、「目標（vision）」とは、目指す方向と実現すべき将来像であり、「戦略（strategy）」は、行動的な計画を意味する。

理念を「使命」から「戦略」へと進めていくには、一定の枠組みが必要である。その第1段階である「目標」の設定では、全社レベル、事業レベル、機能レベルのそれぞれの段階で方向を示すとともに、具体的な

第Ⅳ章　介護職と職場組織

目標値を示すことが必要である。第2段階は、環境・事業所の能力分析
である。①自らの法人・事業所Company）、②サービス受給者となる利
用者（Customer）、③競合する他の法人・事業者（Compertitor）の3者
間の環境分析を行う（3C分析）。データの解釈にあたっては、強み
（Strength）、弱み（Weakness）、機会（Opportunity）、脅威（Threat）
のSWOTがポイントになる（SWOT分析）第3段階では、過去・現在・
未来の時間軸で、最良の事態から最悪の事態までの複数の代替案を策定
して、組織の価値、組織デザイン・文化、手段の選択・集中を検討する。
第4段階では具体的な行動計画を策定する（井原久光　2000：223,258）。

2）リーダーシップ

　R.リッカートは、組織マネジメントを①原因変数（管理方法）、②媒介
変数（組織内部の相互作用）、③結果変数（組織の業績）の3つで説明し
ているが（井原久光　2000：240）、原因変数（管理方法）とは、リーダ
ーシップを表しており、組織マネジメントにおける重要な機能である。
　リーダーシップ論の先行研究には、指導者の資質や力量によるという
「資質論」、リーダーシップのスタイルによって分類する「類型論」、状況
に応じたリーダーシップを表す「状況論」がある。

リーダーシップ資質論

　リーダーには、ふさわしい資質（trait）があるとするのが、資質論で
ある。管理原則を提唱したファヨールは、管理に必要な能力として、①
肉体的な資質、②知的な資質、③道徳的な資質、④一般教養、⑤専門知
識、⑥経験の6つをあげている。また、ストックディルは、1904年から
1948年までの124件の調査を基に、①知性などの一般能力、②業績、③責
任感、④社会的態度、⑤人気などをリーダーシップの用件としてあげた
（井原久光　2000：241）。

129

リーダーシップ類型論

リーダーシップは、行動の類型によって有効性に差が出るという見方が類型論である。

K.レヴィンは、リーダーシップのタイプを①民主型リーダーシップ、②独裁型リーダーシップ、③放任型リーダーシップの3つに分類し、それらの中で、集団の生産性、集団の凝集性、構成員の満足度の各側面において民主的リーダーシップが最も有効であるとした（松藤賢二郎 2009：86）。

リーダーシップと組織の達成業績の関連を分析した社会心理学者のR.リッカートは、組織のあり方をシステム1からシステム4に類型化し、さらに管理方式を①独善専制型、②温情的専制型、③協議的専制型、④集団参画型の4類型で分類して分析している。彼によると、システム1からシステム4に移行するに従って、「専制君主のように懲罰によって一方的に支配する関係」→「主人／召使いのように見下した関係」→「報酬中心関係」→「信頼の上に参加が認められた関係」へと変わっていき、生産性、収益、意欲のいずれもが高くなることを報告し、リーダーシップが組織全体に大きな影響を及ぼすことを示している（桐村晋次 1985：119-120）。

表1　リッカートの4つの管理方式

	管理方式	部下に対して	動機づけ方法	相互作用
システム1	独善的専制型	信頼は皆無	脅迫・懲罰	皆無
システム2	温情的専制型	見下した信頼	報酬と少しの懲罰	ほとんどなし
システム3	相談型	ある程度の信頼	報酬中心	適度の相互作用
システム4	集団参加型	完全な信頼	参加による報奨	広範な相互作用

出典：井原久光『テキスト経営学　増補版』2000年　243

R.R.ブレーク＆J.S.ムートンは、リーダーの関心を役割分担や目標設定

第Ⅳ章　介護職と職場組織

などの「構造作り」と部下への配慮や動機づけなどの「配慮」の２つで類型化して、人間と業績の両方に高い関心を寄せるリーダーシップタイプが最も理想的なスタイルであるとした（松藤賢二郎　2009：86）。

　同様の研究として、三隅二不二は、リーダーシップの行動面に着目して、集団の「目標達成行動」と「集団維持機能」の類型化したPM理論を提示し、課題遂行とメンバーの気持ちに配慮するリーダーのもとでメンバーの動機水準が高いことを解明した。

リーダーシップ状況論

　状況論は、有効なリーダーシップが実現する状況を重視するもので、組織が置かれている状況の変化に応じて有効なリーダーシップを解明しようとするものである。

　F.E.フィードラーは、リーダーシップのスタイルを「業績志向型」と「人間関係志向型」の２つの軸で捉え、リーダーの状況統制力を「リーダーと集団との人間関係の良好さ」、「仕事内容の明確化の程度」、「権限の強さ」の３つの軸で捉えて、それぞれの状況で有効なスタイルを検討した。その結果、リーダーシップの有効性を高めるには、状況統制力が高い場合と低い場合には「業績志向型」のリーダーが、状況統制力が中程度の場合は、「人間関係志向型」のリーダーを選出することが有効なリーダーシップであると結論づけた（井原久光　2000：244-245）。

　P.ハーシーとK.H.ブランチャードは、「メンバーの成熟度」を変数として、SL（Situational Leadership Theory）理論を展開した（井原久光2000：245-246）。「メンバーの成熟度」とは、①自分で達成可能な目標を設定する能力、②自らすすんで責任をとる能力、③十分な教育と経験、④自信と自立性から成り立ち、メンバーが従事する職務ごとに必要なリーダーシップが検討される。メンバーの成熟度が最も低い段階（M1）では指示的リーダーシップ、メンバーの成熟度が向上している段階（M2）では説得的リーダーシップ、メンバーの成熟度がある程度高くなった段

階（M3）では参加型リーダーシップ、メンバーの成熟度が最高に達した段階（M4）では委任的リーダーシップが適切であるとした。

　米GPTW（Great Place to Work）は、「働きがいのある会社とは、従業員が会社や経営者、管理者を信用し、自分の仕事に誇りを持ち、一緒に働いている人と連帯感が持てる会社である」と定義し、働きがいを実現する組織の要素を「信頼（信用、尊敬、公正）」、「誇り」、「連帯感」の３つに分類している（篠原匡　2007：106-115）。現在、GPTWの調査は日本を含めた世界２９カ国で実施されており、参加企業の総数は３０００を超えている。米国ではこの調査のベスト１００に選ばれることが「一流企業の証」とも言われるようになってきた。この米「GPTW（Great Place to Work）」では、経営者と職員との間の「信頼」は「信用（Credibility）」、「尊敬（Respect）」、「公正（Fairness）」で構成されると説明されている（篠原匡　2007：106-115）。「信用（Credibility）」とは、①率直で円滑なコミュニケーションがとれていること、②人材やその他の経営資源を調整する能力があること、③一貫性を持って目標（ヴィジョン）を遂行していることである。「尊敬（Respect）」は、①職員の専門性を高める支援を行い、敬意を示すこと、②重要な意志決定を職員と協力して行うこと、③職員を大切に扱い、個々の生活や家庭を尊重することである。「公正（Fairness）」は、①公平であり、職員に対してバランスのとれた報酬を提供すること、②中立であり、採用や昇進・昇格においてえこひいきをしない、③正義であり、差別がなく、職員が組織に対して意見や不満を伝えられる制度があることである。

３）チームワーク
集団の力学とチームワーク
　社会的協働システムとしての組織は、個人と集団によって成立しているが、集団は単に個人の寄せ集めではなく、そこには独自の特性をもっ

第Ⅳ章　介護職と職場組織

たグループダイナミクスが働いている（社会福祉士養成講座編集委員会編　2013：97）。

　G.C.ホーマンスは、集団について、「集団とは、多数の個人、すなわちメンバーよりなり、彼らはある所要時間、定義上局外者と考えられる他の個人とよりもメンバーと多く相互作用している。あるいは、実際にそうしていようがいまいが、少なくともそのように相互作用することができる。集団とはそのようなメンバーよりなるものである」（G.C.ホーマンズ　1961：136）と説明し、集団を「メンバーの相互作用 the interaction of its members」と定義している。この相互作用は、モラール（morale:集団レベルの協働意欲）やモチベーション（motivation:個人レベルの勤労意欲）を高めて、組織や個人に好ましい影響を及ぼすこともあるし、負の作用として働くこともある。

　ホーマンズは、（集団における）社会的行動の3要素として、「相互作用」の他に、「活動」と「情感」をあげている。つまり、社会的出来事（イベント）としての活動があり、そのイベントを実現していく過程で相互作用があり、そこに情感が芽生えることで集団が形成されるという考え方である。

　一方、集団における負の作用にはどのようなことがあるだろうか。チームワークとの関連で取り上げるべき事項としては「集団圧力」、「集団浅慮」、「集団凝集性の両義性」の3つがある。

　「集団圧力」とは、個人としては正しい判断ができていたはずなのに、多数派の意見に負けて自分の意見を変えてしまうような現象のことである。S.E.アッシュは、8人の被験者を通じた実験によって、明らかに間違えるはずのない問題であっても、7対1の状況で自分以外のメンバーが自分と違う答えをした場合、被験者の多くは7人に同調して誤った判断をしてしまう結果を報告した（斉藤勇　1987：70-72）。このことから、集団の圧力は、時には間違った方向に個人を動かそうとする作用をすることが分かる。ただし、この実験では、正しい答えをするメンバーが1人で

133

もいることで、集団の圧力への同調が減退することが報告されている。この結果から解ることは、どのような状況に置かれても、職員を孤立させないことの重要性である。

「集団浅慮」とは、集団で考えることがかえって深く考えずに誤った決定がなされてしまうような現象である。その背景には、①自分たちが誤った決定をすることなどあり得ないという自信過剰、②集団外部のことに耳を傾けない閉鎖性、③メンバー全員が一丸となって決めているのだという同調圧力がある（社会福祉士養成講座編集委員会編　2013：102）。

「集団凝集性の両義性」とは、集団内の団結の度合いが高まることで、集団間の軋轢（コンフリクト）が発生する状況である（斉藤勇　1987：156-158）。介護施設の場合は、職種間の視点の違いがケアの方針における対立関係となってしまったり、同じ職種の中でも異なるケアを行うグループができ、コミュニケーションがそれぞれのグループ内で凝集して、ケアの継続性や統一性が失われてしまう状況が考えられる。

このような、集団における負の作用を回避するには何が必要だろうか。チームワークとは、メンバーが互いに気心を知り合っている状態だと思われがちだが、これは正しい考え方とはいえない。チームワークは、リーダーシップと相応関係にあって協働で働く機能であり、職員が仲間と支え合いの関係（連帯）を形成することである。チームワークの前提には、リーダーシップが機能していることが必要だし、リーダーシップが機能するには、組織として共有することができる理念や目標が示されていることが必要である（全国社会福祉協議会　2002：78）。理念とリーダーシップが形成されている組織においては、チームワークは「連帯」を形成する機能として働くが、理念がなかったり、リーダーシップが脆弱であれば、グループダイナミクスは、負の作用として働いて、安易な「馴れ合い」集団を形成することになる。

そこで、あらためて、組織におけるチームワークの必要性について検討したい。

組織の専門化・分業とチームワーク

　組織において、チームワークが必要となる背景には、組織内に存在する「専門化」と「分業化」があげられる（中村和彦、塩見康史、高木穣 2010：2）。

　産業化の進展による職能技術の高度化、多様化、急速な変化は職業の「専門化」を促進してきた。これによって、組織内で個人の専門能力に依存する職務内容が増え、職員間での情報共有が難しくなり、職員が1人で抱え込んで、協力しにくい状況が生まれやすくなった。

　また、「分業化」は、個人の役割と責任範囲を明確にして、効率的に職務を遂行することをもとめるシステムであり、近代化された組織の基本的な機能である。しかし、すでにみたように、介護施設等の対人サービスにおける「分業化」は、介護職がそれぞれの業務（task）を遂行することに意識が向けられ、利用者（person）とのコミュニケーション障害を引き起こすことがある。

　そのため、これらの「専門化」と「分業化」が引き起こす問題を改善・解消するために、チームワークを機能させることが必要となる。

協働としてのチームワーク

　チームワークは、「協働」という言葉で説明されることがある。「協働」は、「組織の中で人と人がともに働く状況での協力や協同も含めた協働」（中村和彦、塩見康史、高木穣　2010：5）と定義されており、同じ目的に向かって協力し合うcooperation（協同）と共同して作業するcollaboration（協調・協働）（岡田一彦・安永悟　2005：10-17）の両方の意味を含む概念として使われる。さらに、職場でのさまざまな関係性のレベルでの協働を取り上げると、①対人間の協働、②グループ内の協働、③グループ間の協働、④組織内の協働、⑤組織間の協働に分類することができる。

チームワークと競争

　チームワークを効果的に機能させていくうえで課題となることのひとつに「競争」と「成果主義」がある（中村・塩見・高木　2010：2-6）。チームの目標達成をチーム全員の成功とする職場組織においては、協同的状況がつくられるが、チーム内で業績がいちばんよいメンバーが高い報酬を得ることができるという職場組織においては、競争的状況が生じる。チームワークを高めるためには、職場組織に協働的状況を創生する工夫が求められる。

チームワークと相互依存

　集団の特性には、グループ内のあるメンバーの行動が他のメンバーの行動に影響を与える相互依存性がある。この相互依存性には、①同じ時に同じ結果や成果を経験して共有する「運命の相互依存性」と②各メンバーの達成課題が他のメンバーの達成課題に密接に関連する「課題の相互依存性」がある。「運命の相互依存性」は、グループ内に「われわれ」意識が生まれる要因となる（中村・塩見・高木　2010：7）。介護施設において、利用者のターミナルケアへの取り組みで、各職種がそれぞれできることに力を注ぎ、職種を超えた連携が成立することは、この「運命の相互依存性」によってチームワークが高まっていった結果であるということができるだろう。Johnson,Johnson&Smith（1991）は個人の課題達成が他のメンバー課題達成に促進的である状況を「協同（cooperation）」、個人の課題達成が他のメンバー課題達成に妨害的となる状況を「競争（competition）」、個人の課題達成が他のメンバーの課題達成に無関係な状況を「個別（individual）」と３つに分けてグループの生産性との関連を調査した研究において、ポジティブな相互依存の構造であるほど協力行動が増え、グループの生産性が高まることを見出してる（ジョンソン,D.W.・ジョンソン,R.T.・スミス,K.A.　1991）。

4）権限委譲

　知識と技術が高度化・多様化し、その変化も早い現代の組織においては、すべての意思決定を組織の上位者に集中させてしまうと、上申され上位者に流れる情報が過大となり、組織はパンクしてしまうことになる。そのため、必要な意思決定の権限を情報が実際に生じる現場に移すとともに、現場の裁量権を拡大する必要性が生まれる。

　「権限と責任の体系」である組織は、役割分担、規則、命令系統によって機能しており、権限移譲は「権限＝責任＝職位」という三位一体の関係によって行われる（井原久光　2000：167-176）。この三位一体の関係が成立するためには、次の３つの原則が必要であるとされている。その第1は「明確化の原則」であり、権限と責任は明確に規定されなけらばならない。第２は「対応の原則」であり、権限と責任は対応していなけらばならない。第３は「階層化の原則」であり、権限と責任は職位と結びついていなけらばならない。権限委譲が、「権限＝責任＝職位」の一体構造によって成立していることによって、スタッフは、自己の役割や責任、組織内での位置づけが明確になり、自己の職業能力を発揮して、役割を実現することができる。

　尾高邦雄（1970）は、職業において「Labor」よりも「work」としての性格を高めていくために、３つの条件を整えていくことを提言している。

　「まず、作業の性質がチャレンジング（挑戦的）で人々に不断の精神集中や緊張を要求し、人々に創意工夫を要求し、人々に常時の勉強や情報の収集を要求する仕事であること、また第二には、小集団のチームワークによる仕事であり、しかもこのチーム及びそのメンバーの各人にある程度まで職場の管理運営に関する決定権が任されており、そういう意味でかれらが『自治的』であること、そして第三には、このことの当然の結果として、作業の成果にたいする各人自身とチーム全体の責任がはっきりしていること」（尾高邦雄　1995：297）。

その上で、このような条件が満たされていれば、その仕事に生きがいを感じる度合いが強く、疎外感もあまりもたないということがいえるだろうと論じている。

権限に関連して、「自律性」に着目しているのはE.L.デシ（1995）である。デシは、金銭などの外発的な報酬が人間から活動そのものに対する関心を奪い、その活動を金銭という報酬を得るための手段としてしか見なくなってしまい、結果的に意欲を低下させるなどマイナスの影響がもたらされることを指摘した。そして、人間は外的な力によって操られる「チェスの駒」のような存在ではなく、自分自身の行為の源泉（origin）でありたいという欲求に内発的に動機づけられた存在であると主張した。ここで、特にデシが強調したのは、人間が金銭によって動機づけられるということの本当の問題は、金銭が人を統制するということであり、その時人間は、真の自己を放棄することで、疎外されるということであった（E.L.デシ　1995：39-58）。

またデシは、「自律性」と合わせて望む結果の間に関連があると認知する必要があり、行動と結果の関連を支援するのが「有能感（competence）」であるといっている。金銭が外発的な動機づけがもたらす「報酬」のひとつであるとするならば、内発的動機づけがもたらす「報酬」は、「楽しさ」と「達成感」であり、それは人間が自由に行動したときに自然に生まれる（E.L.デシ　1995：77-99）。したがって、その仕事をこなすことができる「能力（competence）」があるという感覚は、内発的な満足の重要な側面であり、それは職業アスピレーションを強化する最初の力にもなりうる。自分が選択した仕事に打ち込むことの結果が、「有能感（competence）」を得られることに気づくと、それはより深い職業アスピレーションをもたらすのである。

「動機づけ（motivation）」を「コントロール（control）」という視点から展開しているのが水口禮治（1993）である。水口は、「無気力症候群」としての「不安」、「抑鬱」、「無力感」、「シラケ」、「退去」等の現象は人

間とその人を取り巻く環境との相互作用における「コントロール感」喪失の結果であり、「コントロール感」の形成に貢献する要因を整えていくことが重要であるとして、①自発的反応を奨励する環境＝自発性強調、②自己選択権のある環境＝裁量の自由、③応答する環境＝随伴体験、④フィードバックのある環境＝成果の確認、の4点をあげている（水島禮治1993：3-4, 35,111-113）。

5）人材育成

　職員の能力発揮を支援していく上で、職場組織に求められるのは、まず、普通の人々からより多くのものを引き出すこと、そして職員個々の具体的な強みに着目して、日常の職務場面が不得意なことばかりをさせられるような場とならないように配慮することである（P.F.ドラッカー1991:183-196）。

組織の育成と個人の育成

　職員の能力発揮の機会を創るためには、職場組織を育てるという視点と職員個人を育てるという2つの視点が必要である。

　組織を育てるために必要な基本的視点の第1は研修の体系化であり、研修要綱や組織図を作成して、人材育成を職場内の制度として定着させる土台をつくることである。第2はPDS（Plan, Do, See:計画、実行、評価）によって確実に進行することである。第3は研修の成果がサービスの質の向上や職員の働きがいの向上といった視点から効果測定がなされることである。

　職員個人を育てるための基本的な視点としては、第1にはこれからの時代に求められる法人像及び人材像を具体的に描くことである。第2は介護施設は、専門職の職員を中心に構成されているので、生涯を通じたキャリア形成という視点から、人材育成に取り組むことである。第3は理念の共有化や個別的な人材育成の目標の共有化を行うために、現場の

介護職員と上司との個別的な対話を重視するということがあげられる。この時、現場の介護職員と対話を行う上司には、「導く相談役、技術を伸ばす教師、進歩を評価する判定人、励ます激励者」（P.F.ドラッカー1991:187）という役割が求められるが、なかでも特に大切なのが、「励ます激励者」の役割である。

6）組織マネジメントと基本要素のつながり

　次に、組織マネジメントを構成するこれらの基本要素とそのつながりについて取り上げる。

　組織マネジメントを構成する5つの基本要素の中で、核となるのは法人、事業者の「理念」である。「理念」は「リーダーシップ」、「チームワーク」、「権限委譲」、「人材育成」といったそれぞれの機能に意味と目的を持たせ、基本要素の根拠を形成する。

　次に重要な基本要素は「リーダーシップ」であるが、これは「チームワーク」と「協働」で働く機能である。

　また、「チームワーク」は職員個人の成長に支えられると共に職員の成長を支えるので、個人とチームの相互の「成長」で結びつく機能である。

　「人材育成」は職員が育った結果として、習得した能力を発揮する場面が設定されることで、はじめてその成果が発揮され、職業エートスの形成につながっていくので、職員の「自立」を通じた「権限委譲」（自律）と結びついている。

　最後に、「権限委譲」は、上司が現場職員を「信頼」して任せ、現場職員が能力を発揮することによって成立する機能である。その意味で、「権限委譲」は「リーダーシップ」の機能のひとつでもあるということができるだろう。

第Ⅳ章　介護職と職場組織

図3　組織マネジメントとそれぞれのつながり

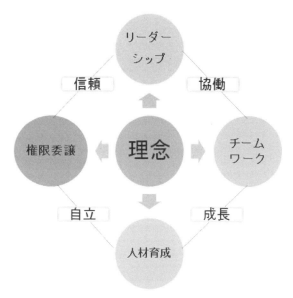

2－4　小括

　産業界における組織管理に関連する理論形成を振り返ると、職場組織は、労働の苦痛によってもたらされる「職務不満」の軽減と仕事を通じた能力発揮や成長によってもたらされる「職務満足」の実現の2つに分けることができた。このうち、「職務不満」とは労働の苦痛や負荷によってもたらされるものであるので、これらの苦痛や負荷を軽減する要素としては、心身の負荷の軽減、休暇の取得・福利厚生、職場環境・設備の整備があげられ、苦痛や負荷に報いる要素として、賃金（給与・手当）があげられる。「職務満足」をもたらす組織マネジメントの側面としては、「理念」、「リーダーシップ」、「チームワーク」、「権限委譲」、「人材育成」という5つの組織特性を示すことができる。

　理念は、組織の社会的存在理由であり、組織マネジメントを構成する中核的な要素である。重要なのは、理念を日常のケア、サービスにいか

に具現化することができるかということである。組織の経営者が全職員に対して明確な「理念」を示し、しかも、それを「使命（mission）」、「価値（value）」、「目標（vision）」、「戦略（strategy）」へと段階的に介護サービスへと具体化して展開するということができなければ、介護職の職業アスピレーションや職業エートスと共鳴させていくことも難しい。反対に、もしも経営者があらゆる機会を通じて理念の意味を説き、段階的にサービスへと具体化することができれば、介護職は経営者と「使命（自分は何のために存在するのか）」、「価値（何を大切にしたらいいのか）」、「目標（自分は何処に向かっているのか）」、「戦略（どう実践したらいいのか）」を共有することができ、自らの仕事に誇りをもって取り組むことができるようになる。

　リーダーシップは、集団のメンバーに受け入れられるような目標を設定し、その達成に向けて個々のメンバーの態度や行動を統合的に組み立て、組織化を行い、それを一定のレベルに常時維持するという集団過程の主要な局面を支える機能の全体である。リーダーシップ論の先行研究には、指導者の資質や力量によるという「資質論」、リーダーシップのスタイルによって分類する「類型論」、状況に応じたリーダーシップを表す「状況論」がある。リーダーシップ論の先行研究を踏まえて、介護施設におけるリーダーシップを考えると、マネジメントが職務に含まれるすべての職員がリーダーシップを自己の職務と自覚し、意志決定が円滑に進むことが必要である。これにより、理念が組織の基本的な規範として現場に浸透し、経営者との間に信頼が生まれる。

　社会的協働システムとしての組織は、個人と集団によって成立しているが、集団は単に個人の寄せ集めではなく、そこには独自の特性をもったグループダイナミクスが働いている。集団における社会的行動には、「相互作用」、「活動」、「情感」の3要素がある。つまり、社会的出来事（イベント）としての活動があり、そのイベントを実現していく過程で相互作用があり、そこに情感が芽生えることで集団が形成される。

第IV章　介護職と職場組織

　チームワークは、「協働」という言葉で説明されることがあり、「協働」
は、同じ目的に向かって協力し合うcooperation（協同）と共同して作業
するcollaboration（協調・協働）（岡田一彦・安永悟 2005:10-17）の両方
の意味を含む概念である。組織において、チームワークが必要となる背
景には、組織内に存在する「専門化」と「分業化」、「競争」と「成果主
義」があり、これらが引き起こす問題を改善・解消するために、チーム
ワークを機能させることが必要となる。
　知識と技術が高度化・多様化し、その変化も早い現代の組織において
は、すべての意思決定を組織の上位者に集中させてしまうと、上申され
上位者に流れる情報が過大となり、組織はパンクしてしまうことになる。
そのため、必要な意思決定の権限を情報が実際に生じる現場に移すとと
もに、現場の裁量権を拡大する必要性が生まれる。
　「権限と責任の体系」である組織は、役割分担、規則、命令系統によっ
て機能しており、権限移譲は「権限＝責任＝職位」という三位一体の関
係によって行われる。権限委譲が、「権限＝責任＝職位」の一体構造によ
って成立していることによって、スタッフは、自己の役割や責任、組織
内での位置づけが明確になり、自己の職業能力を発揮して、役割を実現
することができる。現場職員への権限委譲を行うためには、上司が部下
を承認し、信頼していることに加え、人材育成の機会が保証され、「有能
感（competence）」を持ちながら目標を達成して、責任を全うするため
の能力の習得が必要となる。なぜならば、権限を委譲するのは、職員が
その専門的能力を発揮して役割の実現を達成するためであるが、目標を
達成しうる能力が習得されていなければ、それは単なる重圧であり、過
大なストレスとなってしまうからである。
　人材育成によって、職員の能力発揮を支援していく上で、職場組織に
求められるのは、まず、普通の人々からより多くのものを引き出すこと、
そして職員個々の具体的な強みに着目して、日常の職務場面が不得意な
ことばかりをさせられるような場とならないように配慮することである。

143

介護職の働きがいと職場の組織マネジメント

人材育成は個人の自立と組織の成長の両面から体系的・計画的に実施していくことが重要であり、管理職、指導的職員、中堅、新任といった階層ごとに研修を行い、長期・短期それぞれの時間的展望をもった取り組みが求められる。

　人材育成を推進することで、組織の育成と個人の育成がなされ、現場の介護職員が①「この組織（法人、事業所）には使命がある」、②「組織（リーダー、仲間）は自分を必要としてくれている」、③「組織の期待に応えるためには、職務能力（倫理・知識・技能）の向上が必要だ、と認識できるようになることが望ましい。

　組織マネジメントを構成する基本要素間のつながりをみると、組織マネジメントを構成する5つの基本要素の中で、「理念」は「リーダーシップ」、「チームワーク」、「権限委譲」、「人材育成」といったそれぞれの機能に意味と目的を持たせ、基本要素の根拠を形成する。次に重要な基本要素は「リーダーシップ」であるが、これは「チームワーク」と「協働」で働く機能である。「チームワーク」は職員個人の成長に支えられると共に職員の成長を支えるので、個人とチームの相互の「成長」で結びつく機能である。「人材育成」は、職員の「自立」を通じた「権限委譲」（自律）と結びついている。最後に、「権限委譲」は、上司が現場職員を「信頼」して任せ、現場職員が能力を発揮することによって成立する機能である。

3　介護職と職場組織

　P.F.ドラッカー（1990/1991：Ⅷ〜ⅩⅣ、5）は、「企業は財やサービスを供給し、政府が統制するのに対して、（中略）非営利機関は、人と社会の変革を目的としている」として、使命から成果をあげるための人事、人間関係、自己開発といったマネジメントが必要であるとしている。では、対人サービス組織である介護施設にはどのような特性があるだろうか。

第Ⅳ章　介護職と職場組織

３－１　介護の職場組織における対人サービス組織としての特性

１）制度の担い手としての機能と社会の変革としての機能

　対人サービスは人が人に対してコミュニケーション行為を中心に提供するサービスであり、同時性、消極性、移送不能性、在庫不能性、労働集約性を伴っていることはすでに述べたが、このことは、介護職と利用者との信用・信頼が、サービスの可否や是非を決定する重要な要素となることを示している。特に介護施設におけるサービス提供者と利用者との関係は、提供者はサービス資源を持ち、利用者はそれが不足しているまたは有していないために、一方的な関係になりやすい。社会的弱者を含んだ対等ではない関係に利用者が置かれているケースも少なくない。そのため、提供者側の使命感、熱意や誠意、努力といったものがサービスの質に大きく影響するという側面を持つ。

　また、制度によって運営されているため、その構成原理には官僚制システムの原理が働いているという側面がある。官僚制システムは、制度がサービスとして確実に執行されるために有効なシステムであるが、福祉サービスの場合は、利用者の生活の必要に対して、制度が充分でなかったり、有効な制度が存在しないという場合もある。施設の組織マネジメントにおいては、社会的公正が利用者の人権や尊厳を踏まえたサービスとして具現化されなければならないが、一方で、対人サービスのマネジメントでは、制度の選択肢には何があるのか、どこまで活用することができるのかを正しく認識する能力が求められる。さらには、P.F.ドラッカーが「非営利機関は、人と社会の変革を目的としている」(P.F.ドラッカー　1991：5) といっているように、社会福祉法人等の対人サービス組織には、社会的使命としての明確な理念が必要である。加えて、ドラッカーは、「非営利機関に対する最終的な評価は、行動の適切さによる」としており、理念をサービスとして具現化していくプロセスでは、既存の制度では対応することのできないニーズに応えるために、自らサービスを生み出して、環境に働きかけていく工夫も求められる。

145

ここでいう社会的公正には、市場条件の不利な地域に進出し、制度の安定化に貢献することや介護サービスに対する利用者ニーズの多様化に対応することがあり、人と社会の変革には、行政主導型のサービス組織とは異なった市民自身の主体的な社会貢献による対人サービスの展開によって、対人サービス組織の活性化と新たなサービス組織の進出を促す活動が含まれている（金谷信子2010:37-53）。また、市民自身の主体的な社会貢献とは、すべての人の主体的な意見や行動が推奨されるとともに、それらに対する応答がある空間でもある（田尾雅夫、吉田忠彦 2009：207）。

　これらのことから、介護の職場組織における対人サービス組織としての特性のひとつは、制度の担い手として確実にサービスを提供する役割とサービスの過程を通じて、社会を変革して新たなサービスを生み出していく使命を併せ持っていることである。

2）ミッションによるマネジメントとインドクリネーション

　田尾雅夫（2001：171-177）は、対人サービス組織は、ドクトリン（信条）によって支えられた組織であり、社会のために、公共のために、何を行うのか、何によって貢献できるのかを問われているため、それに応えることを組織の目標に織り込まなければならないが、ミッションやビジョンを職員に注入して内面化を促すことがインドクトリネーションであるとしている。ここでいう注入とは、規則でもなければ基準でもなく、組織理念である。組織理念の注入は、職場の集合研修（off-jt）の機会をつくって大量に注入するという方法もあるが、基本は、日常の職務を通じた研修（OJT）で機会あるごとに実際のサービス提供場面で具現化された理念を確認するかたちで共有していくことである。これが、インドクトリネーションである。

　このように、対人サービス組織は、ドクトリン（信条）によって支えられる組織であり、実際のサービス場面で理念を具現化していくことが

第Ⅳ章　介護職と職場組織

重要である。

3）組織の社会的目的と専門職の使命との一致

　介護施設等の社会福祉施設は、医療・保健・介護・福祉等の多職種によって構成されている。職員は、職場組織の雇用者として位置づけられるが、同時にそれぞれが専門職であるので、その専門職性は、専門分化（スペシャリスト）、熟練（エキスパート）、使命（プロフェッショナル）によって支えられている側面を持つ。また、利用者や家族のニーズに応えようとすることが、事業所の意向や専門職としての倫理との間に不一致を生じさせることがある。そのため、対人サービスの組織マネジメントでは、こららの不一致による軋轢（コンフリクト）や葛藤に働きかけて、組織としての社会的目的を果たすことが重要である。

4）自己のサービス組織の認識と地域全体のサポート機能の創造

　すでに述べたように、現在介護の担い手には、家族・親族、国家・行政、市場、第三セクターといった複数の担い手が存在し、これらの複数のサポートが重なりながら要介護者の生活が支えられている状況がある。そのため、対人サービスのマネジメントにおいては、地域社会における自己の事業所の機能・役割を明確に認識して実践することにあわせて、地域社会全体のソーシャルサポート機能を整備し、高めていくための役割を認識して、創造していくことが求められる。

3－2　介護の職場組織における組織マネジメントの課題

　最後に、上記の対人サービス組織としての特性を持った介護の職場組織における組織マネジメントの課題を加えておく。

1）理念

　対人サービス組織においては、経営者が全職員に対して明確な「理念」

147

を示し、しかも、それを「使命（mission）」、「価値（value）」、「目標（vision）」、「戦略（strategy）」へと段階的に介護サービスへと具体化して展開するということができなければ、介護職の職業アスピレーションや職業エートスと共鳴させていくことは難しい。反対に、もしも経営者があらゆる機会を通じて理念の意味を説き、段階的にサービスへと具体化することができれば、介護職は経営者と「使命（自分は何のために存在するのか）」、「価値（何を大切にしたらいいのか）」、「目標（自分は何処に向かっているのか）」、「戦略（どう実践したらいいのか）」を共有することができ、自らの仕事に誇りをもって取り組むことができると考えられる。

　ここで留意すべきなのは、組織の理念と職員の職業エートスを調和させることの重要性である。社会福祉施設は社会的目的を持った組織であり、多職種で構成されている。もしも、組織マネジメントが閉鎖的で画一的であれば、専門職である職員の職業エートスや利用者のニーズに応えようとする行動を阻害してしまう恐れがある。理念を明確に示し、目標の実現に向けた協働を職員に促すことは、職員の専門職としての自律性を高めるが、画一的で専門職の職業エートスを無視した閉鎖的な組織規範は、反って組織理念への共鳴を減退させ、モラールとモチベーションの低下をもたらすことになる。

　このように事業所の経営者と介護職のあいだで、介護サービスの基盤となる理念の共有化がなされていれば、介護職にとっての職場組織は、共感が持て、働きやすく、挑戦しやすく、長く続けたい職場となることが期待できるだろう。反対に、理念の共有化がなされていなければ、職場組織への共感性は低く、意欲低下や離職の危険性につながっていくことが予測される。

２）リーダーシップ
　リーダーシップは、施設長個人だけに求められる能力ではなく、集団

の機能として位置づけられることが重要である。リーダーシップとは、集団のメンバーに受け入れられるような目標を設定し、その達成に向けて個々のメンバーの態度や行動を統合的に組み立て、組織化を行い、それを一定のレベルに常時維持するという集団過程の主要な局面を支える機能の全体である（安田三郎ほか　1981：42-43）。リーダーシップは、「指導性」や「対人影響力」であり、「目標に向かって人を動かす力」と理解される（全国社会福祉協議会　2002：88）。

　リーダーシップ論の先行研究を踏まえて、あらためて介護施設におけるリーダーシップを考えると、リーダーには、肉体的・知的・道徳的資質や専門知識、経験や業績、責任感や社会的態度、人気などの要件が求められ、民主的リーダーシップが最も有効であり、リーダーの関心は組織の課題遂行とメンバーの気持ちの両方に向けられることが望ましく、メンバーの成熟度に応じて、指示、説得、参加、委任とリーダーシップの方法を変えていくことが求められる。

3）チームワーク

　先行研究を踏まえて、あらためて介護の職場組織において、チームワークが良好な状況を整理すると、以下のように示すことができるのではないだろうか。

①　メンバーが共通の目的意識を持っており、全体として一体感がある。

②　全員が自分の仕事の明確な認識と責任を持っている。

③　職場内での決定に皆が参加でき、取り決められたルールを皆が守る。

④　お互いに助け合う相互援助の気風がある。

⑤　コミュニケーションがよく、葛藤が起きても感情的対立にまで至らない。

　以上のような状態にあると、チームワークがとれているということができるだろう。では、チームワークが高まると、どのようなことが期待できるのだろうか。

① メンバー間のコミュニケーションが多くなり、孤独感から解放される。
② 連帯感が高まり、人間関係が良くなる。
③ 1人ひとりの能力が発揮され、創造力が生まれる。
④ チームの目標や課題達成のプロセスは、介護職の職務的自尊心の形成過程と重ねることが可能である。
⑤ 組織やチームに対する安定感が生まれる。
⑥ 相乗効果が生まれ、組織目標や課題が効果的に達成される。
　これらのことがらがチームワークの高まりとして期待できる効果である。

4）権限委譲

　介護施設においても、介護職が働く意義、働く喜び、働く楽しさを見出していくためには、仕事において自らの最善を尽くすことができる役割と責任が明確になり、権限が与えられていることが必要である。

　介護職を支援する職場組織においては、介護現場への権限の移譲と自律性があり、日常の介護サービスを現場の裁量で組み立てることが柔軟にでき、しかも介護サービスの質を高めるための自発的な提案や創造的な取り組みが優先的に尊重される組織風土があり、少しぐらいの失敗も許容することを含めて、取り組んだことに対する職場内のフィードバックがあり、自律性がさらに自律性を生むという好循環を形成していくことが重要であろう。

　なお、現場職員への権限委譲を行うためには、上司が部下を承認し、信頼していることに加え、人材育成の機会が保証され、「有能感（competence）」を持ちながら目標を達成して、責任を全うするための能力の習得が必要となる。なぜならば、権限を委譲するのは、職員がその専門的能力を発揮して役割の実現を達成するためであるが、目標を達成しうる能力が習得されていなければ、それは単なる重圧であり、過大な

ストレスとなってしまうからである。

5）人材育成

　介護職がいかに明確な職業アスピレーションを持ち、知識と技術を習得していたとしても、介護場面において、能力を発揮して役割を実現する機会がつくられなければ、職業エートスは形成されない。

　そのため、人材育成は個人の自立と組織の成長の両面から体系的・計画的に実施していくことが重要であり、管理職、指導的職員、中堅、新任といった階層ごとに研修を行い、長期・短期それぞれの時間的展望をもった取り組みが求められる。

　人材育成を推進することで、組織の育成と個人の育成がなされ、現場の介護職員が①「この組織（法人、事業所）には使命がある」、②「組織（リーダー、仲間）は自分を必要としてくれている」、③「組織の期待に応えるためには、職務能力（倫理・知識・技能）の向上が必要だ、と認識できるように人材育成がなされることが望ましいといえるだろう。一方、現実の介護実践の過程で生まれた新たなニーズに応えるためには、組織の理念をサービスに具現化するための能力開発だけでなく、新たな能力開発の必要性を現場から組織に上げていき、人と組織を育てるという視点を持つことも重要である。

　また、介護施設は介護職だけでなく、医療・保健・福祉等の多様な専門職によって構成された職員集団である。介護サービス分野において資格制度化が進むと、従事者の専門職志向も進み、福祉の仕事を「キャリア」として捉える傾向が今後も高まっていくことが考えられる。

　「キャリア」の語源は、ラテン語の「馬車（carus）」であり、そこからさらに「馬車道（carraria）」となったと言われる。ラテン語からフランス語、そして英語で「career」という単語が使われるようになったのは、16世紀になってからといわれ、「迅速な運動」、「とぎれぬ運動」を意味した。現在の意味での「雇用の道筋・路程」という使われ方がされるよう

になったのは、19世紀になってからである（川喜多喬 2004:1-3）。

　現在、「キャリア」は、「労働・職業の世界での生き方に限定されず、人が次々と採っていく、生の諸過程（ライフプロセス）であり、それがある種の生き方（ライフスタイル）を表現するものである」（川喜多喬 2004: 1）と定義され、以下の3つの要素が含意されることが重要であるといわれる。①何らかの意味で上昇的な要素を含む仕事（職業的）移動、②個人の生涯にわたって継続するもの、③この中心となるものは個人にふさわしい人間的成長や自己実現（桐村晋次 1985:88）。

　このように、「キャリア」は、人生、生涯を通じた自己成長や自己完成といった視点から職業を位置づけ、そこから人材育成を支援していくことが重要であると考えられる。

　個人がキャリアを形成しながら、雇用能力を高めていくことを「エンプロイアビリティ（employability）」といい、反対に働く人にとっての魅力的な会社づくりや雇用主としての魅力づくりのことを「エンプロイメンタビリティ（employmentability）」という。

　特に介護職の人材難が叫ばれている現在の介護施設にとって、この「エンプロイメンタビリティ（employmentability）」は重要であり、優秀な人材が介護職場に定着していくための人材を引きつける職場環境づくりが大きな課題となっている。

3-3　小括

　介護の職場組織における対人サービス組織としての特性のひとつは、制度の担い手として確実にサービスを提供する役割とサービスの過程を通じて、社会を変革して新たなサービスを生み出していく使命を併せ持っていることである。また、対人サービス組織は、ドクトリン（信条）によって支えられる組織であり、実際のサービス場面で理念を具現化していくことが重要である。

　介護施設等の社会福祉施設は、医療・保健・介護・福祉等の多職種に

第Ⅳ章　介護職と職場組織

よって構成されている。そのため、対人サービスの組織マネジメントにおいては、利用者や家族のニーズ、事業所の意向、専門職としての倫理との間で不一致が生じる場合は、こららの不一致による軋轢（コンフリクト）や葛藤に働きかけて、組織としての社会的目的を果たしていくことが必要である。そのため、自己の事業所の機能・役割を明確に認識して実践することにあわせて、地域社会全体のソーシャルサポート機能を整備し、創造していくことが求められる。

　介護の職場組織における組織マネジメントの課題としては、理念においては、組織の理念と職員の職業エートスを調和させることの重要性がある。事業所の経営者と介護職のあいだで、介護サービスの基盤となる理念の共有化がなされていれば、介護職にとっての職場組織は、共感が持て、働きやすく、挑戦しやすく、長く続けたい職場となることが期待できる。リーダーシップでは、リーダーには、肉体的・知的・道徳的資質や専門知識、経験や業績、責任感や社会的態度、人気などの要件が求められ、民主的リーダーシップが最も有効であり、リーダーの関心は組織の課題遂行とメンバーの気持ちの両方に向けられることが望ましく、メンバーの成熟度に応じて、指示、説得、参加、委任とリーダーシップの方法を変えていくことが求められる。チームワークでは、チームワークが良好な状況として、①メンバーが共通の目的意識を持っており、全体として一体感がある。②全員が自分の仕事の明確な認識と責任を持っている。③職場内での決定に皆が参加でき、取り決められたルールを皆が守る。④お互いに助け合う相互援助の気風がある。⑤コミュニケーションがよく、葛藤が起きても感情的対立にまで至らない、といった点があげられる。権限委譲では、介護現場への権限の移譲と自律性があり、日常の介護サービスを現場の裁量で組み立てることが柔軟にでき、しかも介護サービスの質を高めるための自発的な提案や創造的な取り組みが優先的に尊重される組織風土があり、取り組んだことに対する職場内の

フィードバックがあり、自律性がさらに自律性を生むという好循環を形成していくことが重要である。人材育成では、個人の自立と組織の成長の両面から体系的・計画的に実施していくことが重要であり、管理職、指導的職員、中堅、新任といった階層ごとに研修を行い、長期・短期それぞれの時間的展望をもった取り組みが求められる。また、新たな能力開発の必要性を現場から組織に上げていき、人と組織を育てるという視点を持つことも重要である。

　介護職は、さまざまな要因によって生まれた職業アスピレーションを持って、介護施設で働くようになるが、その職場組織の労働条件と組織マネジメントが整備されることで、職業エートスが形成される。その形成過程は、まず、基礎的な技能の習得によって「職能的自尊心」が獲得される。次に、実際の介護場面で、習得された能力を利用者への介護実践で発揮することによって「職務的自尊心」が獲得される。そして、日々の介護実践を通じた役割の実現が蓄積され、利用者との関係が深まっていくことによって、「職命的自尊心」が形成される。

　役割の実現が蓄積される過程は、介護職がエキスパート（熟練）としての自己像を獲得していく過程でもある。これによって「職命的自尊心」が維持・強化されれば、介護職として現職場での職務を継続していく意向が安定していくと考えられる。また、「職務的自尊心」から「職命的自尊心」が形成される過程は、どのような場面で、自己の個性（固有の能力）が発揮されて、役割の実現が可能となるのかを気づいていく経験でもあり、スペシャリスト（分化）としての専門職像が自覚される場面となることもある。時には、その専門職像が介護から福祉や保健等の関連領域に向けられること起こり得る。その場合は、他職種として現職場で貢献することを志向するようになることも考えられる。

　反対に、職場組織の労働条件や組織マネジメントが整備されていなければ、介護職は現職場にとどまることが困難となる。それでもなお、介

護職としての職業アスピレーションを保持している場合は、介護職としての固有の能力発揮と役割の実現の機会を求めて、他の介護施設への移動を志向するようになる。しかし、職業アスピレーション自体が著しく低下したり、失われてしまった場合は他の職業へ転職することが仮説として考えられる。

図5　介護職の職業エートスの形成過程と
職務継続・離職意向に影響を及ぼす職場組織の概念図

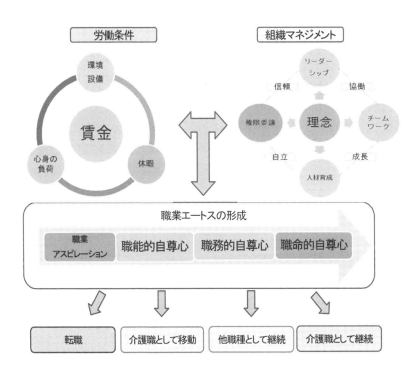

注

1)「わたしの父に祝福された人たち、さあ、世の初めからあなたがたのために用意されている国を受け継ぎなさい。あなたがたは、わたしが飢えていたときに食べさせ、渇いていたときに飲ませ、旅をしていたときに宿を貸し、裸の時に着せ、病気の時に見舞い、牢屋にいたときに訪ねてくれたからである」

「あなたがたによく言っておく。これらの私の兄弟、しかも最も小さな者のひとりにしたのは、わたしにしたのである」フランシスコ会聖書研究所訳（1984）『新約聖書』97-98

文献

A.H.Maslow(1998)Maslow on Management.（＝2001. 金井壽宏監訳『完全なる経営』日本経済新聞社28-30

Douglas Murray McGregor(1960)The Human Side of Enterprise.（＝1966.高橋達夫訳『新版　企業の人間的側面』38-66

Deci, Edward L.; Ryan, Richard M. (1985). Intrinsic motivation and self-determination in human behavior.（＝1999.桜井茂男訳『人を伸ばす力－内発と自律のすすめ－』新曜社39-58

Frederick Winslow Taylor(1911) The Principles of Scientific Management. New York and London, Harper & brothers.（＝1957.上野陽一郎訳『科学的管理法』産業能率短期大学学

Herzberg, Frederick (1966). Work and the Nature of Man. Cleveland: World Publishing.（＝1968. 北野利信訳『仕事と人間性』東洋経済新報社

Great Place to Work Institute Japan　https://hatarakigai.info/　2017.08.01参照

George Casper Homans(1961)Social Behavior: Its Elementary Forms.（＝1978. 橋本茂訳『社会行動』誠心書房136

J,D.W.・ジョンソン,R.T.・スミス,K.A.著／関田一彦監訳（1991/2001）「学生参加型の大学授業―協同学習への実践ガイド―」　玉川大学出版部

Karl Suso Frank(1993) Geschichte des christlichen Monchtums.（＝2002.戸田聡訳『修道院の歴史』教文館118-119

M.-H. Vicaire(1963) L'IMITATION DES APOTRES .（＝2004. 朝倉文市訳『中世修道院の世界』八坂書房26

Peter Laslett(1965,1971,1983) THE WORD WE HAVE LOST. (＝1986.川北稔訳『われら失いし世界』三嶺書房4-5

Peter Drucker(1991)Managing the Nonprofit Organization: Practices and Principles (New York: Harper Collins). (＝2007.上田惇生他訳『非営利組織の経営』ダイヤモンド社5

Rensis Likert(1961)New Patterns of Management . (＝1964.三隅二不二訳『経営の行動科学』ダイヤモンド社 12-15

Talcott Parsons(1956)Family, Socialization and Interaction . (＝1966.橋爪貞夫ほか訳『核家族と子どもの社会化』黎明書房26

Victor A. Pestoff(1998) Beyond the Market and State:Social enterprises and civil democracy in a welfare society . (＝2007.藤田暁男、川口清史、石塚秀雄ほか訳『福祉社会と市民民主主義』日本経済評論社47-59

Wolfgang Braunfels(1969) ABENDLANDISCHE KLOSTERBAUKUNST. (＝1974. 渡辺鴻訳『西ヨーロッパの修道院建築』鹿島出版18

井原久光（2000）『テキスト経営学増補版』ミネルヴァ書房　162

岡田一彦・安永悟（2005）「協同学習の定義と関連用語の整理」『協同と教育』1 日本協働教育学会　10-17

尾高邦雄（1995）『職業社会学』夢窓庵 297

金谷信子（2010:11）「準市場における非営利組織の役割と市場シェア」『広島国際研究』16　37-53

川喜多喬（2004）『人材育成論入門』法政大学出版局 1-3

桐村晋次（1985）『人材育成の進め方〈第3版〉』日本経済新聞社 119-120頁

崔允姫（2015）「高齢者福祉施設における組織マネジメントが介護職の人材定着に影響を及ぼす要因：文献検討を中心として」『東洋大学大学院紀要』52,81-102

斉藤勇（1987）「対人社会心理学重要研究集1　社会的勢力と集団組織の心理」誠心書房70-72

篠原匡「働きがいのある会社」『日経ビジネス』2007年2月19日号　日経BP社 106-115

社会福祉士養成講座編集委員会編（2013）『福祉サービスの組織と経営』　97

新藤勝美（1978）『ホーソン・リサーチと人間関係論』産業能率短期大学部

角野信夫（2011）『マネジメントの歴史』文眞堂 49-53

全国社会福祉協議会（2002）『改訂福祉職員研修テキスト指導編』全国社会福祉協議会88

介護職の働きがいと職場の組織マネジメント

田尾雅夫『(2001) ヒューマンサービスの経営』白桃書房 171-177

田代菊雄（1989）『日本カトリック社会事業史』法律文化社 6

中村和彦、塩見康史、高木穣（2010）「職場における協働の創生」『人間関係研究
（南山大学人間関係研究センター紀要）』9　2

船木幸弘 (2016)「職場のコミュニケーションと組織マネジメントの留意点：社会
福祉職場のコミュニケーションに関する調査結果の考察を通して」『藤女子大学
QOL研究所紀要』11（1），47-55

松藤賢二郎（2009）「福祉サービスの組織と経営に関わる基礎理論」久門道利・西
岡修編『福祉サービスの組織と経営』弘文堂 86

水島禮治『適法の社会心理学的心理療法』(1993) 駿河台出版社 3-4 35 111-113

深山明（2001）『経学の歴史』中央経済社　100

安田三郎ほか編著（1981）『基礎社会学第Ⅲ巻　社会集団』東洋経済新報社　42-
43

吉田浩（2003）『フェルナンデス・テンニエス』東信堂　24〜25

第Ⅴ章　介護職の職務・職場継続意向と職業エートス・労働条件・職場マネジメント

第Ⅴ章　介護職の職務・職場継続意向と職業エートス・労働条件・職場マネジメント

　第Ⅲ章では、介護職の特性と職業エートスの形成過程および構成要素を論じ、第Ⅳ章では、職場組織を論じるための基本的な分析視点を提示し、介護施設の職場組織について検討した。

　ここから、実際の介護の現場に目を向け、介護職の職業エートスと職場組織が介護職にどのような影響をもたらしているのか、介護職はどのような職業意識や職場意識を持っているのか、介護の現場では職場組織をどのように整備してことで職業エートスを高めていくことができるのかを検討していく。

　まず、本章では、介護職の「職業エートス」、職場の「労働条件」、「組織マネジメント」のそれぞれが、介護職の職務・職場継続意向とどのような関連を持っているのか、そして、「職業エートス」がどのようか過程で形成されるのかを実態を踏まえながら考察していく。

　なお、調査にあたっては、現場の介護職にとって分かりやすい用語を使用することの必要性を考慮し、アンケートのタイトルには、「職業エートス」という用語使用しないで、「働きがい」という用語に置き換えたが、質問項目自体では「働きがい」を使わずに、職業的自尊心を問う内容とした。そのため、本章の記述においては、「職業エートス」という用語に統一して論述していく。

1　研究調査の視点と目的

　本章では、介護職の職務・職場継続意向が、「労働条件への不満足感」、「組織マネジメント」、「職業エートス」がどのように関連しているのかを明らかにするとともに、「職業エートス」がどのようか過程で形成される

159

のかを明らかにすることを目的とする。

2　研究の仮説

　介護職が離職にいたる過程には、賃金の低さや労働負荷の重さ、休暇の取りにくさといった厳しい「労働条件」だけではなく、仕事の意義や目的の不明確さ、専門的な能力や個性を発揮する機会の乏しさ、職場の人間関係等の「組織マネジメント」の未整備による「職業エートス」の低下や喪失があるのではないか。そうであれば、一定の水準の賃金、労働負荷の軽減、休暇取得への配慮等の適切な「労働条件」が整備され、仕事の意義や目的、専門的な能力発揮の機会と役割の実現、職場の人間関係等の「組織マネジメント」が整備されることで、介護職に「職業エートス」が形成され、職務を継続することができると考えられる。

3　研究方法

3－1　本調査で使用した用語
　本調査で使用した用語は以下の通りである。

・「労働条件への不満足感」
　介護職としての労働の苦痛や負担を軽減するための環境整備に関する不満足感であり、具体的な項目としては、①給与・手当の低さ、②身体的負担が過重、③心理的負担が過重、④休暇の取りにくさ、⑤物理的環境・設備の不備で構成している。

・「組織マネジメント」
　介護職を支援する職場の支援組織に対する認識であり、具体的な項目としては、

第Ⅴ章　介護職の職務・職場継続意向と職業エートス・労働条件・職場マネジメント

①理念、②リーダーシップ、③チームワーク、④権限委譲、⑤人材育成で構成している。

・「職業エートス」
　職業エートスの形成過程に関する自己覚知であり、職務遂行に伴う自己効力感や職業選択にかかわるアスピレーション、職業的自尊心の形成過程を含んでいる（岡本・堀・鎌田・下村　2006：2-3）。
①職能的自尊心：介護職を専門職として認知するとともに、自らがその基礎的な技能を習得しているという自覚からくる自尊心
②職務的自尊心：自分の仕事が社会的責任のある職業であると認知し、専門的な能力発揮による役割を実現しているという自覚に基づく自尊心
③職命的自尊心（天職観）：数ある職業の中で介護職を自分にとって大切な職業として選択したことをよしとする自覚に基づく自尊心

　質問項目は「労働条件への不満足感」の項目が５、「組織マネジメント」の質問項目が２０（理念４、リーダーシップ４、チームワーク４、権限移譲４、人材育成４）、「職業エートス」の質問項目が１２（職能的自尊心４、職務的自尊心４、職命的自尊心４）の３７である。
　回答は、「そう思うは５」、「ややそう思うは４」、「どちらともいえないは３」、「あまりそう思わないは２」、「そう思わないは１」の５件法とした。
　質問の全体項目は次頁の通りである。

161

介護職の働きがいと職場の組織マネジメント

表1 「労働条件」「組織マネジメント」「職業エートス」にかかわる質問項目

労働条件	給与	仕事の内容に対して給与や手当が少ないと感じますか。
	身体的負荷	介護業務の身体的負担が過重であると感じますか。
	心理的負荷	介護業務の心理的負担(ストレス)が過重であると感じますか。
	休暇	休暇が取りにくいと感じますか。
	物理的環境	施設の環境や設備が整っていないと感じますか。
組織マネジメント	理念	あなたの職場では、施設の理念や方針が現場の職員に示されていますか。
		あなた職場の理念や方針は、あなたが共鳴できるものですか。
		あなたの職場では、さまざまな機会を通じて利用者主体の方針が強調されていますか。
		あなたの職場では、理念や方針が介護サービスに反映されていますか。
	リーダーシップ	あなたの職場には、仕事に意欲的で熱意のある上司がいますか。
		あなたの職場の上司は、職員を公平に扱っていると思いますか。
		あなたの職場には、外部からの新しい情報を現場に伝えてくれる上司がいますか。
		あなたの職場には、将来の方向性を示してくれる上司がいますか。
	チームワーク	あなたの職場には、困ったときにお互いに支え合う雰囲気がありますか。
		あなたの職場では、仕事の問題や悩みを気軽に話し合えますか。
		あなたの職場の人たちは、介護のいろいろな工夫や試みを行っていますか。
		あなたの職場の人たちは、介護の仕事に熱心で、仕事への意欲が高いですか。
	権限委譲	あなたの職場は、自分の裁量で仕事を組み立てられる範囲が広いですか。
		あなたの職場では、仕事上重要なことを決めるときの決定に参加することができますか。
		あなたの職場では、現場の意見や改善提案を採り上げてくれますか。
		あなたの職場では、利用者のために必要であれば、新しい試みに取り組むことができますか。
	人材育成	あなたの職場では、新任職員の育成に業務マニュアルを活用していますか。
		あなたの職場には、チューター制等の新任職員の育成を支援するしくみがありますか。
		あなたの職場は、研修会への参加や資格取得を奨励していますか。
		あなたの職場では、職場研修委員会等の人材育成を推進する組織が活動してますか。
職業エートス	職能的自尊心	介護職の技能は利用者の生命や生活に大きな影響を及ぼすと思いますか。
		介護職は教育・訓練受けた人が従事すべき職業だと思いますか。
		あなたは介護職として最低限必要な基礎的な技能を習得していると思いますか。
		介護職は継続的な研修や訓練を必要とする職業であると思いますか。
	職務的自尊心	自分の仕事が利用者の役に立っていると思いますか。
		自分の仕事に充実感がありますか。
		介護職は社会的責任の重い職業だと思いますか。
		介護職は社会の発展に寄与する職業だと思いますか。
	職命的自尊心	介護職を選んでよかったと思いますか。
		介護職は自分にとって大切な職業であると思いますか。
		介護職は自分の天職だと思いますか。
		生まれ変わったとしても同じような職業につくだろうと思いますか。

第Ⅴ章　介護職の職務・職場継続意向と職業エートス・労働条件・職場マネジメント

3－2　対象者

　調査は、2010年1月から3月にかけて、神奈川県内のすべて（297施設）の特別養護老人ホームにアンケート調査依頼書を送付し、承諾が得られた41施設に調査票を送付し、質問紙による調査を行い、郵送にて調査票を回収した介護職員（正規職員または週40時間程度勤務している非正規職員）869人である。

3－3　調査方法

　質問紙調査法である。調査は、2010年1月から3月にかけて、神奈川県内のすべて（297施設）の特別養護老人ホームにアンケート調査依頼書を送付し、承諾が得られた41施設に調査票を送付し、質問紙による調査を行い、郵送にて調査票を回収した。

　質問項目は、基本属性、職務・職場継続意向、「労働条件への不満足感」、「組織マネジメント」、「職業エートス」を問う項目で構成されている。

　職務・職場継続意向については、A.この職場で介護職を継続したい（職務継続・職場継続意向）、B.介護職を継続したいが職場を移動したい（職務継続・職場変更意向）、C.この職場で働きたいが他の職種に変わりたい（職務変更・職場継続意向）、D.この職場を辞めて他の職業に転職したい（職務変更・職場変更離職意向）の4グループで構成されている。4つに分けたのは、継続意向が介護職の職務なのか職場なのかを分けることによって、「労働条件への不満足感」、「組織マネジメント」、「職業エートス」の関連をより具体的に分析するためである。「労働条件への不満足感」、「組織マネジメント」、「職業エートス」の質問項目については、用語の定義で説明したとおりである。なお、質問項目は、一部の自由記述項目を除いて選択方式となっている。

　収集したデータをもとに実態把握するとともに、各項目の関連性を分析した。分析には、Windows版統計パッケージSPSSを使用した。

163

介護職の働きがいと職場の組織マネジメント

3-4　研究における倫理的配慮

　アンケート調査は自由意思による参加とし、拒否しても不利益を被らないことを明示した。またプライバシー保護の観点から無記名にて実施し、匿名性の保持を徹底するとともに、個人情報の観点から研究以外に情報を利用しないこと、研究終了後の調査票破棄の方法についてもシュレッダーにて確実に行うことを調査依頼の際に明示した。

4　結果

4-1　調査対象者の基本属性

対象者の基本属性は下記に示すとおりである。

①対象者数

　承諾を得た48施設に調査票（1施設25部）を送付し、介護職の協力を得て回収された調査票は41施設、871件（回収率72.6％）であった。このうち、すべて同じ回答欄に○を付けている等、極端に偏りのあった2件を削除して869件を有効とした。

　対象者の基本属性の概要は下表に示す通りである。

①年齢と性別

年齢	性別		合計	
	男性	女性	人数	％
20才未満	4	6	10	1.2%
20〜24才	67	93	160	18.5%
25〜29才	86	99	185	21.3%
30〜34才	91	51	142	16.4%
35〜39才	60	51	111	12.8%
40〜44才	24	55	79	9.1%
45〜49才	13	52	65	7.5%
50〜54才	8	44	52	6.0%
55〜59才	6	30	36	4.2%
60〜64才	5	22	27	3.1%
	364	503	867	100%

（2名は未回答）

②保有資格

	人数	％
介護福祉士	502	57.8%
ヘルパー2級	415	47.8%
社会福祉主事	137	15.8%
介護支援専門員	82	9.4%
その他	64	7.4%
ヘルパー1級	57	6.6%
無資格	43	4.9%
社会福祉士	36	4.1%
保育士	35	4.0%
栄養士	6	0.7%
看護師	2	0.2%

（複数回答あり）

第Ⅴ章　介護職の職務・職場継続意向と職業エートス・労働条件・職場マネジメント

③最終学歴

	人数	%
義務教育終了	31	3.6%
高等学校卒業	267	30.7%
専門学校・短大卒業	385	44.3%
大学卒業	182	20.9%
大学院卒業	4	0.5%
合計	869	100%

⑤介護職の経験年数と雇用形態

	人数	%
1年未満	154	17.7%
1～2年未満	241	27.8%
3～5年未満	204	23.5%
5～10年未満	198	22.8%
10年以上	71	8.2%
合計	868	100%

（1名は未回答）

⑥雇用形態

	人数	%
正規	766	88.1%
非正規	103	11.9%
合計	869	100%

④介護職以外で関心がある職業

	人数	%
ない	234	26.9%
保育士	130	15.0%
看護師	123	14.2%
ソーシャルワーカー	112	12.9%
理学療法士	105	12.1%
サービス職	101	11.6%
ケアマネージャー	99	11.4%
作業療法士	68	7.8%
事務職	53	6.1%
教育職	52	6.0%
専門技術（福祉・保健・教育以外）	39	4.5%
その他	24	2.8%
営業販売職	20	2.3%
栄養士	19	2.2%
運輸・通信職	19	2.2%
経営・管理職	11	1.3%
生産・労務職	10	1.2%
保安職	7	0.8%
農林漁業職	5	0.6%

（複数回答あり）

　全体の傾向としては、性別は、女性が6割で男性が4割程度であった。年齢は、女性は20代～50代まで広い年代で就労しているのに対して、男性は20代～30代に集中している。最終学歴は、専門学校・短大が4割強で高校卒が3割、大学卒が2割程度であった。保有資格は、介護福祉士が6割、ヘルパー資格が5割程度で、介護支援専門員も1割程度、社会福祉士が4％いた。介護職以外で関心のある職業は、なしが27％いるが、保健、福祉、保育等の関連領域への関心が目立った。介護の経験年数は、全体の4分の3が1年から10以内の間にいて、1年未満が約18％、10年以上が約8％いた。雇用形態は、本調査の対象者を週40時間程度就労している職員を対象としたためか、約88％が正規職員で12％が非正規職員という状況だった。

介護職の働きがいと職場の組織マネジメント

4－2　職務・職場継続意向

表2　職務・職場継続意向

| | 性別 | | | | 雇用形態 | | | | 介護福祉士資格 | | | | 合計 | |
| | 男 | | 女 | | 正規 | | 非正規 | | 有り | | 無し | | | |
	数	％	数	％	数	％	数	％	数	％	数	％	数	％
A.職務継続・職場継続意向	221	60.5	301	59.7	451	58.9	71	68.9	286	57.0	236	64.3	522	60.0
B.職務継続・職場変更意向	59	16.2	105	20.8	144	18.8	20	19.4	103	20.5	61	16.6	164	18.9
C.職務変更・職場継続意向	35	9.6	31	6.2	64	8.4	2	1.9	41	8.2	25	6.8	66	7.6
D.職務変更・職場変更意向	50	13.7	67	13.3	107	14.0	10	9.7	72	14.3	45	12.3	117	13.5
合計	365	100	504	100	766	100	103	100	502	100	367	100	869	100

　職務・職場継続の継続と変更の意向は、「A.職務継続・職場継続」が60.0％、「B.職務継続・職場変更」が18.9％、「C.職務変更・職場継続」が7.6％、「D.職務変更・職場変更」が13.5％であった。

　これを性別にみると男性では「A.職務継続・職場継続」が60.5％、「B.職務継続・職場変更」が16.2％、「C.職務変更・職場継続」が9.6％、「D.職務変更・職場変更」が13.7％であった。女性では、「A.職務継続・職場継続」が59.7％、「B.職務継続・職場変更」が20.8％、「C.職務変更・職場継続」が6.2％、「D.職務変更・職場変更」が13.3％であった。

　雇用形態別にみると、正規では「A.職務継続・職場継続」が58.9％、「B.職務継続・職場変更」が18.8％、「C.職務変更・職場継続」が8.4％、「D.職務変更・職場変更」が14.0％であった。非正規では、「A.職務継続・職場継続」が68.9％、「B.職務継続・職場変更」が19.4％、「C.職務変更・職場継続」が1.9％、「D.職務変更・職場変更」が9.7％であった。

　介護福祉士資格の有無では、有資格者では「A.職務継続・職場継続」

166

第Ⅴ章　介護職の職務・職場継続意向と職業エートス・労働条件・職場マネジメント

が57.0％、「B.職務継続・職場変更」が20.5％、「C.職務変更・職場継続」
が8.2％、「D.職務変更・職場変更」が14.3％であった。無資格者では、
「A.職務継続・職場継続」が64.3％、「B.職務継続・職場変更」が16.6％、
「C.職務変更・職場継続」が6.8％、「D.職務変更・職場変更」が12.3％で
あった。

４－３　職務・職場継続意向の４グループと「労働条件への不満足感」「組織マネジメント」「職業エートス」

　次に、介護職の職務・職場継続意向と「職業エートス」、「労働条件への不満足感」、「組織マネジメント」の関連を分析した。

　①A.職務継続・職場継続意向グループ、②B.職務継続・職場変更意向グループ、③C.職務変更・職場継続意向グループ、④D.職務変更・職場変更意向グループの４つを従属変数とし、「労働条件への不満足感」、「組織マネジメント」、「職業エートス」を独立変数としてクロス集計を行った。

　集計表４・６・８の表示は、回答の５は「高い」、４は「やや高」、３は「中程度」、２は「やや低」、１は「低い」と表記している。また、集計表４の表示について、「労働条件全体」は５つの質問を「高い」から「低い」の５つに分類して表示するため、21〜25は５、16〜20は４、11〜15は３、6〜10は２、0〜5は１としている。集計表６の「組織マネジメント」の「理念」、「リーダーシップ」、「チームワーク」、「権限移譲」、「人材育成」と集計表８の「職業エートス」の「職能的自尊心」、「職務的自尊心」、「職命的自尊心」は、４つの質問を「高い」から「低い」の５つに分類して表示するため、17〜20は５、13〜16は４、9〜12は３、5〜8は２、0〜4は１としている。「組織マネジメント全体」は２０の質問を「高い」から「低い」の５つに分類して表示するため、81〜100は５、61〜80は４、41〜60は３、21〜40は２、0〜20は１としている。集計表８の「職業エートス全体」は、１２の質問を「高い」から「低い」の５つに分類

167

して表示するため、49～60は5、37～43は4、25～36は3、13～24は2、0～12は1としている。なお、この「組織マネジメント」の「高い」・「低い」は職場組織におけるマネジメント力の「高い」・「低い」であり、「職業エートス」の「高い」・「低い」は「職業的自尊心」の「高い」・「低い」を表している。

1）職務・職場継続意向の4グループと「労働条件への不満足感」の割合

まず、4グループごとの「労働条件への不満足感」の全体をみてみると、「高い」（5）という人の割合がもっとも多いのは、「B.職務継続・職場変更意向グループ」の62.2％であり、次いで「D.職務変更・職場変更意向グループ」の59.8％、「C.職務変更・職場継続意向グループ」の47％、最も少ないのは「A.職務継続・職場継続意向グループ」の36.3％であった。

表3　職務・職場継続意向と労働条件への不満足感の割合（全体）

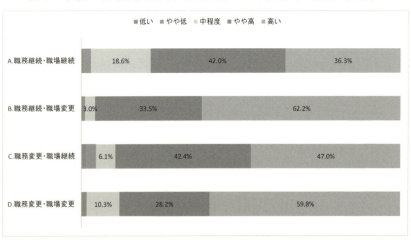

0～4は1（低い），5～8は2（やや低），9～12は3（中程度），13～16は4.（やや高），17～20は1（高い）

第Ⅴ章　介護職の職務・職場継続意向と職業エートス・労働条件・職場マネジメント

　個別の項目をみると、「B.職務継続・職場変更グループ」は、「給与・手当」、「身体的負荷」、「心理的負荷」、「休暇のとりにくさ」の4項目において不満足感が最も高く、「D.職務変更・職場変更意向グループ」は、物理的環境において不満足感が最も高かった。

　一方、「A.職務継続・職場継続グループ」は、「身体的負荷」、「心理的負荷」、「休暇のとりにくさ」、「物理的環境・設備」の4項目において不満足感が最も低く、「C.職務変更・職場継続意向グループ」は、「給与・手当」において不満足感が最も低かった。

169

表4 職務・職場継続意向と労働条件への不満足感の割合（項目別）

	職務継続・職場継続						職務継続・職場変更						職務変更・職場継続						職務変更・職場変更					
	低い	やや低	中程度	やや高	高い	合計	低い	やや低	中程度	やや高	高い	合計	低い	やや低	中程度	やや高	高い	合計	低い	やや低	中程度	やや高	高い	合計
労働条件全体	4 / 0.8%	12 / 2.3%	97 / 18.6%	219 / 42.0%	189 / 36.3%	521 / 100%	1 / 0.6%	1 / 0.6%	5 / 3.0%	55 / 33.5%	102 / 62.2%	164 / 100%	1 / 1.5%	2 / 3.0%	4 / 6.1%	28 / 42.4%	31 / 47.0%	66 / 100%	2 / 1.7%	0 / 0.0%	12 / 10.3%	33 / 28.2%	70 / 59.8%	117 / 100%
給与・手当	17 / 3.3%	37 / 7.1%	94 / 18.0%	163 / 31.3%	210 / 40.3%	521 / 100%	2 / 1.2%	4 / 2.4%	15 / 9.1%	35 / 21.3%	108 / 65.9%	164 / 100%	4 / 6.1%	4 / 6.1%	7 / 10.6%	25 / 37.9%	26 / 39.4%	66 / 100%	6 / 5.1%	4 / 3.4%	15 / 12.8%	23 / 19.7%	69 / 59.0%	117 / 100%
身体的負荷	11 / 2.1%	39 / 7.5%	70 / 13.4%	220 / 42.2%	181 / 34.7%	521 / 100%	2 / 1.2%	6 / 3.7%	13 / 7.9%	54 / 32.9%	89 / 54.3%	164 / 100%	1 / 1.5%	3 / 4.5%	5 / 7.6%	23 / 34.8%	34 / 51.5%	66 / 100%	3 / 2.6%	3 / 2.6%	11 / 9.4%	39 / 33.3%	61 / 52.1%	117 / 100%
心理的負荷	11 / 2.1%	42 / 8.1%	92 / 17.7%	209 / 40.3%	165 / 31.8%	519 / 100%	1 / 0.6%	5 / 3.0%	13 / 7.9%	47 / 28.7%	98 / 59.8%	164 / 100%	2 / 3.0%	3 / 4.5%	4 / 6.1%	25 / 37.9%	32 / 48.5%	66 / 100%	4 / 3.4%	2 / 1.7%	13 / 11.2%	29 / 25.0%	68 / 58.6%	116 / 100%
休暇	52 / 10.0%	81 / 15.6%	96 / 18.5%	130 / 25.0%	161 / 31.0%	520 / 100%	9 / 5.5%	8 / 4.9%	25 / 15.2%	35 / 21.3%	87 / 53.0%	164 / 100%	6 / 9.1%	4 / 6.1%	7 / 10.6%	16 / 24.2%	33 / 50.0%	66 / 100%	8 / 6.8%	12 / 10.3%	17 / 14.5%	22 / 18.8%	58 / 49.6%	117 / 100%
物理的環境	49 / 9.4%	99 / 19.1%	127 / 24.5%	151 / 29.1%	93 / 17.9%	519 / 100%	9 / 5.5%	11 / 6.7%	40 / 24.4%	53 / 32.3%	51 / 31.1%	164 / 100%	5 / 7.6%	7 / 10.6%	19 / 28.8%	21 / 31.8%	14 / 21.2%	66 / 100%	6 / 5.1%	16 / 13.7%	20 / 17.1%	31 / 26.5%	44 / 37.6%	117 / 100%

（労働条件）

職務継続・職場継続：4グループの中で高い・やや高の数値がもっとも高い
職務継続・職場変更：4グループの中で高の数値がもっとも高い
職務変更・職場継続：4グループの中で低い・やや低の数値がもっとも高い
職務変更・職場変更：4グループの中で低の数値がもっとも高い

第Ⅴ章　介護職の職務・職場継続意向と職業エートス・労働条件・職場マネジメント

2）職務・職場継続意向の4グループと「組織マネジメント」の割合

　4グループごとの「組織マネジメント」の全体をみてみると、「高い」（5）という人の割合がもっとも多いのは、「A.職務継続・職場継続意向グループ」の35.1％であり、次いで「C.職務変更・職場継続意向グループ」の31.8％、「D.職務変更・職場変更意向」の17.9％、最も少ないのは「B.職務継続・職場変更意向グループ」の15.9％であった。

　個別の項目をみると、「A.職務継続・職場継続意向グループ」は、「リーダーシップ」、「チームワーク」、「権限移譲」、「人材育成」の4項目において「組織マネジメント」の割合が最も高く、「C.職務変更・職場継続移動意向グループ」は、「理念」において割合が最も高かった。

　一方、「B.職務継続・職場変更グループ」は、「リーダーシップ」、「チームワーク」、「権限移譲」の3項目において割合が最も低く、「D.職務変更・職場変更意向グループ」は、「理念」、「人材育成」の2項目において割合が最も低かった。

表5　職務・職場継続意向と組織マネジメントの割合（全体）

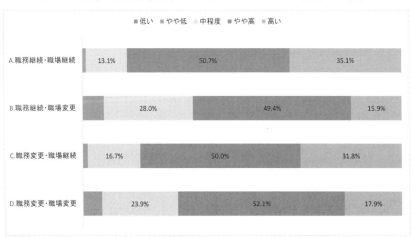

0～20は1（低い）,21～40は2（やや低）,41～60は3（中程度）,61～80は4（やや高）,81～100は5（高い）

表6　職務・職場継続意向と組織マネジメントの割合（項目別）

	職務継続						職場継続						職務変更						職場変更					
	低い	やや低い	中程度	やや高い	高い	合計	低い	やや低い	中程度	やや高い	高い	合計	低い	やや低い	中程度	やや高い	高い	合計	低い	やや低い	中程度	やや高い	高い	合計
組織マネジメント全体	0 0.0%	6 1.2%	68 13.0%	264 50.7%	183 35.1%	521 100%	0 0.0%	11 6.7%	46 28.0%	81 49.4%	26 15.9%	164 100%	0 0.0%	1 1.5%	11 16.7%	33 50.0%	21 31.8%	66 100%	0 0.0%	7 6.0%	28 23.9%	61 52.1%	21 17.9%	117 100%
理念全体	0 0.0%	14 2.7%	95 18.4%	205 39.7%	202 39.1%	516 100%	0 0.0%	13 8.0%	39 23.9%	72 44.2%	39 23.9%	163 100%	0 0.0%	2 3.1%	10 15.4%	20 30.8%	33 50.8%	65 100%	0 0.0%	13 11.2%	37 31.9%	44 37.9%	22 19.0%	116 100%
あなたの職場では、施設の理念や方針が現場の職員に示されていますか。	17 3.3%	47 9.0%	100 19.2%	153 29.4%	204 39.1%	521 100%	3 1.8%	13 8.0%	37 22.7%	58 35.6%	52 31.9%	163 100%	4 6.1%	5 7.6%	17 25.8%	17 25.8%	23 34.8%	66 100%	1 0.9%	13 11.1%	21 17.9%	37 31.6%	45 38.5%	117 100%
あなたの職場の理念や方針は、あなたの共感できるものですか。	11 2.1%	20 3.9%	124 23.9%	160 30.8%	204 39.3%	519 100%	13 7.9%	15 9.1%	57 34.8%	52 31.7%	27 16.5%	164 100%	2 3.0%	5 7.6%	12 18.2%	22 33.3%	25 37.9%	66 100%	3 2.6%	9 7.7%	34 29.1%	50 42.7%	21 17.9%	117 100%
あなたの職場では、さまざまな機会を通じて利用者主体の方針が徹底されていますか。	13 2.5%	32 6.2%	145 27.9%	198 38.1%	132 25.4%	520 100%	13 7.9%	22 13.4%	50 30.5%	55 33.5%	24 14.6%	164 100%	3 4.5%	7 10.6%	9 13.6%	23 34.8%	24 36.4%	66 100%	9 7.7%	16 13.8%	33 28.4%	36 31.0%	22 19.0%	116 100%
あなたの職場では、理念や方針が介護サービスに反映されていますか。	10 1.9%	44 8.5%	156 30.1%	216 41.6%	93 17.9%	519 100%	11 6.7%	30 18.3%	51 31.1%	48 29.3%	24 14.6%	164 100%	4 6.1%	11 16.7%	16 24.2%	16 24.2%	19 28.8%	66 100%	9 7.7%	16 13.7%	38 32.5%	30 25.6%	24 20.5%	117 100%
リーダーシップ全体	2 0.4%	36 6.9%	114 22.0%	195 37.6%	171 33.0%	518 100%	5 3.1%	14 8.5%	29 17.7%	53 32.3%	63 38.4%	164 100%	0 0.0%	5 7.6%	16 24.2%	29 43.9%	16 24.2%	66 100%	6 5.1%	21 17.9%	44 37.6%	28 23.9%	18 15.4%	117 100%
あなたの職場の上司には、仕事に意欲的で熱意のある上司がいますか。	13 2.5%	26 5.0%	94 18.1%	157 30.3%	229 44.1%	519 100%	2 1.2%	14 8.5%	25 15.2%	45 27.4%	78 47.6%	164 100%	2 3.0%	5 7.6%	14 21.2%	25 37.9%	20 30.3%	66 100%	11 9.4%	16 13.7%	38 32.5%	28 23.9%	24 20.5%	117 100%
あなたの職場の上司は、職員を公平に扱っていると思いますか。	33 6.4%	65 12.5%	145 27.9%	163 31.4%	113 21.8%	519 100%	14 8.5%	21 12.8%	55 33.5%	34 20.7%	40 24.4%	164 100%	3 4.5%	9 13.6%	23 34.8%	14 21.2%	17 25.8%	66 100%	21 17.9%	31 26.5%	34 29.1%	20 17.1%	11 9.4%	117 100%
あなたの職場には、着手からの新しい情報を組織に伝えてくれる上司がいますか。	40 7.7%	68 13.1%	174 33.5%	136 26.2%	101 19.5%	519 100%	16 9.8%	24 14.6%	44 26.8%	46 28.0%	34 20.7%	164 100%	5 7.6%	12 18.2%	22 33.3%	14 21.2%	13 19.7%	66 100%	29 24.8%	31 26.5%	31 26.5%	18 15.4%	8 6.8%	117 100%
あなたの職場には、仲間の方向性を示してくれる上司がいますか。	28 5.4%	57 11.0%	141 27.1%	145 27.9%	149 28.7%	520 100%	11 6.7%	24 14.6%	55 33.5%	34 20.7%	40 24.4%	164 100%	10 15.2%	11 16.7%	30 45.5%	10 15.2%	5 7.6%	66 100%	24 20.5%	13 11.1%	29 24.8%	24 20.5%	27 23.1%	117 100%

第Ⅴ章　介護職の職務・職場継続意向と職業エートス・労働条件・職場マネジメント

		度数					計						計						計						計
チームワーク	**チームワーク全体**	1	13	73	231	200	518	2	14	35	79	33	164	0	3	15	27	21	66	2	8	25	47	34	116
		0.2%	2.5%	14.1%	44.6%	28.6%	100%	1.2%	8.5%	21.5%	48.5%	20.2%	100%	0%	4.5%	22.7%	31.8%	40.5%	100%	1.7%	6.9%	21.5%	40.5%	29.3%	100%
	あなたの職場では、困ったときにお互いに支え合う雰囲気がありますか。	11	27	106	205	170	519	2	16	48	56	32	164	3	4	19	22	18	66	10	13	26	35	33	117
		2.1%	5.2%	20.4%	39.5%	32.8%	100%	1.2%	9.8%	29.3%	34.1%	19.5%	100%	4.5%	6.1%	28.8%	33.3%	27.3%	100%	8.5%	11.1%	22.2%	29.9%	28.2%	100%
	あなたの職場では、仕事の問題や悩みを気軽に話し合えますか。	13	49	124	187	147	520	15	17	53	48	25	164	4	6	24	16	16	66	13	15	30	32	26	116
		2.5%	9.4%	23.8%	36.0%	28.3%	100%	9.1%	10.4%	36.1%	29.3%	15.2%	100%	6.1%	9.1%	36.4%	24.2%	24.2%	100%	11.2%	12.9%	27.6%	27.6%	22.4%	100%
	あなたの職場の人たちは、介護人にいろいろな工夫や試みを行っていますか。	3	26	107	234	149	519	13	17	42	62	30	164	3	13	23	22	15	66	11	26	41	32		117
		0.6%	5.0%	20.6%	45.1%	28.7%	100%	7.9%	10.4%	25.6%	37.8%	18.3%	100%	4.5%	19.7%	34.8%	33.3%	22.7%	100%	9.4%	22.2%	35.0%	27.4%		100%
	あなたの職場の人たちは、介護の仕事に熱心で、仕事への意欲が高いですか。	3	32	141	205	139	520	12	12	60	58	21	163	3	15	25	17	26	66	11	26	41	41		117
		0.6%	6.2%	27.1%	39.4%	26.7%	100%	7.4%	7.4%	36.8%	35.6%	12.9%	100%	4.5%	22.7%	37.9%	25.8%	39.4%	100%	9.4%	22.2%	35.0%	27.4%		100%
権限委譲	**権限委譲全体**	11	25	259	124	53	515	3	20	50	69	20	163	5	19	31	11	47	66	3	14	44	54	47	116
		0.2%	4.5%	50.3%	24.1%	10.4%	100%	12.3%	30.7%	49.1%	12.3%	12.3%	100%	7.6%	47.0%	16.7%	9.5%	37.3%	100%	9.5%	12.8%	45.2%	20.1%	121%	100%
	あなたの職場は、自分の裁量で仕事の組み立てられる範囲が広いですか。	12	55	228	163	53	517	15	19	80	41	9	163	4	8	28	22	4	66	12	15	54	27	9	117
		2.4%	10.6%	44.1%	32.7%	10.3%	100%	9.2%	11.7%	49.1%	25.2%	5.5%	100%	6.1%	12.1%	42.4%	33.3%	6.1%	100%	10.3%	12.8%	46.2%	20.1%	7.7%	100%
	あなたの職場では、仕事上重要なことを決めるときの決定に参加することができますか。	26	52	183	153	99	519	27	20	59	42	16	164	3	27	20	7	9	66	20	21	46	21	17	116
		5.0%	10.0%	30.6%	29.1%	19.1%	100%	16.5%	12.2%	36.0%	25.6%	9.8%	100%	4.5%	40.9%	30.3%	10.6%	13.6%	100%	17.2%	10.0%	39.7%	18.1%	14.7%	100%
	あなたの職場では、現場の意見や改善提案を吸い上げてくれますか。	13	26	106	228	147	520	10	17	50	61	25	163	0	5	17	29	15	66	7	7	30	45	27	116
		2.5%	5.0%	20.4%	43.8%	28.3%	100%	6.1%	10.4%	30.7%	37.4%	15.3%	100%	0%	7.6%	25.8%	43.9%	22.7%	100%	6.0%	6.0%	25.9%	38.8%	23.3%	100%
	あなたの職場では、利用者のために必要であれば、新しい試みに取り組むことができますか。	23	44	146	194	112	519	23	22	57	47	14	163	6	10	9	28	13	66	13	23	29	36	16	116
		4.4%	8.5%	28.1%	37.4%	21.6%	100%	14.1%	13.5%	35.0%	28.8%	8.6%	100%	9.1%	15.2%	19.7%	42.4%	13.6%	100%	11.2%	19.0%	25.0%	31.0%	13.8%	100%

		選択肢1		選択肢2		選択肢3		選択肢4		選択肢5		計	
人材育成全体		2	0.4%	22	4.3%	103	20.2%	222	43.6%	160	31.4%	509	100%
		1	0.6%	25	15.3%	38	23.3%	59	36.2%	40	24.5%	163	100%
		0	0%	6	9.1%	14	21.2%	20	30.3%	26	39.4%	66	100%
		1	0.9%	18	15.5%	32	27.6%	38	29.8%	27	23.3%	116	100%
あなたの職場では、新任職員の育成向け実務マニュアルを活用していますか。		26	5.0%	51	9.9%	125	24.2%	162	31.3%	153	29.6%	517	100%
		17		23		35	21.3%	53	32.3%	36	22.0%	164	100%
		4	6.1%	8	12.1%	16	24.2%	20	30.3%	18	27.3%	66	100%
		19	16.4%	16	13.8%	31	26.7%	27	23.3%	23	19.8%	116	100%
あなたの職場には、チューター制等の後任職員の育成を支援する仕組みがありますか。		58	11.3%	62	12.1%	156	30.5%	134	26.2%	102	19.9%	512	100%
		32	19.6%	19	11.7%	46	28.2%	39	23.9%	27	16.6%	163	100%
		10	15.2%	9	13.6%	18	27.3%	18	27.3%	11	16.7%	66	100%
		26	22.4%	11	9.5%	33	28.4%	24	20.7%	22	19.0%	116	100%
あなたの職場は、研修会への参加や資格取得等を支援していますか。		12	2.3%	21	4.0%	90	17.3%	210	40.5%	186	35.8%	519	100%
		11	6.7%	11	6.7%	38	23.2%	69	42.1%	35	21.3%	164	100%
		4	6.1%	11	16.7%	15	22.7%	25	37.9%	11	16.7%	66	100%
		8	6.9%	26	22.3%	40	34.5%	32	27.6%			117	100%
あなたの職場では、職場環境改善等の人材育成を推進する組織が活動していますか。		21	4.0%	44	8.5%	151	29.1%	181	34.9%	122	23.5%	519	100%
		20	12.2%	18	11.0%	48	29.3%	50	30.5%	28	17.1%	164	100%
		3	4.5%	8	12.1%	16	24.2%	17	25.8%	22	33.3%	66	100%
		12	10.1%	12		29	25.0%	31	26.7%	23	19.8%	116	100%

4グループの中で高い、いや中で高い、いや中の数値がもっとも高い

4グループの中で低い、いや中で低い、いや中底の数値がもっとも低い

3) 職務・職場継続意向の4グループと「職業エートス」の状況

4グループごとの「職業エートス」の全体をみてみると、「高い」という人の割合が最も多いのは、「A.職務継続・職場継続グループ」の53.7%であり、次いで「C.職務変更・職場継続意向グループ」の39.4%、「B.職務継続・職場変更意向グループ」の32.9%、最も少ないのは「D.職務変更・職場変更意向グループ」の29.9%であった。

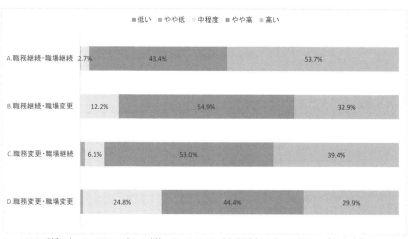

表7　職務・職場継続意向と職業エートスの割合（全体）

0〜4は1（低い）,5〜8は2（やや低）,9〜12は3（中程度）,13〜16は4.（やや高）,17〜20は1（高い）

個別の項目をみると、「A.職務継続・職場継続意向グループ」は、「職能的自尊心」(60%)、「職務的自尊心」(57.4%)、「職命的自尊心」(38.1%)のすべてにおいて、「高い」(5) という人の割合が多く、「C.職務変更・職場継続意向グループ」は、「職能的自尊心」のうち、「介護職は教育・訓練をうけた人が従事すべき職業」(56.1%)、「介護職として最低限必要な基礎的な技能の習得」(「高い」「やや高い」で65.2%)、「介護職は継続的な研修や訓練を必要とする職業」(68.2%) の3項目において「高い」

という人の割合が多かった。

　一方、「D.職務変更・職場変更意向グループ」は、「職能的自尊心」（52.2%）、「職務的自尊心」（30.8）、「職命的自尊心」（14.5%）のすべてにおいて「職業エートス」の割合が最も低く、「B.職務継続・職場変更グループ」は、「職務的自尊心」の「社会的責任の重い職業としての認識」（43.9%）において割合が最も低かった。

4−4　職務・職場継続意向と「労働条件への不満足感」、「組織マネジメント」、介護職の「職業エートス」の関連

1）測定尺度の信頼性分析

　職務・職場継続意向と「労働条件への不満足感」、「組織マネジメント」、介護職の「職業エートス」の関連について分析するにあたり、あらかじめ測定尺度ごとの信頼性分析を行った。

　具体的な質問項目は表1の通りであるが、信頼性分析の結果、「労働条件への不満足感」が0.732、「組織マネジメント」のうち、「理念」が0.824、「リーダーシップ」が0.845、「チームワーク」が0.849、「権限委譲」が0.802、「人材育成」が0.792、「職業エートス」のうち、「職能的自尊心」が0.545、「職務的自尊心」が0.694、「職命的自尊心」が0.871であり、「労働条件への不満足感」、「理念」、「リーダーシップ」、「チームワーク」、「権限委譲」、「人材育成」、「職命的自尊心」については、信頼性が高い測定尺度であることが認められた。「職務的自尊心」は、ほぼ信頼性が高いといえる数値であり、「職能的自尊心」については、十分な数値とはいえないが、項目数が少ないことを勘案し、尺度として使用した。

2）職務・職場継続意向と「労働条件への不満足感」、「組織マネジメント」、「職業エートス」の関連

　次に、個人の側面である「職業エートス」と組織の側面である「労働条件への不満足感」、「組織マネジメント」が、介護職の職務・職場継続

第Ⅴ章　介護職の職務・職場継続意向と職業エートス・労働条件・職場マネジメント

表8　職務・職場継続意向と職業エートスの割合（項目別）

		現職場で介護継続						職務異動での介護継続						現職場で他職種希望						転職希望					
		低い	やや低い	中程度	やや高い	高い	合計	低い	やや低い	中程度	やや高い	高い	合計	低い	やや低い	中程度	やや高い	高い	合計	低い	やや低い	中程度	やや高い	高い	合計
働きがい全体		0 0.0%	14 2.7%	226 43.4%	281 53.7%		521 100%	0 0.0%	20 12.2%	54 32.9%	90 32.9%		164 100%	0 0.0%	4 6.1%	35 53.0%	26 39.4%		66 100%	1 0.9%	29 24.8%	52 44.4%	35 29.9%		117 100%
職能的自尊心全体		0 0.0%	12 2.3%	96 18.5%	403 77.5%		520 100%	0 0.0%	10 6.1%	64 39.0%	90 54.9%		164 100%	0 0.0%	5 7.6%	10 15.2%	50 75.8%		66 100%	0 0.0%	11 9.6%	44 38.0%	60 52.2%		115 100%
介護職の技能は利用者の生命や生活に大きな影響を及ぼすと思いますか。		4 0.8%	5 1.0%	27 5.2%	116 22.4%	368 70.6%	519 100%	1 0.6%	9 5.5%	35 21.3%	118 72.0%		164 100%	1 1.5%	5 7.6%	10 15.2%	50 75.8%		66 100%	2 1.7%	4 3.4%	33 28.4%	76 65.5%		115 100%
介護職は教育・訓練を受けた人が従事する職業・作業だと思いますか。		27 5.2%	32 6.1%	116 22.4%	133 25.6%	211 40.7%	519 100%	9 5.5%	4 4.9%	47 28.7%	55 33.5%	55 33.5%	164 100%	3 4.5%	2 3.0%	14 21.2%	10 15.2%	37 56.0%	66 100%	6 5.2%	35 30.2%	22 38.0%	45 ...		117 100%
介護職は教育・訓練として専門的な知識や高度な技術が必要だと思いますか。		13 2.5%	30 5.8%	161 31.0%	224 43.1%	92 17.7%	520 100%	11 6.7%	45 29.6%	47 28.7%	76 46.3%	55 33.5%	164 100%	6 9.1%	16 24.2%	31 47.0%	12 18.2%		66 100%	7 6.0%	36 30.2%	41 35.3%	26 22.4%		117 100%
あなたは介護職として資格取得や職務に必要な研修を積極的に受けていると思いますか。		4 0.8%	49 9.5%	138 26.6%	324 62.5%		518 100%	2 1.2%	4 2.4%	39 23.9%	87 53.0%		164 100%	1 1.5%	6 9.1%	8 ...	26 39.4%		66 100%	7 6.0%	16 13.7%	41 35.3%	55 ...		117 100%
介護職は地域的な研修や組織的な学習を通じて学びを積み重ねる職業であると思いますか。		0 0.0%	28 5.4%	191 36.8%	298 57.4%		519 100%	5 3.1%	22 14.1%	84 51.5%	51 31.3%		163 100%	0 0.0%	8 12.0%	26 40.0%	31 47.7%		65 100%	5 4.1%	18 15.4%	57 48.7%	36 30.0%		117 100%
職務的自尊心全体		1 0.2%	8 1.5%	191 36.8%	191 36.8%		520 100%	3 1.8%	5 3.0%	87 53.0%	70 ...		164 100%	3 4.5%	16 24.2%	22 ...	13 ...		66 100%	4 3.4%	46 39.3%	45 ...	22 ...		117 100%
自分の仕事が利用者に役立っていると思いますか。		8 1.5%	19 3.7%	116 22.3%	228 43.8%	149 ...	520 100%	14 8.5%	23 14.1%	55 33.7%	14 ...		163 100%	5 7.7%	23 30.8%	13 20.0%	17 ...		65 100%	17 14.5%	42 35.9%	26 22.2%	19 16.2%		117 100%
自分の仕事に充実感があると思いますか。		4 0.8%	19 3.7%	111 21.3%	334 64.2%		520 100%	4 2.4%	6 4.3%	58 36.0%	72 43.9%		164 100%	3 4.5%	12 18.2%	18 ...	25 ...		66 100%	3 2.5%	20 17.1%	35 25.6%	41 ...		117 100%
介護職は社会的責任の重い職業だと思いますか。		6 1.2%	17 3.3%	98 18.8%	142 27.4%	266 49.3%	519 100%	6 3.7%	13 7.9%	35 21.3%	55 33.5%	55 33.5%	164 100%	6 9.0%	7 10.0%	18 27.3%	25 37.9%	12 ...	66 100%	4 3.4%	29 24.8%	38 32.5%	38 ...		117 100%
介護職は社会の発展に寄与する職業だと思いますか。		4 0.8%	13 2.5%	100 19.3%	205 39.4%	198 38.0%	520 100%	4 2.4%	20 12.2%	41 25.0%	67 40.9%	52 ...	164 100%	7 10.0%	3 4.5%	22 33.3%	25 ...		66 100%	11 9.4%	35 29.9%	33 28.2%	30 25.6%		117 100%
職命的自尊心全体		8 1.5%	7 1.2%	148 19.3%	257 ...		520 100%	5 3.0%	14 8.5%	52 31.7%	41 25.0%	52 ...	164 100%	3 4.5%	2 3.0%	19 28.8%	25 37.9%		66 100%	11 9.4%	35 29.9%	22 ...	30 25.6%		117 100%
介護職を選んでよかったと思いますか。		5 1.0%	6 1.2%	75 14.4%	153 29.4%	281 54.0%	520 100%	13 7.9%	48 25.8%	29.3%	34 ...	56 ...	164 100%	3 4.5%	19 ...	20 ...	24 36.4%		66 100%	6 5.0%	42 35.9%	21 17.9%	23 28.2%		117 100%
介護職は自分にとって大切な職業であると思いますか。		25 4.8%	36 ...	124 ...	125 24.0%	210 ...	520 100%	17 ...	27 16.5%	58 ...	36 ...	26 ...	164 100%	13 ...	27 ...	7 ...	7 ...		66 100%	34 ...	15 ...	41 ...	12 ...		117 100%
介護職は自分の天職だと思いますか。		83 ...	55 10.4%	223 42.9%	70 13.5%	89 17.1%	520 100%	45 ...	23 13.4%	67 40.9%	13 ...	11 ...	164 100%	19 ...	7 ...	7 13.6%	5 ...	8 ...	66 100%	12 ...	13 11.3%	39 ...	7 6.0%		117 100%
生まれ変わったとしても、同じような職業につこうと思いますか。		16.0%	13.5%	42.3%	17.1%	11.0%	520 100%	40.9%	14.0%	6.7%			164 100%	15.2%	19.7%	40.9%	10.6%		66 100%	46.2%	35%	12.1%	3.4%		117 100%

注：4グループの中で高い・やや高い面の数値がもっとも高い／4グループの中で低い・やや低い面の数値がもっとも高い

177

意向とどのように関連しているのかを分析した。

①A.職務継続・職場継続意向グループ、②B.職務継続・職場変更意向グループ、③C.職務変更・職場継続意向グループ、④D.職務変更・職場変更意向グループの4つを従属変数とし、「労働条件への不満足感」、「組織マネジメント」、「職業エートス」とその各項目を独立変数として分析を行った。検定においては、従属変数が二値の場合の多変量解析として標準的な方法であるロジスティック回帰分析を適用した。なお、その事象が起きる確率の、起きない確率に対する比を表す指標としてオッズ比を表示した。

3）A.職務継続・職場継続意向と「労働条件への不満足感」、「組織マネジメント」、「職業エートス」の関連

「A.職務継続・職場継続意向」と「労働条件への不満足感」、「組織マネジメント」、「職業エートス」の関連を分析したところ、「労働条件への不満足感」における「休暇のとりにくさ」、「物理的環境・設備の不備」、「職業エートス」における「職務的自尊心」、「職命的自尊心」において有意な影響が認められた。

「A.職務継続・職場継続意向」は、「休暇のとりにくさ」、「物理的環境・設備の不備」への不満足感が低く、「職務的自尊心」や「職命的自尊心」が高い方が強くなる、という結果であった。

4）B.職務継続・職場変更意向と「労働条件への不満足感」、「組織マネジメント」、「職業エートス」の関連

「B.職務継続・職場変更意向」と「労働条件への不満足感」、「組織マネジメント」、「職業エートス」の関連を分析したところ、「給与・手当が低い」、「心理的負担が過重」、「休暇の取りにくさ」、「組織マネジメント全体」、「人材育成」、「職能的自尊心」において有意差が認められた。

「B.職務継続・職場変更意向」は、「給与・手当が低い」、「心理的負担

第Ⅴ章　介護職の職務・職場継続意向と職業エートス・労働条件・職場マネジメント

表9　A.職務継続・職場継続意向との関連における検定結果

	ロジスティック回帰係数	オッズ比
給与・手当が低い	-0.042	0.959
身体的負担が過重	-0.089	0.914
心理的負担が過重	-0.234	0.791
休暇のとりにくさ	-0.191*	0.826
物理的環境・設備の不備	-0.185*	0.831
理念	-0.164	0.848
リーダーシップ	0.170	1.185
チームワーク	-0.072	0.930
権限委譲	-0.108	0.897
人材育成	-0.068	0.934
職能的自尊心	0.009	1.009
職務的自尊心	0.486**	1.625
職命的自尊心	0.516**	1.676
定数	-1.533	0.216

*P<.05　**P<.01　　　　　　　　153.536**

が過重」、「休暇のとりにくさ」、「人材育成」が高く、「組織マネジメント全体」、「職務的自尊心」が低い方が強くなる、という結果であった。

表10　B.職務継続・職場変更意向との関連における検定結果

	ロジスティック回帰係数	オッズ比
給与・手当が低い	0.261*	1.299
身体的負担が過重	−0.086	0.918
心理的負担が過重	0.211*	1.234
休暇のとりにくさ	0.131*	1.140
物理的環境・設備の不備	0.064	1.066
理念	−0.135	0.874
リーダーシップ	−0.128	0.880
チームワーク	0.056	1.057
権限委譲	0.205	1.227
人材育成	0.280*	1.324
職能的自尊心	0.010	1.010
職務的自尊心	−0.500**	0.606
職命的自尊心	0.089	1.093
定数	−1.235	0.291

*P＜.05　**P＜.01　　　　　　　　　　81.337**

5）C.職務変更・職場継続意向と「労働条件への不満足感」、「組織マネジメント」、「職業エートス」の関連

　「C.職務変更・職場継続意向」と「労働条件への不満足感」、「組織マネ

第Ⅴ章　介護職の職務・職場継続意向と職業エートス・労働条件・職場マネジメント

ジメント」、「職業エートス」の関連を分析したところ、「休暇のとりにくさ」、「理念」、「職命的自尊心」において有意差が認められた。

「C.職務変更・職場継続意向」は、「休暇のとりにくさ」、「理念」への共鳴が高く、「職命的自尊心」が低い方が強くなるという結果であった。

表11　C.職務変更・職場継続意向との関連における検定結果

	ロジスティック回帰係数	オッズ比
給与・手当が低い	-0.178	0.837
身体的負担が過重	0.306	1.358
心理的負担が過重	0.141	1.152
休暇のとりにくさ	0.323*	1.382
物理的環境・設備の不備	0.047	1.048
理念	0.508*	1.662
リーダーシップ	0.153	1.165
チームワーク	-0.246	0.782
権限委譲	-0.249	0.780
人材育成	0.063	1.065
職能的自尊心	0.210	1.234
職務的自尊心	0.151	1.163
職命的自尊心	-0.344*	0.709
定数	-4.227	0.015

28.833*

（df=5）　*P＜.05　**P＜.01

6）「D.職務変更・職場変更意向」と「労働条件への不満足感」、「組織マネジメント」、「職業エートス」の関連

　「D.職務変更・職場変更意向」と「労働条件への不満足感」、「組織マネジメント」、「職業エートス」の関連を分析したところ、「職命的自尊心」において有意差が認められた。

　「D.職務変更・職場変更意向」は、「職命的自尊心」が低い方が強くなる、という結果であった。

　本研究は、個人の側面である「職業エートス」は、組織の側面である「労働条件」や「組織マネジメント」によって支えられながら形成されるとの仮説に立っている。また、「労働条件」は職務負担を軽減するとともに職務負担に報いる職場環境であり、「組織マネジメント」は職務に目的を示して能力発揮と役割の実現を支える職場環境であると捉え、それぞれが有機的に機能することで、介護職が「職業エートス」を形成するサポートを行っているとの仮説に立っている。

　そこで、ここからは、本調査における「職業エートス」と「労働条件」・「組織マネジメント」の関連、そして「労働条件」と「組織マネジメント」の関連の結果をみていく。

7）「職業エートス」と「組織マネジメント」の項目ごとの関連

　「職業エートス」と「組織マネジメント」の関連を各項目ごとに分析したところ、「職業エートス」と「組織マネジメント」のすべての項目において、有意差が認められた。特に、「職業エートス」のうち、「職務的自尊心」は、「組織マネジメント」の各項目との関連が、「職能的自尊心」、「職命的自尊心」のいずれよりも高かった。

第Ⅴ章　介護職の職務・職場継続意向と職業エートス・労働条件・職場マネジメント

表12　D.職務変更・職場変更意向との関連における検定結果

	ロジスティック回帰係数	オッズ比
給与・手当が低い	-0.106	0.899
身体的負担が過重	0.051	1.052
心理的負担が過重	0.080	1.084
休暇のとりにくさ	-0.022	0.978
物理的環境・設備の不備	0.172	1.187
理念	0.162	1.176
リーダーシップ	-0.144	0.866
チームワーク	0.195	1.215
権限委譲	0.075	1.078
人材育成	-0.241	0.786
職能的自尊心	-0.212	0.809
職務的自尊心	-0.210	0.810
職命的自尊心	-0.750**	0.473
定数	0.468	1.597

71.413**

（df=5）　*P<.05　**P<.01

183

介護職の働きがいと職場の組織マネジメント

表13　職業エートスと組織マネジメントの関連

		働きがい			
		働きがい（全体）	職能的自尊心	職務的自尊心	職命的自尊心
組織マネジメント	Pearson の相関係数	.386**	.182**	.384**	.309**
	N	825	828	829	832
理念・方針	Pearson の相関係数	.310**	.190**	.298**	.230**
	N	852	855	857	860
リーダーシップ	Pearson の相関係数	.294**	.079**	.300**	.267**
	N	858	861	863	866
チームワーク	Pearson の相関係数	.337**	.115**	.361**	.279**
	N	856	859	861	864
権限委譲	Pearson の相関係数	.357**	.176**	.343**	.290**
	N	853	856	858	861
人材育成	Pearson の相関係数	.249**	.171**	.250**	.170**
	N	848	851	852	855

**相関係数は1％水準で有意です。*相関関係は5％水準で有意です。

8）「職業エートス」と「労働条件の不満足感」の項目ごとの関連

　「職業エートス」と「労働条件の不満足感」の関連を各項目ごとに分析したところ、「労働条件の不満足感」のすべての項目が、「職命的自尊心」を低下させていた。また、「職務的自尊心」についてみてみると、「身体的負担が過重」、「心理的負担が過重」、「休暇のとりにくさ」、「物理的環境・設備の不備」は「職務的自尊心」を低下させているが、「給与・手当が低い」との有意差は認められないという結果だった。

表14　職業エートスと労働条件の不満足感との関連

		働きがい			
		働きがい（全体）	職能的自尊心	職務的自尊心	職命的自尊心
労働条件への不満足感	Pearson の相関係数	-.156**	0.06	-.122**	-.227**
	N	860	863	865	868
給与・手当が低い	Pearson の相関係数	-.105**	0.016	-0.066	-.153**
	N	860	863	865	868
身体的負担が過重	Pearson の相関係数	-.132**	0.041	-.099**	-.186**
	N	860	863	865	868
心理的負担が過重	Pearson の相関係数	-.182**	.074**	-.135**	-.267**
	N	857	860	862	865
休暇のとりにくさ	Pearson の相関係数	-.102**	0.058	-.082**	-.157**
	N	859	862	864	867
物理的環境・設備の不備	Pearson の相関係数	-.105**	0.031	-.123**	-.124**
	N	858	861	863	866

**相関係数は1％水準で有意です。*相関関係は5％水準で有意です。

第Ⅴ章　介護職の職務・職場継続意向と職業エートス・労働条件・職場マネジメント

9）「労働条件への不満足感」と「組織マネジメント」の項目ごとの関連
　「労働条件への不満足感」と「組織マネジメント」の項目毎の関連をみたところ、「休暇のとりにくさ」と「理念・方針」の関連を除いたすべての項目で有意差が認められた。特に「組織マネジメント」の「リーダーシップ」は、「労働条件への不満足感」のすべての項目との有意差が、「組織マネジメント」の他の項目と比較して高かった。また、「権限移譲」は、「身体的負担感が過重」、「心理的負担が過重」、「物理的環境・設備の不備」との有意差が比較的高かった。

表15　組織マネジメントと労働条件の不満足感との関連

| | | 組織マネジメント | | | | | |
		組織マネジメント(全体)	理念・方針	リーダーシップ	チームワーク	権限委譲	人材育成
労働条件への不満足感	Pearson の相関係数	-.254**	-.122**	-.286**	-.212**	-.231**	-.178**
	N	832	861	866	864	861	855
給与・手当が低い	Pearson の相関係数	-.197**	-.111**	-.244**	-.153**	-.150**	-.102**
	N	832	861	866	864	861	855
身体的負担が過重	Pearson の相関係数	-.146**	-.078**	-.171**	-.114**	-.164**	-.092**
	N	832	861	866	864	861	855
心理的負担が過重	Pearson の相関係数	-.186**	-.067**	-.230**	-.173**	-.177**	-.105**
	N	829	858	863	861	858	852
休暇のとりにくさ	Pearson の相関係数	-.185**	-0.063	-.212**	-.166**	-.147**	-.162**
	N	831	860	865	863	860	854
物理的環境・設備の不備	Pearson の相関係数	-.250**	-.158**	-.214**	-.200**	-.214**	-.213**
	N	830	859	864	862	859	853

** 相関係数は1%水準で有意です。* 相関関係は5%水準で有意です。

　続けて、本研究では、第Ⅲ章2−1で説明したように、「職業エートス」は「職能的自尊心」、「職務的自尊心」、「職命的自尊心」が段階的に形成されることで、「職命的自尊心」の形成に至るとの仮説を立てている。
　ここで、本調査の結果から、「職業エートス」における「職能的自尊心」、「職務的自尊心」、「職命的自尊心」のつながりをみておく。

10）「職業エートス」の項目間における関連
　「職業エートスを項目ごとにその関連をみると、「職能的自尊心」、「職

務的自尊心」、「職命的自尊心」のすべてに関連が認められた。有意差の値をみると、「職務的自尊心」と「職命的自尊心」の関連が最も強く、次いで「職能的自尊心」と「職務的自尊心」との関連、そして「職能的自尊心」と「職命的自尊心」との関連であった。

表16　職業エートスの項目間における関連

		職能的自尊心	職務的自尊心	職命的自尊心
職能的自尊心	Pearson の相関係数	1	.353**	.212**
	N	984	981	984
職務的自尊心	Pearson の相関係数	.353**	1	.588**
	N	981	986	986
職命的自尊心	Pearson の相関係数	.212**	.588**	1
	N	984	986	989

** 相関係数は1％水準で有意です。* 相関関係は5％水準で有意です。

5　考察

5－1　職務・職場継続意向の4グループの状況

1）A.職務継続・職場継続意向グループの状況

　「A.職務継続・職場継続意向グループ」は、4グループのなかで、「労働条件への不満足感」が最も少なく、「組織マネジメント」と「職業エートス」が最も高かった。

　個別にみていくと、「労働条件への不満足感」では、「身体的負荷」、「心理的負荷」、「休暇のとりにくさ」、「物理的環境・設備の不備」において不満足感の割合が最も少なく、検定においても、「休暇の取りにくさ」と「物理的環境・設備の不備」への不満足感の低さが、「職務継続・職場継続意向」につながっていることが示されていた。

　「組織マネジメント」では、「リーダーシップ」、「チームワーク」、「権限移譲」、「人材育成」の4項目で「高い」という人の割合が最も多く、それらが「組織マネジメント」全体の支援力として「職務継続・職場継続意向」に結びついていた。

第Ⅴ章　介護職の職務・職場継続意向と職業エートス・労働条件・職場マネジメント

「職業エートス」では、「職務的自尊心」と「職命的自尊心」が、「職務継続・職場継続意向」に結びついていた。

これらのことから、労働負荷の軽減が仕事量の面でも、物理的環境面でもなされ、休暇の取得について職員の希望を組み入れることへの配慮があることなどが、「労働条件への不満足感」を軽減していることが考えられる。

また、「組織マネジメント」では、「リーダーシップ」、「チームワーク」等の職員間のコミュニケーションが良好で、「人材育成」の体制整備がされることで基礎的な技能の習得がされたうえで、「権限移譲」によって能力発揮の機会がつくられていることが解る。

これらの結果を踏まえると、職場環境整備によって、能力発揮と役割の実現である「職務的自尊心」が形成される過程が継続されることで、「職命的自尊心」の形成が実現していることが考えられる。

２）B.職務継続・職場変更意向グループの状況

「B.職務継続・職場変更意向グループ」は、４グループのなかで、「労働条件への不満足感」の「高い」という人の割合が最も多い。個別の項目をみると、「給与・手当の低さ」、「身体的負荷」、「心理的負荷」、「休暇のとりにくさ」の４項目において不満足感が最も高い状況である。「給与・手当の低さ」、「心理的負荷」、「休暇の取りにくさ」については、検定においてもこれらの不満足感が職場を移動して介護職を継続する意向に結びついていることが示されている。

また、「B.職務継続・職場変更グループ」は、「組織マネジメント」における、「リーダーシップ」、「チームワーク」、「権限移譲」の３項目において「高い」という人の割合が最も少なく、職場内のコミュニケーションが悪いことや能力発揮の場面が少ないことが職場を移動する意向の背景にあることが示唆される。

「人材育成」の項目は低くはないが、それが職場継続意向に結びついて

いない結果となっており、その背景には、検定結果が示すように、「職務的自尊心」の形成が進んでいないことが考えられる。つまり、人材育成によって、基礎的な能力を習得させるための支援を行ったとしても、労働条件への不満足感が高く、実際の介護場面において、能力発揮と役割の実現がなされなければ、「職業エートス」の形成は進まないので、職員は、職場を移動して介護職としての「職業エートス」を見出そうとしていることが考えられる。

3）C.職務変更・職場継続意向グループの状況

　「C.職務変更・職場継続意向グループ」は、4グループのなかで、「労働条件への不満足感」の「高い」という人の割合が3番目であり、個別の項目をみると「給与・手当の不満足感」が最も少なかった。検定では、「休暇のとりにくさ」との関連が示されている。

　「組織マネジメント」においても、「高い」という人の割合が3番目であり、個別の項目では、「理念」の「高い」割合が最も多かった。

　「職業エートス」の形成においても、「高い」という人の割合が3番目であるが、「職能的自尊心」の3項目について「高い」という人の割合が多いにもかかわらず、検定では「職命的自尊心」の高さに結びついていない。

　これらの背景として、「C.職務変更・職場継続意向グループ」は、「労働条件への不満足感」が相対的に低いグループであり、「理念」への共鳴があることから、所属組織にとどまりたいとの意向を持っていることがわかる。また、「職能的自尊心」の高さから、介護職としての基礎的な能力の習得はできていると自覚しているが、介護職としての職務では、「休暇のとりにくさ」等があることから、「職命的自尊心」の高さにはつながらないでいる。その結果、介護職としてのキャリアを他職種に換えることで、現職場で継続して働きたいと望んでいることが考えられる。

第Ⅴ章　介護職の職務・職場継続意向と職業エートス・労働条件・職場マネジメント

4）D.職務変更・職場変更意向グループの状況

　D.職務変更・職場変更意向グループは、4グループのなかで、「労働条件への不満足感」の「高い」という人の割合が2番目であり、個別の項目をみると「物理的環境・設備」の不満足感が最も強かった。

　「組織マネジメント」では、「高い」という人の割合が3番目であり、個別の項目をみると、「理念」、「人材育成」の2項目において割合が最も少なかった。

　「職業エートス」の形成においては、「高い」という人の割合が最も低く、個別の項目をみても、「職能的自尊心」、「職務的自尊心」、「職命的自尊心」の3項目すべてについて、「高い」という人の割合が最も少なく、検定でも「職命的自尊心」の形成が進んでいない。

　つまり、「D.職務変更・職場変更意向グループ」は、基礎的な技能の習得がされていない状態で、「労働条件への不満足感」を持ちながら、介護職に従事しているが、「人材育成」等の「組織マネジメント」の支援も不足しているため、「職業エートス」の形成が進まず、組織の「理念」への共鳴もないために、転職意向を持つ状況であることが考えられる。

5）まとめ

　以上、4グループそれぞれの状況から解ることは、「A.職務継続・職場継続グループ」は、「職業エートス」が「職命的自尊心」の段階まで形成されており、その背景には、「労働条件への不満足感」が低く、「組織マネジメント」の支援を受けていることがある。

　一方、「B.職務継続・職場変更意向グループ」は、「労働条件への不満足感」が強く、「リーダーシップ」や「チームワーク」等の職場内のコミュニケーションが支援的でなく、「人材育成」の取り組みを行っていても、「権限移譲」の機能が弱いために、能力を発揮する場面がつくられていない。この結果から解ることは、「職命的自尊心」が形成されるためには、一定の「労働条件」が整備されることに加えて、組織内の良好なコ

189

ミュニケーションに支えられて、能力発揮と役割の実現の場面が継続的に経験されることが必要であるということである。

「C.職務変更・職場継続意向グループ」が示しているのは、基礎的な技能を習得している職員が、「休暇の取りにくさ」等から介護職としての能力を充分に発揮できず、「職命的自尊心」の形成までいたらなかったとしても、一定の「労働条件」が整備され、組織の「理念」への共鳴がある場合には、職種を換えて現職場にとどまろうとすることである。このことは、「休暇のとりやすさ」が改善されれば、介護職として現職場での職務が継続する可能性が広がることでもある。また、介護職が他の保健・福祉職への変更を希望した場合に、そのことをキャリアパスの選択肢のひとつとして職場で受容し、支援していくことができれば、離職を防いだり、新たな資格取得後の職場復帰につなげる可能性があるということでもある。

「D.職務変更・職場変更意向グループ」が示しているのは、「労働条件への不満足感」が強く、「人材育成」の支援も十分でなければ、「職業エートス」の形成は、「職能的自尊心」の段階から進まず、加えて、組織の「理念」への共鳴もなければ、介護職は、現職場にとどまることも介護職を継続することも考えられなくなってしまうということである[1]。

5－2　職業エートスと労働条件の不満足感との関連

「労働条件の不満足感」はすべての項目で、「職命的自尊心」を低下させているものの、「職務的自尊心」についてみてみると、「身体的負担が過重」、「心理的負担が過重」、「休暇のとりにくさ」、「物理的環境・設備の不備」は「職務的自尊心」を低下させているが、「給与・手当が低い」との有意差は認められないという結果であった。

この結果は、過重な介護負担や環境・設備の不備は、介護職が能力を発揮して役割の実現をもたらす機会を損なわせ、その結果として「職命的自尊心」の形成を困難にさせるのに対して、介護職は「給与・手当が

第Ⅴ章　介護職の職務・職場継続意向と職業エートス・労働条件・職場マネジメント

低い」と認知していたとしても、そのことだけでは必ずしも能力発揮と役割の実現である「職務的自尊心」を低下させてはいないことを示している。しかし、介護職としてのミッションを形成するうえでは、給与・手当の低さはわずかではあるが、阻害要因となることを示唆している。

５－３　職業エートスと組織マネジメントの項目ごとの関連

　「職業エートス」と「組織マネジメント」のすべての項目において有意な関連が認められ、特に、「職務的自尊心」は、「組織マネジメント」の各項目との関連が、「職能的自尊心」、「職命的自尊心」のいずれよりも関連が高かったことから、「組織マネジメント」が整備されることは、「職業エートス」の各項目のすべてを高めるが、特に専門的な能力発揮による役割の実現である「職務的自尊心」を高めるうえで重要であることがわかる。

５－４　労働条件の不満足と組織マネジメントの項目ごとの関連

　「休暇のとりにくさ」と「理念・方針」の関連を除いたすべての項目で有意な関連が認められ、このうち、「リーダーシップ」は、「労働条件への不満足感」のすべての項目との有意差が「組織マネジメント」の他の項目と比較して高く、「権限移譲」は、「身体的負担感が過重」、「心理的負担が過重」、「物理的環境・設備の不備」、「チームワーク」は「給与・手当が低い」、「休暇の取りにくさ」との有意な関連が比較的高かった。
　「リーダーシップ」は、現場職員から上司への信頼を形成し、「権限移譲」は現場職員の仕事のコントロールと意欲を高め、「チームワーク」は職員間の連帯を形成する。「労働条件の不満足感」が強くなっていくと、現場の介護職は上司への信頼を失い、「過重な介護負担」と「環境・設備の不備」は、現場職員が自己の権限と裁量で仕事をコントロールするゆとりを奪い、「チームワーク」の形成が困難になる。つまり、「組織マネジメント」を進めても、「労働条件」が未整備のままでは、その効果は表

れなくなってしまう。

このことからも、「労働条件」の整備は、「組織マネジメント」の前提条件であるということができるだろう。

5－5　職業エートスの項目間における関連と形成過程

「職能的自尊心」「職務的自尊心」「職命的自尊心」それぞれに関連が認められた。有意差の値では、第一に「職務的自尊心」と「職命的自尊心」の関連、次いで「職能的自尊心」と「職務的自尊心」との関連、そして「職能的自尊心」と「職命的自尊心」との関連であったことから、専門職としての意識と基礎的技能の習得である「職能的自尊心」の形成が、能力発揮と役割の実現である「職務的自尊心」の形成を促し、「職務的自尊心」を積み重ねて行く過程が「職命的自尊心」の形成に結びついていくつながりが示されていた。

このことから、職業エートスの形成は、介護職を専門職として認知して基礎的な技能を習得することで、能力発揮の基盤が形成され、実際に専門的な能力を発揮して、役割の実現が積み重ねられることで介護職を天職として自覚するプロセスが促進されていくことが分かる。

逆に云うと、現場の職員が介護職を天職として自覚するようになるためには、専門的な能力を発揮して利用者や家族、組織に貢献できる経験の積み重ねが必要であり、能力発揮のためには、介護職を専門職として認知する意識と基礎的な技能の習得が必要である。

施設のマネジメントに求められる視点から考えると、採用段階では、介護職を専門職として認知するための働きかけと基礎的な技能を習得するための支援が求められ、介護職の成長段階や個性に応じて、専門的な能力を発揮して利用者や家族に貢献できる場面づくりを進めて継続的に経験を蓄積していけるように支援していくことが必要である。

なお、「職業エートス」を形成している「職能的自尊心」、「職務的自尊

第Ⅴ章　介護職の職務・職場継続意向と職業エートス・労働条件・職場マネジメント

心」、「職命的自尊心」は、まずはじめに、介護職を専門職として認知するとともに、自らがその基礎的な技能を習得することによって「職能的自尊心」が形成され、続いて、介護職としての専門的な能力を発揮して、利用者や家族、地域社会に貢献することによって「職務的自尊心」が形成される。そして、これらの能力発揮と貢献の経験が継続的に蓄積されることで、介護職を自分にとって大切な職業として認知する「職命的自尊心」がより安定した自己覚知として形成される。

　そのため、介護職の「職業エートス」の形成を職場として支援していくためには、第1に、介護職がその職務を遂行するための基礎的な技能の習得を支援すること、第2に、現実の介護場面で、習得した技能が発揮され、利用者やその家族に対する役割が実現されて、地域社会に貢献する場と状況が創られるように支援することが必要である。

6　まとめと今後の課題

　本研究の目的は、介護職の職務継続や離職意向には「職業エートス」の形成が影響していることを明らかにし、その形成過程を示すとともに、「職業エートス」が職場組織の「労働条件」、「組織マネジメント」によって醸成されること実証的に示すことであった。結論として、以下の3点を示す。

6－1　介護職の職務継続や離職に影響する「職業エートス」の形成

　本研究では、A.職務継続・職場継続意向グループ、B.職務継続・職場変更意向グループ、C.職務変更・職場継続意向グループ、D.職務変更・職場変更意向グループの4つのうち、A.職務継続・職場継続意向グループでは、職能的自尊心、職務的自尊心、職命的自尊心のいずれにおいても、「高い」という人の割合が多く、関連においても、A.職務継続・職場継続意向グループのみが職務的自尊心、職命的自尊心との関連が示さ

れた一方で、D.職務変更・職場変更意向グループでは、職能的自尊心、職務的自尊心、職命的自尊心のいずれにおいても、「高い」という人の割合が少なく、関連においても、職命的自尊心との負の関連が示されたことから、介護職の職務継続や離職意向には「職業エートス」の形成が影響していることが明らかとなった。

6－2　介護職の「職業エートス」形成過程

　介護職の職業エートスは、職能的自尊心、職務的自尊心の形成過程を通して、「呼びかけ」と「応答」の相互関係によって形成された職命的自尊心のことを言う。

　その形成過程は、まずはじめに、介護職を専門職として認知するとともに、「組織マネジメント」の支援で、基礎的な技能が習得されることで、「職能的自尊心」が形成され、続いて、介護職としての専門的な能力を発揮して、利用者や家族、地域社会に貢献することによって「職務的自尊心」が形成される。そして、これらの能力発揮と役割実現の経験が継続的に蓄積されて、「給与・手当」として報いられることで、「職命的自尊心」がより安定した自己覚知として形成される。

6－3　介護職の「職業エートス」の形成と職場の「労働条件」、
##　　　　「組織マネジメント」との関係

　調査結果の分析から、以下の4つのことが実証された。第1に、「労働条件への不満足感」が低く、「組織マネジメント」が整備されれば、「職業エートス」は、「職命的自尊心」の段階まで形成されて、現職場で介護職として職務を継続する意向につながることである。

　第2に、「職命的自尊心」が形成されるためには、一定の「労働条件」が整備されることに加えて、組織内の良好なコミュニケーションに支えられて、能力発揮と役割の実現の場面が継続的に経験されることが必要であり、介護職としての職業アスピレーションを保持しながら、これら

第Ⅴ章　介護職の職務・職場継続意向と職業エートス・労働条件・職場マネジメント

の条件が未整備な場合、介護職は職場を変更して介護職を継続しようとする。

　第3に、一定の「労働条件」が整備され、組織の「理念」への共鳴がある状況で、介護職が基礎的な技能を習得している段階にあるにもかかわらず、介護職としての「職命的自尊心」の形成までいたらない場合には、職種を変えて現職場にとどまろうとするケースもあることである。このことは、介護職が他の保健・福祉職への変更を希望した場合に、そのことをキャリアパスの選択肢のひとつとして職場で受容し、支援していくことができれば、離職を防いだり、新たな資格取得後の職場復帰につなげる可能性があるということでもある。

　第4に、「労働条件」、「組織マネジメント」のいずれも未整備な場合は、「職業エートス」の形成は「職能的自尊心」の段階から進まず、介護職は、現職場にとどまることも介護職を継続することもできず、転職につながってしまうということである。

6－4　今後の課題

　本調査は、離職といっても、既に離職したわけではなく、現に就業している状況での意向である。実際に離職した場合の理由は異なるかもしれない。

　また、調査対象施設はすべて神奈川県内の施設であり、介護職の確保が厳しい都市部である。地方によって、異なる結果となることが考えられる。

　対象者は869名であり、このうちC.職務変更・職場継続希望の介護職は66名である。対象人数をさらに増やすことで異なる結果となることが考えられる。

　以上の点については今後の課題としたい。

　なお、今回のアンケート調査では、選択方式の回答欄の他に、一部自由記述項目を設け、現場の介護職から多くのコメントをいただいた。そ

こで、第Ⅷ章ではこれらのコメントを分析を行い、第Ⅸ章では、実際に協力施設への聞き取り調査を行い、介護施設における「労働条件」、「組織マネジメント」、「職業エートス」の改善・改良のための具体的な取り組みを検討していく。

注

1）本調査では、介護職からの転職希望者117人に対して、希望する職業をきいたところ、サービス職が26人（22.2%）、ケアマネージャーが17人（14.5%）、ソーシャルワーカーが13人（11.1%）、看護師が12（10.3%）、事務職が11（9.4%）、福祉・保健・教育以外の専門技術職が10（8.5%）、運輸・通信が8（6.8%）、教育職が7（6.0%）、営業販売職が7（6.0%）、保育士が6（5.1%）、生産労務が6（5.1%）、理学療法士が5（4.3%）、経営・管理職が4（3.4%）、農林業が3（2.6%）、作業療法士が2（1.7%）、栄養士が1（0.9%）、保安職が1（0.9%）、その他が18（15.4%）であり、全体のうち過半数が福祉・保健・栄養・教育等の介護職に関連する職種であった。

文献

岡本浩一・堀洋元・鎌田晶子・下村英雄（2006）『職業的使命感のマネジメント』新曜社 2〜3

第Ⅵ章　介護職の職業意識と職場意識における職業エートスと職場組織

第Ⅵ章　介護職の職業意識と職場意識における職業エートスと職場組織

1　研究調査の視点と目的

　第Ⅴ章では、「労働条件への不満足感」、職場の「組織マネジメント」、介護職の「職業エートス」の相互の関連について、示すことができたが、この調査では、選択式の回答調査の他に、職務継続・職場継続等にかかわる介護職の職業エートスをはじめとする意識、価値観等をより掘り下げて理解するために、自由記述式の調査を行っていた。質問内容は、「介護職と介護の職場について、日頃感じていることを自由にお書きください」というもので、神奈川県内の特別養護老人ホーム41施設の介護職員471名から介護職と介護の職場に対してどのような意識を持ち、何を思い、何を感じながら働いているのかについて、生の声を拾うことができた。

　そこで、本章では、これらの言語データをテキストマイニングの手法で、いったん数量化し、計量的な方法で分析することで、多数の回答者の言語データにみられるパターンや規則性に着目した。テキストマイニングを用いた理由は、膨大なテキストデータを統一的な視点から分析するためである（村松・三浦2009：1）。テキストマイニングは、定性的なテキストデータをさまざまな計量的方法によって解析し、形式化されていない膨大なテキストデータの中から言葉（キーワード）どうしにみられるパターンや規則性を見つけ、クラスター（集団）をつくり、文脈を構成して、必要な知識・情報を抽出しようとする手法・技術である（藤井・小杉・李 2005:10）。基本的な分析の単位は、語句や単文であり、語句の頻度や単語レベルのネットワーク的な関係が分析の中心になる（佐藤2008：54-58）。本章では、その上で、改めてオリジナルの文脈に戻っ

て、原文を参照しながら介護職の意識、思い、感情を再文脈化し、介護職の語りに内在する職業意識と職場意識を明らかにすることを目的とした。

2　分析方法

　質問内容は、「介護職と介護の職場について、日頃感じていることを自由にお書きください」という自由記述方式であるが、記述内容は、介護職の「職業意識（介護職という職業に対する意識）」と「職場意識（介護の職場に対す意識）」の2項目に分けられるので、分析も2項目に分けて行った。

　収集したテキストデータをテキストマイニングの方法に基づいて分析し、原文を確認しながら考察を行った。分析を行うにあたり、自由記述から得られたテキスト型データから構成要素を抽出するため、記述内容から、句読点、助詞、特殊記号を除いた。

　また、解析対象の構成要素を整理し、分析の見通しを改善するため、同種の語をひとつの語に置換する作業を行った。例えば、「給与」に関しては、「給与」という語の他に同種の語として、「給料」、「報酬」、「お金」、「賃金」があったが、これらの語は、原文を確認しながら、「給与」に置換した。同じく、「肉体」、「体力」は「身体」に、（給与）が「低い」、「少ない」は「安い」に、「入居者」、「入所者」は「利用者」に、「休み」は「休暇」に、「利用者本意」、「利用者中心」、「利用者重視」は「利用者主体」に置換した。なお、データの解析には、テキストマイニング分析システムKH Cooder 2.xを使用した。

第Ⅵ章　介護職の職業意識と職場意識における職業エートスと職場組織

3　結果

3－1　対象者の基本属性
回答者

　471名（54.2%）であった。そのうち、介護職についての回答者が328名（37.7%）、職場についての回答者が290名（33.4%）であった。

性別

　男性が184人（39.1%）、女性が287人（60.9%）であった。

年齢構成

　20歳未満が4人（0.8%）、20歳〜24歳が79人（16.8%）、25歳〜29歳が107人（22.7%）、30歳〜34歳が77人（16.3%）、35歳〜39歳が63人（13.4%）、40歳〜44歳が37人（7.9%）、45歳〜49歳が37人（7.9%）、50歳〜54歳が28人（5.9%）、55歳〜59歳が21人（4.5%）、60歳〜64歳が15人（3.2%）であった。

3－2　介護職の職業意識と職業エートス
　介護職の職業意識と職場意識のうち、職業意識、つまり、介護職員が介護職についてどのような意識を持っているのか、それをテキストマイニングの方法を用いて分析した結果について述べる。

　回答全体の異なる単語の数を示す異なり語数（w）は874、ひとつの単語の出現平均回数は4.55、出現回数の標準偏差は15.58であった。

　対象者328名のうち、最も出現頻度が高かった語は「介護」（290）であり、「仕事（230」、「利用（137」」、「自分（71」」、「給与（70）」と続いた。頻度16以上の語は表1の通りである。

199

介護職の働きがいと職場の組織マネジメント

表1　介護職の職業意識にかかわる構成要素とサンプル度数

介護	290	身体	39	施設	25	家族	21	低い	19
仕事	230	必要	39	大きい	24	楽しい	21	気持ち	17
利用	137	生活	37	難しい	24	好き	21	資格	17
自分	71	良い	37	職場	23	笑顔	20	職種	17
給与	70	大変	34	辛い	23	責任	20	人生	17
多い	63	精神	32	福祉	23	知識	20	ストレス	16
職員	56	大切	32	技術	22	負担	20	経験	16
職業	44	関係	29	人間	22	勉強	20	重要	16
社会	41	現場	26	対応	22	安い	19		

　次に、16以上出現した語を抽出してクラスター分析を行った結果、7つのクラスターに分類された。各クラスターの原文を確認し、それぞれの記述内容に対応して、次のように分類した。クラスター1：「大きな身体的・精神的負担」、クラスター2：「個別的で多様化・重度化したニーズと不十分な職員体勢」、クラスター3：「人間の人生に関わる魅力とストレス」、クラスター4：「自己成長の楽しさと生活不安」、クラスター5：「責任・技術・資格と利用者の笑顔」、クラスター6：「知識・技術と気配り・愛情」、クラスター7：「職務内容に見合わない低い社会的・経済的評価」。

第Ⅵ章　介護職の職業意識と職場意識における職業エートスと職場組織

図1　構成クラスター7つのデンドログラム

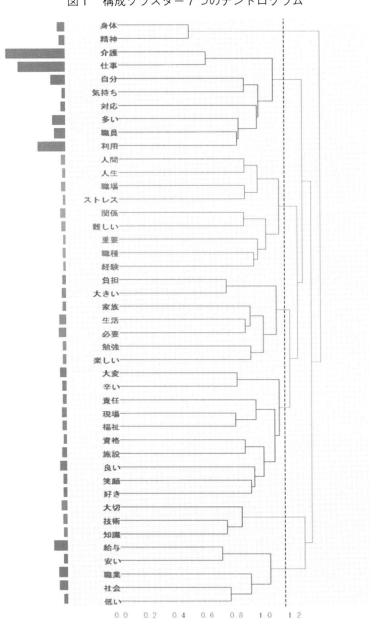

介護職の働きがいと職場の組織マネジメント

図2　構成要素クラスターの共起ネットワーク

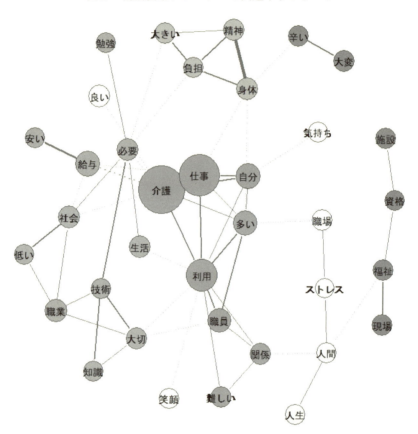

※1　強い共起関係ほど太い線で描画　※2　出現数の多い語ほど大きい円で描画

　クラスター1は、デンドログラムと共起ネットワークの構成から、「大きな身体的・精神的負担」と名付けた。
　「精神」と「身体」のつながりがある原文を確認すると、その内容は大きく分けて、①身体的・精神的負担が大きい、②身体的・精神的負担が大きい割には、社会的に評価されていない。③身体的・精神的負担が大きいが社会的に重要な仕事であり、やりがいがある、の3つに分類された。

第Ⅵ章　介護職の職業意識と職場意識における職業エートスと職場組織

　このことから、「（介護職は）社会的に重要な仕事であり、やりがいも
あるが、身体的・精神的負担が大きく、社会的にも認められていない」
という意識を持っていることが伺える。
　クラスター２は、「個別的で多様化・重度化したニーズに対応しきれな
い不十分な職員体勢」と名付けた。
　「介護」、「仕事」、「自分」、「気持ち」、「対応」、「多い」、「職員」、「利
用」のつながりがある原文では、介護の仕事は、①自分なら、自分の親
だったらという気持ちと向かい合いながら利用者と向かい合う、②利用
者のニーズは多様化・重度化しているが、より個別的な対応が求められ
る、③利用者や家族の生活に入り込む仕事だが、職員体勢が不十分であ
り、関係づくりの難しさがある、④職員の欠勤や日常業務が多く、利用
者が後回しになっている、の４つに分類された。
　このことから、「介護の仕事では、利用者のニーズは多様化・重度化し
ており、利用者や家族の生活に入り込んで、より個別的な対応が求めら
れている。自分なら、自分の親だったらという気持ちで利用者と向かい
合っているが、職員体勢が不十分であり、難しさがある」という意識を
持っていることが伺える。
　クラスター３は、「人間の人生に関わる魅力とストレス」と名付けた。
「人間」、「人生」、「職場」、「ストレス」、「関係」、「難しい」、「重要」、「職
種」、「経験」のつながりのある原文を確認すると、①人間の人生の最後
の期間に寄り添うことができる素敵な職業、②人の人生に関わる責任や
ストレスがある、③人間関係の難しさがある、④教育・訓練や経験が求
められる重要な職種である、の４つに分類された。
　このことから、「介護職は、人生の最後の期間に寄り添うことができる
素敵な職業であるが、人の人生に関わる責任やストレス、人間関係の難
しさがあるため、教育・訓練や経験が求められる重要な職種である」と
いう意識を持っていることが伺える。
　クラスター４は、「自己成長の楽しさと生活不安」と名付けた。

203

「負担」、「大きい」、「家族」、「生活」、「必要」、「勉強」、「楽しい」のつながりがある原文を確認すると、①人間相手の仕事で、利用者主体のもと行う介護には負担が大きい、②仕事にやりがいはあるが、給与が安く家族を養うことができるか不安である、③難しい問題もあるがその都度発見や勉強によって、自分が成長できる楽しさとやりがいがある、の3つに分類された。

　このことから、介護職は、「負担は大きくても、その都度、勉強して自分が成長できる楽しさとやりがいがる。しかし、給与が安く、家族が生活していくために必要な保障があるのか不安である」という意識を持っていることが伺える。

　クラスター5は、「責任・技術・資格と利用者の笑顔」と名付けた。

　「大変」、「辛い」、「責任」、「現場」、「資格」、「施設」、「良い」、「笑顔」、「好き」のつながりがある原文を確認すると、①介護の大変さは利用者の生きる喜びに触れたときに乗り越えられる、②責任が伴う仕事で、技術・教育が必要だが、社会的・経済的に評価することも必要、③介護福祉士の資格をもっと評価して欲しい、④利用者の笑顔が見られるのが好きで良い仕事だと思うの4つに分類された。

　このことから、「介護の仕事は大変で辛いこもあるが、利用者の笑顔が見られる良い仕事である。一方、責任が伴う仕事で、技術や教育・資格も必要である。もっと社会的・経済的に評価するべきだ」という意識を持っていることが分かる。

　クラスター6は、「知識・技術と気配り・愛情」と名付けた。

　「大切」、「技術」、「知識」のつながりがある原文を確認すると、①知識・技術が必要だが、仕事にやりがいを持って取り組むことも重要、②知識・技術が求められるが、気配りや愛情も大切、の2つに分類された。

　このことから、介護職には「知識・技術が必要だが、気配や愛情、そして仕事にやりがいを持って取り組むことが大切である」という意識を持っていることが分かる。

第Ⅵ章　介護職の職業意識と職場意識における職業エートスと職場組織

　クラスター7は、「職務内容に見合わない低い社会的・経済的評価」と
名付けた。

　「給与」、「安い」、「職業」、「社会」、「低い」のつながりがある原文を確
認すると、①仕事の内容に対して給与が安い、②社会的に重要な職業な
のにイメージがよくない、③専門職なのに社会的評価が低い、の3つに
分類された。

　このことから、介護職は、「社会的に重要な専門職なのにイメージが良
くないうえ、社会的評価も低い、また仕事の内容に対して給与が安い」
という意識を持っていることが分かる。

　次に、各クラスターからキーワードを抽出し、改めてカテゴリー分け
を行った。

205

介護職の働きがいと職場の組織マネジメント

表2　各クラスターの文脈・キーワード・カテゴリー

クラスター	文脈	キーワード	カテゴリー
1	社会的に重要な仕事であり、やりがいもあるが、身体的・精神的負担が大きく、社会的にも認められていない	社会的に重要な仕事 やりがい 身体的・精神的負担	職業エートス 職業エートス 職務負担
2	介護の仕事では、利用者のニーズは多様化・重度化しており、利用者や家族の生活に入り込んで、より個別的な対応が求められている。自分なら、自分の親だったらという気持ちで利用者と向かい合っているが、職員体勢が不十分であり、難しさがある	ニーズの多様化・重度化 個別対応 職員体勢が不十分	職務負担 専門性 職務負担
3	介護職は、人生の最後の期間に寄り添うことができる素敵な職業であるが、人の人生に関わる責任やストレス、人間関係の難しさがあり、教育・訓練や経験が求められる重要な職種である	人生の最後に寄り添う素敵な仕事 人に人生に関わるストレス 人間関係の難しさ 教育・訓練・経験	職業エートス 職務負担 職務負担 専門性
4	負担は大きくても、その都度、勉強して自分が成長できる楽しさとやりがいがある。しかし、給与が安く、家族が生活していくために必要な保障があるのか不安である	自分が成長できる楽しさ やりがい 給与安い 家族を養えるか不安	職業エートス 職業エートス 労働条件 労働条件
5	介護の仕事は大変で辛いこともあるが、利用者の笑顔が見られる良い仕事である。一方、責任が伴う仕事で、技術や教育・資格も必要である。もっと社会的・経済的に評価するべきだ	大変、辛い 利用者の笑顔 教育・技術・知識の重要性	職務負担 職業エートス 専門性
6	知識・技術が必要だが、気配や愛情、そして仕事にやりがいを持って取り組むことが大切である	知識・技術 やりがい 気配り、愛情	専門性 職業エートス 専門性
7	社会的に重要な専門職なのにイメージが良くないうえ、社会的評価も低い、また仕事の内容に対して給与が安い	重要な専門職 低い社会的地位 安い給与	職業エートス 社会的評価 労働条件

第Ⅵ章　介護職の職業意識と職場意識における職業エートスと職場組織

　その結果、7つのクラスターの記述内容を、「職業エートス」、「専門性」、「職務負担」、「社会的評価」という4つのカテゴリーに分けることができた。

　さらに、この4つのカテゴリーに従って、キーワードを集めると表3の内容で整理することができた。

表3　各クラスターから取り出されたキーワードと新たなカテゴリー

キーワード	カテゴリー
社会的に重要な仕事 やりがい 人生の最後に寄り添う素敵な仕事 自分が成長できる楽しさ 利用者の笑顔	職業エートス
ニーズの多様化・重度化 個別対応	専門性
精神的負担・身体的負担 職員体勢が不十分 人の人生に関わるストレス 人間関係の難しさ 大変、辛い	職務負担
低い社会的地位	社会的評価
安い給与 家族を養えるか不安	労働条件

　以上の作業を経て、介護職が持っている職業意識を次にように再文脈化した。

介護職は、社会的に重要な仕事であり、人間の人生の最後に寄り添い、利用者の笑顔に接することができる素敵な職業である。自分が成長できる楽しさ、やりがいがある職業である。

　しかし、介護職は、現在、職員体勢が不十分であるため、利用者のニーズに応えられていない状況がある。さらに、人の人生に関わるストレス、人間関係の難しさからくるストレスがあり、身体的・精神的負担がある。

　大変で辛い割に、職業としての社会的地位は低く、給与の安さや家族を養っていくうえでの不安がある。

　しかし、本来、介護職とは、多様化・重度化している利用者に個別的な対応していくために、知識や技術が必要な職業であり、教育・訓練や経験の積み重ねが求められ、さらに、気配りや愛情も必要な職業である。もっと、社会的・経済的に評価されるべきである。

3－3　介護職の職場意識

　次に、介護職の職業意識と職場意識のうち、職場意識の結果について述べる。

　回答の異なり語数（w）は820、出現平均回数は4.15、出現回数の標準偏差は11.25であった。

　対象者290名のうち、最も出現頻度が高かった語は、「介護」（167）であり、「給与」（123）、「人」（110）、「職員」（89）、「仕事」（85）と続いた。

　頻度16以上の語は表1の通りである。

第Ⅵ章　介護職の職業意識と職場意識における職業エートスと職場組織

表4　介護職の職場意識にかかわる構成要素とサンプル度数

介護	167	職場	65	自分	29	環境	21	ストレス	16
給与	123	安い	53	社会	29	業務	21	研修	16
人	110	現場	52	人材	26	大変	20	高い	16
職員	89	利用	49	不足	26	現状	19	大切	16
仕事	85	必要	39	上司	25	人間	18		
多い	73	休暇	35	資格	23	生活	18		
施設	66	良い	35	少ない	22	ケア	17		

　次に、16以上出現した語を抽出してクラスター分析を行った結果、6つのクラスターに分類された。各クラスターの原文を確認し、それぞれの記述内容に対応して、次のように分類した。クラスター1：「給与の安さ」、クラスター2：「施設整備の必要性と社会的認知」、クラスター3：「資格・研修と人材不足」、クラスター4：「ヴィジョンの共有と職員関係のよさ」、クラスター5：「現場の大変さと生活」、クラスター6：「少ない休暇とストレス」。

介護職の働きがいと職場の組織マネジメント

図3 構成クラスター7つのデンドログラム

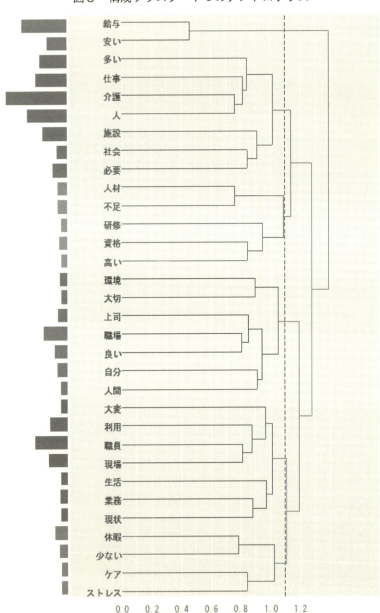

第Ⅵ章　介護職の職業意識と職場意識における職業エートスと職場組織

図4　構成要素クラスターの共起ネットワーク

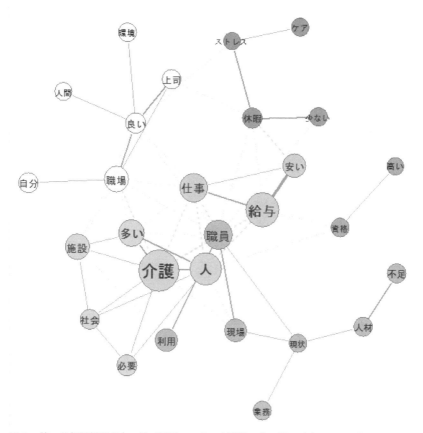

※1　強い共起関係ほど太い線で描画　※2　出現数の多い語ほど大きい円で描画

　クラスター1は、デンドログラムと共起ネットワークの構成から、「給与の安さ」と名付けた。
　「給与」と「安い」のつながりのある原文を確認すると、その内容は大きく分けて①給与が安く、家族を養っていけない、②仕事の大変さ、現場の厳しさの割に給与が安い、③やりがいはあるが給与は安い、の3つに分類された。

211

このことから、（介護職は職場に対して）「やりがいはあるが、仕事の大変さ、現場の厳しさの割に給与が安い」という意識を持っていることが伺える。

　クラスター2は、「施設整備とやりがいのある職場作りの必要性」と名付けた。
　「多い」、「仕事」、「介護」、「人」、「施設」、「社会」、「必要」のつながりのある原文では、①介護は、個別的なケアが多い仕事だ、②介護は誰にでもできる仕事ではない、もっと介護の必要性を広く知ってもらうことが必要だ、③施設や介護人材の必要性が高まっているが不足している。介護の必要性に対する社会の認知、やりがいのある職場環境づくりが必要だ、の3つに分類された。
　このことから、（介護職は職場に対して）「介護の仕事は、利用者への個別的なケアが必要とされる仕事だが、人が足りなく、施設も不足している。介護の必要性をもっと広く社会に伝え、やりがいのある職場環境をつくることが必要だ」という意識を持っていることが伺える。

　クラスター3は、「人材不足による職員の質と職場維持の困難性」と名付けた。
　「人材」、「不足」、「研修」、「資格」、「高い」のつながりがある原文では、①人材不足でも現場は頑張っているが、このままでは職員と職場を維持していくことは難しい、②資格を評価し、研修は全員に実施することが必要だが、時間に追われ難しい、③無資格者でも介護職として働くことができ、資格があっても評価されない、④介護には、高い社会的ニーズとそれに応える専門性が必要である、の4つに分類された。
　このことから、（介護職は職場に対して）「介護には高い社会的ニーズがあり、それに応える専門性や研修が必要だが、人材不足で資格が評価されず、職員の質と職場を維持することが難しい」という意識を持って

第Ⅵ章　介護職の職業意識と職場意識における職業エートスと職場組織

いることが伺える。

　クラスター4は、「ヴィジョンの共有と職員関係のよさ」と名付けた。
「環境」、「大切」、「上司」、「職場」、「良い」、「自分」、「人間」のつなが
りのある原文では、①ゆとりある職場環境が大切、②上司によって職場
環境は変わる、③上司と部下の関係が職場環境の善し悪しを決める、④
良い職場はビジョンが共有され職員関係が良い、の4つに分類された。
　このことから、(介護職は職場に対して)「良い職場環境では、ヴィジ
ョンが共有され、ゆとりがあり、職員の関係がいい」という意識を持っ
ていることが伺える。

　クラスター5は、「現場の大変さと生活」と名付けた。
「大変」、「利用」、「職員」、「現場」、「生活」、「業務」、「現状」のつなが
りがある原文では、①ターミナルケアや一度にたくさんの利用者を見な
ければならない職員・現場の大変さを知って欲しい、②現場の職員の大
変さに耳を傾けて欲しい、③給与が安く、生活できない現状、④業務が
円滑にまわれば可とすべき現状、の4つに分類された。
　このことから、(介護職は職場に対して)「業務が円滑にまわれば可と
すべき現状なのに、ターミナルケアや一度にたくさんの利用者を見なけ
ればならない現場である。しかも、給与が安く、生活できない職員の大
変さを知って欲しい」という意識を持っていることが伺える。

　クラスター6は、「少ない休暇とストレス」と名付けた。
「休暇」、「少ない」、「ケア」、「ストレス」のつながりがある原文を確認
すると、①少ない休暇、②ストレスがたまる、の2つに分類された。
　このことから、(介護職は職場に対して)「心身ともに疲れてストレス
がたまる仕事なのに休暇が少ない」という意識を持っていることが伺え
る。

213

次に、各クラスターからキーワードを抽出し、改めてカテゴリー分け
を行った。

表5　各クラスターの文脈・キーワード・カテゴリー

クラスター	文脈	キーワード	カテゴリー
1	やりがいはあるが、仕事の大変さ、現場の厳しさの割に給与が安い	やりがい 仕事の大変さ 現場の厳しさ 給与が安い	職業エートス 職務負担 職務負担 労働条件
2	介護の仕事は、利用者への個別的なケアが必要とされる仕事だが、人が足りなく、施設も不足している。介護の必要性をもっと広く社会に伝え、やりがいのある職場環境をつくることが必要だ	個別ケア 人手不足 介護の必要性を社会に やりがいのある職場環境	専門性 職務負担 社会的評価 職業エートス
3	介護には高い社会的ニーズがあり、それに応える専門性や研修が必要だが、人材不足で資格が評価されず、職員の質と職場を維持することが難しい	高い社会的ニーズ 専門性と研修 人材不足 資格の評価 職員の質と職場維持	社会的評価 専門性 職務負担 社会的評価 困難な現状
4	良い職場環境では、ヴィジョンが共有され、ゆとりがあり、職員の関係がいい	ビジョンの共有 ゆとり 良い職員関係	職場環境 職場環境 職場環境
5	業務が円滑にまわれば可とすべき現状なのに、ターミナルケアや一度にたくさんの利用者を見なければならない現場である。しかも、給与が安く、生活できない職員の大変さを知って欲しい	業務が回れば可とすべき現状 ターミナルケア たくさんの利用者 給与が安く生活できない	職務負担 専門性 職務負担 労働条件
6	心身ともに疲れてストレスがたまる仕事なのに休暇が少ない	心身ともにストレスたまる 休暇がない	職務負担 職務負担

　その結果、７つのクラスターの記述内容を、「専門性」、「職業エート
ス」、「職務負担」、「労働条件」、「社会的評価」、「維持が困難な現状」、

第Ⅵ章　介護職の職業意識と職場意識における職業エートスと職場組織

「職場環境」という７つのカテゴリーに分けることができた。
　さらに、この５つのカテゴリーに従って、キーワードをまとめると表
６の内容で整理することができた。

表６　各クラスターから取り出されたキーワードと新たなカテゴリー

キーワード	カテゴリー
やりがい やりがいのある職場環境	職業エートスを生み出す環境
高い社会的ニーズ 個別ケア 専門性と研修 ターミナルケア	専門性
仕事の大変さ 現場の厳しさ 人手不足 人材不足 たくさんの利用者 心身のストレス	職務負担
職員の質と現状維持が困難 業務が回れば可とすべき現状	維持が困難な現状
給与が安い 給与が安く生活できない 休暇が少ない	労働条件
介護の必要性を社会に 資格の評価	社会的評価
ビジョンの共有 ゆとり 良い職員関係	職場環境

215

以上の作業を経て、介護職が持っている職場意識を次のように再文脈化した。

> 介護の現場は、人材不足であり、職員の質と現状維持が困難で、業務が回れば可とすべき現状がある。仕事の大変さ、現場の厳しさからくる心身のストレスがあるわりには、給与が安く休暇が少ない状況がある。
>
> しかし、現実にそこでは、個別ケアが求められており、職務内容にはターミナルケア等、専門性が高く、研修が必要となるものも含まれている。
>
> 介護の職場は、高い社会的ニーズに応える職場である。今後は、その必要性を広く社会に浸透させて、介護福祉士等の資格に対しても社会的評価を高め、やりがいのある職場環境をつくることが必要だ。
>
> 良い職場環境としては、ビジョンが共有され、職員関係が良く、ゆとりがある職場があげられる。

4　考察

テキストマイニングによるテキストデータの解析によって明らかになった介護職の職業意識は、「大きな身体的・精神的負担」、「個別的で多様化・重度化したニーズに対応しきれない不十分な職員体勢」、「人間の人生に関わる魅力とストレス」、「自己成長の楽しさと生活不安」、「責任・技術・資格と利用者の笑顔」、「知識・技術と気配り・愛情」、「職務内容に見合わない低い社会的・経済的評価」、の7つであった。

そして、これらの7つのクラスターは、①職業エートス、②専門性、③職務負担、④社会的評価、⑤労働条件の5つに分類することができた。

要約して再文脈化すると、介護職は、介護職は、社会的に重要な仕事

第Ⅵ章　介護職の職業意識と職場意識における職業エートスと職場組織

であり、人間の人生の最後に寄り添い、利用者の笑顔に接することができる素敵な職業である。自分が成長できる楽しさ、やりがいがある職業である。しかし、介護職は、現在、職員体勢が不十分であるため、利用者のニーズに応えられていない状況がある。さらに、人の人生に関わるストレス、人間関係の難しさからくるストレスがあり、身体的・精神的負担がある。大変で辛い割に、職業としての社会的地位は低く、給与の安さや家族を養っていくうえでの不安がある。しかし、本来、介護職とは、多様化・重度化している利用者に個別的な対応していくために、知識や技術が必要な職業であり、教育・訓練や経験の積み重ねが求められ、さらに、気配りや愛情も必要な職業である。今後はもっと、社会的・経済的に評価されるべきである、と表すことができるだろう。

　また、介護職の職場意識は、①「給与の安さ」、②「施設整備とやりがいのある職場作りの必要性」、③「人材不足による職員の質と職場維持の困難性」、④「ヴィジョンの共有と職員関係のよさ」、⑤「現場の大変さと生活」、⑥「少ない休暇とストレス」の６つであった。

　これらのクラスターは、①職業エートス、②専門性、③職務負担、④維持が困難な現状、⑤労働条件、⑥社会的評価、⑦職場環境の７つに分類することができた。

　要約して再文脈化すると、介護の現場は、人材不足であり、職員の質と現状維持が困難で業務が回れば可とすべき状況がある。仕事の大変さ、現場の厳しさからくる心身のストレスがあるわりには、給与が安く休暇が少ない状況がある。しかし、現実にそこでは、個別ケアが求められており、職務内容にはターミナルケア等、専門性が高く、研修が必要となるものも含まれている。介護の職場は、高い社会的ニーズに応える職場である。今後は、その必要性を広く社会に浸透させて、介護福祉士等の資格に対しても社会的評価を高め、やりがいのある職場環境をつくることが必要だ、と表すことができるだろう。

　さらに、職場環境に対する意識では、「ビジョンの共有」や「良い職員

関係」、「ゆとり」といった職場の組織マネジメントにかかわる環境整備が重要であることも示唆されている。

これまで、介護職の待遇や社会的地位の向上にかかわる議論では、どうしても労働条件の悪さに関心が向けられ、その改善がなかなかなされないといった論調での議論がなされる傾向があった。実際、今回の調査においても、図5に示すように、現場の介護職は、職務への報酬としての給与や職務負担の軽減、休暇取得にかかわる労働条件の改善を求めていたが、それだけでなく、介護の高い社会的ニーズに専門性を発揮して、やりがいを見いだせる職場環境も求めていることが伺える。具体的には、組織の社会的目的である「ビジョン」を職員に示すこと、リーダーシップやチームワークの基礎となる「良い人間関係」を形成していくこと、「業務が回れば可とすべき現状」から個別ケアやターミナルケアといって専門性に基づいたケアを提供していくために、教育・訓練・研修によって人材が育ち、職場環境に「ゆとり」が生まれることの必要性が示されていた。

また、労働条件に関する訴えは、職場のみに向けられているのではなく、「介護の必要性をもっと広く社会に」、「もっと社会的・経済的に評価すべき」とあるように職場の外側にある社会全体にも向けられていることが示唆されていた。

これらの結果から、介護職の職業意識と職場意識においても、適切な「労働条件」は職場組織だけでなく、介護の必要性が広く社会全体に浸透して共有されて、介護職への社会的評価に反映され、「組織マネジメント」を含めた職場環境が整備されること、そして、専門性が発揮されて高い社会的ニーズに応えることによって、職業エートスが形成されるということができるだろう。

第Ⅵ章　介護職の職業意識と職場意識における職業エートスと職場組織

図5　介護職の職業意識と職場意識の構造図

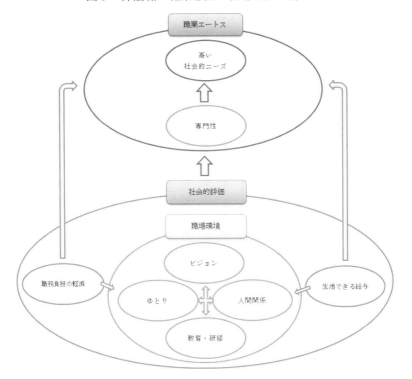

引用文献

藤井 美和、李 政元、小杉 考司（2005）『福祉・心理・看護のテキストマイニング入門』中央法規出版　10

松村 真宏、三浦 麻子（2014）『人文・社会科学のためのテキストマイニング』誠信書房　1

佐藤郁哉（2008）『質的データ分析法』新曜社　54-58

第Ⅶ章　面接調査による介護職の職業エートスと職場組織に関する分析

第Ⅶ章　面接調査による介護職の職業エートスと職場組織に関する分析

1　研究調査の視点と目的

　第Ⅴ章では、神奈川県の特別養護老人ホーム４１施設における、介護職の職務継続・離職意向と関連要因に関する質問調査の分析を行い、第Ⅵ章では、同調査の自由回答に関する分析・考察を行った。

　その後、筆者は、調査対象となった４１施設のうち、相対的に「労働条件への不満足感」が低く、職場の「組織マネジメント」への満足度と介護職の「職業エートス」が高かった上位５施設に職場の労働条件・組織マネジメントおよび介護職の職業エートスを高めていくための条件を抽出するための面接調査を依頼する計画を立てた。しかし、そのうちの１施設は、筆者が過去に所属して約１５年間勤務した法人が経営する施設であり、面接や分析における客観性を担保することが難しいと判断されたため、調査対象施設とすることを避け、その他の上位５施設に調査依頼をした。結果的に、５施設すべてから承諾が得られ、2011年4月から9月にかけて、施設長をはじめとする管理職と現場の介護職を対象とした面接調査を行った。施設への訪問回数、面接時間は施設の事情に配慮して行ったため、全施設が同じではなく、訪問回数は１回から３回、面接時間は施設長・管理職が1時間から3時間、介護職は30分から1時間程度であった。

　本章では５施設全体の分析・考察を行い、介護職場の労働条件、組織マネジメントを整えていくための条件、介護職の職業エートスを高めていくための条件を検討していく。

第Ⅶ章　面接調査による介護職の職業エートスと職場組織に関する分析

2　研究方法

2－1　調査対象施設と対象者

施設	種別	設立年	定員	職員数　正・非(計)	対象者
T施設	特養	2005年	100人	正40・非8（48）	施設長1名、介護職4名
K施設	特養	1988年	100人	正39・非15（54）	施設長1名、介護職4名
F施設	特養	1992年	54人	正25・非19（44）	施設長1名、介護職4名
M施設	特養	1983年	70人	正15・非12（27）	施設長1名、介護職4名
S施設	特養	1984年	100人	正42・非23（65）	施設長1名、副施設長1名、介護職5名、栄養士3名

　以下の5施設を調査対象施設とした。

　社会福祉法人　T施設

　社会福祉法人　K施設

　社会福祉法人　F施設

　社会福祉法人　M施設

　社会福祉法人　S施設

　対象者は、T、K、F、M施設は施設長1名、介護職4名であり、個別に面接を行った。S施設は、施設長1名、副施設長1名、介護職5名、栄養士3名が揃った状態で面接を行った。5施設を合わせた面接者の合計数は30名である。対象者を施設長等の管理者と介護職にしたのは、職場の労働条件・組織マネジメントおよび介護職の職業エートスを高めていくための条件を抽出するにあたって、管理・運営する側からの工夫と現場の介護職が受け止めている効果、介護職員自身の思いや経験を基に理解をより深めるためである。

221

２－２　調査方法と倫理的配慮

　調査方法は、基本的には、実施済みの介護職の職務継続・離職意向と関連要因に関するアンケート調査の項目に沿った構造的な面接調査であるが、被面接者の語りに沿って自由な発言も妨げることはしなかったため、結果的に、半構造化面接も取り入れている。なお、調査への参加は自由意思による参加とし、拒否しても不利益を被らないことを伝えた。また、内容については、プライバシー保護の観点から、匿名性の保持を徹底するとともに、個人情報の観点から研究以外の目的で情報を利用しないことを調査依頼の際に明示した。

２－３　分析方法

　大きく分けて、３つの段階に分けて分析を行っている。

　第１段階は各施設毎の分析である。５施設の中から１施設毎に、施設長の面接内容、４名の介護職員の面接、まとめを行った。組織マネジメント、労働条件、職業エートスの項目毎に、語られた内容のカテゴリー分けを行いながら分析した。この際、４名の介護職員の面接については、区分ごとに表記し、要点を把握しやすいようにキーワードを記載した。その上で、施設毎に組織マネジメント、労働条件、職業エートスのまとめを行った。

　第２段階は、５施設全体の分析・考察である。最初に、労働条件を整えるための取り組み、次に、組織マネジメントを整えるための取り組み、続いて、職業エートスを高めるための取り組みをまとめている。表記方法としては、まず、介護職の語りについて、状況を把握しやすくするために、項目毎に一覧表を使って表記している。一覧表に続いて、分析・考察を行っているが、この分析・考察は、施設長や管理者からの面接調査内容をも反映させている。この施設長や管理者からの面接調査内容は、記載内容が多いため巻末資料に記載されている。

　最後に、これらの分析作業のまとめとして、介護施設の労働条件・組

第Ⅶ章　面接調査による介護職の職業エートスと職場組織に関する分析

織マネジメントを整え、職業エートスを高めるための条件を提示した。

3　調査施設全体の分析・考察

　本節では、5施設の内容を整理し、職場の労働条件・組織マネジメントを整えていくための条件、介護職の職業エートスを高めていくための条件を提示していく。

　ここでは、介護職の面接内容を項目毎にサブカテゴリーをつくって、一覧表にまとめて表示し、一覧表に続く内容の分析・考察では、巻末資料に記載されている施設長・管理者からの説明も含めた分析・考察を行う。

3－1　労働条件を整えるための取り組み

表1　介護職の語りによる労働条件の構成要素

カテゴリー	サブカテゴリー	No	コード
賃金	不満要因とならない賃金	1	前職に比べれば安い
		2	世間一般に比べれば安い
		3	結婚して子どもができるとやめざるを得ない現実
		4	やりがいだけでは食べていけない
	給与・手当・福利厚生の充実	5	給与・手当・福利厚生がしっかりしている
		6	結婚して子育てをして家を買うことができて人並みの暮らし
		7	資格を取れば一生続けられる仕事
		8	世間一般に言われているほど気にしたことはない
		9	給与が安いと感じたことはない
		10	前職よりいい給与
		11	他施設より恵まれた給与
	同一労働・同一賃金	12	非常勤も常勤と同じ比率のボーナス
	経営への参加	13	開きベッドをつくらない
		14	職員の給与還元のために働く施設長
		15	職員の頑張りを給与に反映
		16	みんなが経営者だというコスト意識

223

介護職の働きがいと職場の組織マネジメント

心身負荷	ストレス	17	精神的負担感が大きい
		18	利用者の重度化、業務が多忙、不規則勤務のストレス
		19	責任の重さがストレスになる
		20	将来的には体力的な不安があるのでケアマネの資格をとりたい
	教育的サポート	21	丁寧に教えてくれる先輩がいることで心理的な負担感が軽減
休暇	ワークライフバランス	22	体調管理や慶弔休暇に施設長の配慮
		23	家事や子どもと過ごすことができる時間がある
		24	勤務と休みのメリハリがつけば長く勤務できる
	仲間のサポート	25	利用者がいて仲間に支えられ、休みが少ないと感じたことはない
	休めないストレス	26	定時であがることが難しい日が続くとストレス溜まる
設備環境	短時間勤務と保育園	27	短時間勤務制で、通常の時間で保育園の送迎ができる
		28	併設保育園があるので、安心して働き続けられる
		29	近い将来保育園を設置されると働き続けられる職員が増える

１）賃金

①不安要素とならない賃金

　調査施設においては、給与や手当について、「前職に比べれば低い」(1)、「世間一般よりは安い」(2)、「結婚して子どもができたら辞めざるを得ない現実」(3)、「やりがいだけでは食べていけない」(4) といった声がきかれた。しかし、これらの発言の前後の文脈を確かめると、「前職に比べれば低い」(1) では、「仕事の内容は事務職もそれなりに大変だった。一方、介護には事務職の時には感じなられなかった充実感がある」(K施設B)、「世間一般よりは安い」(2) では「それを補う以上のボーナスをいただいている」(T施設) と続いており、「結婚して子どもができたら辞めざるを得ない現実」(3) (T施設B)、「やりがいだけでは食べていけない」(4) (T施設B) は他の施設を退職した友人の話として語っている。

　このことから、調査施設において、賃金は大きな不満要素とはなっていない状況であった。

第Ⅶ章　面接調査による介護職の職業エートスと職場組織に関する分析

②給与・手当・福利厚生の充実

　一方で、「給与・手当・福利厚生はしかりしている」(5)、「結婚して子育てをして家を買うことができて人並みの暮らし」(6)、「資格を取れば一生続けられる仕事」(7)、「世間一般に言われているほど気にしたことはない」(8)、「給与が安いと感じたことはない」(9)、「前職よりいい給与」(10)、「他施設より恵まれた給与」(11) といった声もきかれた。

　その背景には、今回、インタビューを行った施設では、給与等の労働条件の改善に関して、具体的な対応を行っている事実があった。

③同一労働・同一賃金

　S施設は場合は、非常勤職員にも正規職員と同率の賞与を支給しており (12)、これにより、職員全体の給与水準は介護施設として標準的だが、同じ労働に対して差別のない報酬で報いる公正な職場環境をつくっていた。

④経営への参加

　また、T施設の場合は、日頃から職員に対して、経営への参加意識とコスト意識を高めるための働きかけ (13〜16) を行うことで、賞与を5.2ヶ月分支給することができていた。給与・手当については、その決定プロセスに職員が参加することが、職員の納得感につながっていることが分かった。

2）心身の負荷

①ストレスの軽減

　心身の負荷については、「精神的負担が大きい」(17)、「利用者の重度化、業務が多忙、不規則勤務のストレス」(18)、「責任の重さがストレスになる」(19) といった声がきかれた。

　介護業務の負荷を軽減するための方策のひとつは、職員配置を手厚くして1人あたりの介護負荷を軽減することであるが、実際に負荷の軽減を積極的に行っている施設もあった。S施設では、利用者100人の定員に

対して、正規の介護職が42名、非正規職員が23名配置されており、単純計算で利用者に対する介護職員の割合が1.5：1人であった。これにより、業務に追われている職員がいると、他の職員が応援し、体調を崩している職員がいると他の職員が補うという当たり前だがゆとりがないと実際にはなかなかできないチームワークを実現していた。

②教育的サポート

「丁寧に教えてくれる先輩がいることで心理的な負担感が軽減」(21)している事実があった。統計でも示されているように、離職の時期は入職後1年以内が4割、3年以内が7割である。介護職として必要な技能を習得していないことによるストレスが離職につながることを考えると、入職時期の教育的サポートが重要であることが分かる。

3）休暇

①ワークライフバランス

先行研究に生活満足が職務満足につながるとの報告があったが、現実に、「定時であがることが難しい日が続くとストレスが溜まる」(26)と勤務時間が生活時間に踏み込んでくる時間が増えることはストレスにつながり、反対に、「体調管理や慶弔休暇に施設長の配慮」(22)、「家事や子どもと過ごす」(23)、「勤務と休みのメリハリがつけば長く勤務できる」(24)と、施設長による職員の体調や生活への配慮があり、家族のケアや共に過ごす時間が確保できることで、職務継続への意向が高まることが分かる。

②仲間のサポート

「利用者がいて仲間に支えられ、休みが少ないと感じたことはない」(25)と利用者の存在とその生活を支える仲間とのチームワークが、休暇の取得でも機能していることが、休日の取得への納得感につながることが示唆されていた。

第Ⅶ章　面接調査による介護職の職業エートスと職場組織に関する分析

4）設備・環境
①短時間勤務制
　K施設では、子育て期間中（子どもが小学校を卒業するまで）の夜勤免除、短時間（6〜7時間）勤務制を導入していた。これにより、保育園の送迎や小学生の送り出し、迎えを通常の時間で行いながら勤務することが可能となっていた（27）。

②保育園の設置
　今回の協力施設5施設のうち、3施設（M施設、K施設、S施設）に保育園が併設され、他の2施設も将来的に保育園開設のビジョンを持っていた（29）。

　短時間勤務制と保育園の併設を実現しているK施設で、実際に短時間勤務制と保育園を利用している介護職員は、「結婚して妊娠しても、失業や保育所探しの心配をすることなく、安心して働き続けられる」（28）、「減収は思ったほどでない」と語っており、この制度によって出産による離職や経済的なダメージが回避されていることがわかる。なお、K施設は、これらの職場環境整備により、横浜市の「グッドバランス賞」を受賞している。

　保育園の設置は、幼老共生ケアや世代間交流の観点からも、特別養護老人ホームの在り方として望ましい取り組みである。

5）その他
①定年制の撤廃
　M施設では、施設長が職員の生活上の事情を考慮して、希望する職員には、定年退職を求めていない。実際、調査時に78才で介護職（非常勤）を継続している職員がおり、この職員の雇用が保障されていることで、他の職員も自分が望めば働き続けられるという希望を持って働くことができていた。

②「介護雇用管理改善推進委託事業」

　F施設では、２００９年度に神奈川県労働局による「介護雇用管理改善推進委託事業」に申請して取り組んでおり、これを機に、外部からの意見も取り入れながら、定例会を開いて、職場環境改善のための情報や意識の共有化に向けた活動を行っていた。

　経営者・管理者と現場職員の間で、このような職場環境改善を目的とした話し合いの機会が継続的に設けられ、職場の現状、課題に関して相互の認識が共有され、現場からの意見や提案が取り上げられて、今後の方針や計画に反映されることは、経営者・管理者と現場職員の信頼関係を形成していくことにつながる。また、職員が経営への参加意識や貢献意識を持って働くことに結びついていくだろう。

③活動（action）の重視

　現場の介護職が「介護の負担感は、そのまま利用者の命を支える責任の重さでもある」と語っていたM施設の施設長は、「介護の辛さに囚われる視点から、介護を通して利用者と感動や喜びを共有できるように働きかけることも大切なことだ」と考え、行事や外出等の余暇活動にも力を入れていた。

　介護職が「介護の負担感は、そのまま利用者の命を支える責任の重さと誇り」と捉え、一方で施設長が利用者と感動や喜びを共有できる余暇活動を重視しているのは無関係ではないだろう。つまり、施設の介護支援の中で、活動（action）が重視され、介護職は利用者と感動や喜びを共有する経験ができているが故に、利用者の命（いのち）を支える介護の負担に責任の重さと誇りを見出すことができるのではないだろうか。

④個別的な対話

　M施設における、余暇を大切にする施設長の考え方は、職員にも向けられており、職員は、「施設長は、職員の仕事だけでなく、プライベートや家族のことも気にかけてくれている」と感じていた。また、休暇の取得日数についても、職員は「利用者がいて仲間に支えられて働いている

第Ⅶ章　面接調査による介護職の職業エートスと職場組織に関する分析

自分なので、休みが少ないと感じたことはない」と語っており、「労働条件への不満足感」は施設長による職員への配慮、職員自身の利用者への責任や職員間の連帯に相当の影響を受けるものであることが示されていた。

　T施設においては、施設長は、賞与の支給時に、全職員に手書きで作成した手紙を添えて、感謝の心を伝えて、物心両面から職員に報いるように配慮していた。また、日頃から施設長は、意図的に職員個々に声をかけ、対話の機会をつくることで、慶弔関係や個別的な体調の変化に応じた休暇の取得への働きかけを行っていた。

　このような個別的な配慮も職員ひとりひとりの労働条件に納得感をもたらしていることが理解できた。

３－２　職場の組織マネジメントを整えるための働きかけ

表２　介護職の語りによる理念の構成要素

カテゴリー	サブカテゴリー		No	コード
理念	理念の内面化	理念の明確化	1	施設長がよく口にしている
			2	行動指針があちこちに掲示されているので自然と意識して行動する
		職員参加による理念づくり	3	職員自身が理念づくりに参加し、カンファレンスに反映させる
		職員の共鳴	4	介護職が共鳴できる法人の理念
		理念の内面化	5	「利用者を愛し、職員に感謝」が実践場面に浸透している
			6	理念はあたりまえのこととして職員に受け入れられている
			7	「やるだけやってみよう」という気持ちでみんなで取り組む
	理念の具現化	リーダーによる理念の体現	8	施設長自身が利用者や職員に対する行動でビジョンを示す
			9	理念を施設長から学ぶ
		ケアプラン・カンファレンスへの具現化	10	カンファレンスやケアプランで迷ったときは理念に戻る
			11	最善のケアを実践するために意見交換

理念	理念の具現化	ケアプラン・カンファレンスへの具現化	12	理念を実行するためのケアプラン
			13	定期的なマニュアルの見直し時に理念を意識する
			14	毎朝、ビジョンに基づいたミニカンファレンスを実施
		実践での具現化	15	ビジョンは日常の利用者への働きかけに表されている
			16	利用者の願いを叶えてより良い生活の場を創っていく
			17	利用者への呼称や接遇に理念が反映されている
		段階的な実行	18	フロアー毎にビジョンをつくっている
			19	理念に基づいた目標とテーマの設定
		理念に基づいた人材育成	20	チューターとして迷った時に理念に戻る
			21	新任職員の指導で理念を再確認
		地域からの信頼	22	実績によって地域からの信頼に根ざしたミッション

1）理念

①理念の明確化

　調査施設では、さまざまな場面で「施設長が理念を口にしている」(1)という介護職の言葉が聞かれた。また、施設に行くと、理念が玄関などに掲示されているのはよく目にするが、M施設では、「行動指針があちこちに掲示されているので自然と意識して行動する」(2) と語られていた。

　このように、施設長がさまざまな場面で口にする理念を言葉として聞き、日常の介護場面で目にすることで、自然と意識して行動するようになることが分かる。

⑩職員参加による理念づくり

　「職員自身が理念づくりに参加し、カンファレンスに反映させる」(3)との発言にあるように、F施設では、参加型研修を実施して事業所毎の理念づくりをしており、それが「利用者への接遇や呼称」といった具体的な介護実践に反映されていた。また、中堅職員は、「自分自身も、新任職員の指導をする時に理念の大切さを考えるようになった」と語っており、新任職員の育成場面を通じて、中堅職員にも理念の浸透がはかられるための工夫がなされていた。

第Ⅶ章　面接調査による介護職の職業エートスと職場組織に関する分析

⑨職員の共鳴

「介護職が共鳴できる法人の理念」(4) に示されているように、介護職場の理念と職員にとって共鳴でき、職員自身が大切にしている志とつなげて重ね合わせることが重要であることが示されていた。

⑥理念の内面化

職員は、理念に基づいたサービスを利用者や地域社会に提供することで、自分の職務に誇りを持つことができるようになる。ここで重要となってくるのが、理念という抽象的に描かれた概念をいかにしてサービスという実践に具現化していくかということである。

職員への面接では、「『利用者を愛し、職員に感謝』が実践場面に浸透している」(5)、「理念は当たり前のこととして職員に受け入れられている」(6)、「『やるだけやってみよいう』という気持ちでみんなで取り組む」(7) と理念がそれぞれの職員に浸透し、内面化している状況が語られていた。

また、面接調査を行った5つの施設では、いずれも会議やケアカンファレンスの場で、施設長や課長等の管理職が、「利用者のため」、「利用者中心」を繰り返し述べており、施設長が示す利用者本位の価値観が職員に浸透しやすい態勢がつくられていた。

このうち、M施設では、施設長が日常的に理念を口にしていることに加え、施設内の複数の場所に行動指針が掲示され、ケアカンファレンスの場面やマニュアルの中にもそれらが反映されており、その結果として、職員の意識の中で「当たり前のこと」として理念が内面化されている状況がみられた。

このことから、理念とは、職員がその意味を正しく理解することが重要であるだけでなく、「当たり前のこと」として職員の意識の中に内面化し、エートスとなって、日常の介護場面で活かされていくことが重要であると云うことができるだろう。

231

②リーダーによる理念の体現

　職員の語りからは、「施設長自身が利用者や職員に対する行動でビジョンを示す」(8)、「理念を施設長から学ぶ」(9) という発言が聞かれたが、いくつかの施設においては、施設長や管理職が日常的に利用者と関わる機会をつくり、理念に基づいたケアを自ら実践していたことが印象的だった。

　例えば、T施設では施設長は原則的に毎日出勤してきており、利用者の急変時には夜間も駆けつける態勢をとっていた。F施設では、施設長のみならず、課長も現場に頻繁に足を運んで、利用者に声をかけることが意図的に行われており、その結果、現場職員との対話の機会も増え、職員が管理職に直接相談できる関係が形成されていた。また、S施設では、施設長や副施設長が現場に足を運んで、介助に参加する等の職員をサポートする働きかけが行われており、職員からもそのような実践が望ましいリーダーシップとして受容され、理念をケアに具現化する働きかけの動機づけとなっていた。

③ケアプラン・ケースカンファレンスでの具現化

　職員の面接では、「カンファレンスやケアプランで迷ったときに理念に戻る」(10)、「最善のケアを実践するために意見交換」(11)、「定期的なマニュアルの見直し時に理念を意識する」(12)、「毎朝、ビジョンに基づいたミニカンファレンスを実施」(13)

　との発言が聞かれたが、このうち、T施設では、「見えない人の目に、聞こえない人の耳に、物言わぬ人の言葉に」という言葉を中核的な理念としているが、この理念をサービスとして具現化するための方策として、毎朝、申し送りに加えて、ショートカンファレンスを実施していた。このショートカンファレンスでは、1～2名程度の利用者を取り上げ、その方達に対して、自分たちが「見えない人の目に、聞こえない人の耳に、物言わぬ人の言葉に」という理念に基づいた介護サービスを提供していくためにはどうしたらいいのかを協議している。

第Ⅶ章　面接調査による介護職の職業エートスと職場組織に関する分析

　これらの取り組みによって、職員は理念を実際の介護場面でどのように具現化するのかを理解し、専門性をどのような形で発揮すべきなのかを知ることができる。このような理念と実践を結びつけるカンファレンスを積み重なることで、職員は日常の介護実践に誇りをもって取り組むことができるようになるのである。

④実践での具現化

　実際に、「ビジョンは日常の利用者への働きかけに表されている」(15)、「利用者の願いに応えてより良い生活の場を創っていく」(16)、「利用者への呼称や接遇に理念が反映されている」(17)とケアプランやカンファレンスで確認された理念は、実践となってケアに具現化されていた。

⑤理念の段階的な実行

　面接では、「フロアー毎にビジョンをつくっている」、「理念に基づいた目標とテーマの設定」が行われているとの発言があったが、面接を行った５施設では、いずれにおいても目標（vision）が示されていた。ただし、事業としての実績やその種別等については、施設毎に特色や差があり、既に、地域のニーズに応えるかたちで、複数の事業を興して実践してきた施設、小規模特養や小規模保育所等の地域特性に合わせた事業を展開しようとしている施設、介護職の養成を自法人で行おうとしている施設等、さまざまであった。

　ここで、課題となるのは、目標（vision）を描いて職員に示し、実現するために、どのような戦略（strategy）を実行していくかということではないだろうか。

　利用者のニーズに応えていこうとすれば、新たなサービスや事業を展開することが必要となり、具体的なビジョンを描き、実現に向けた動きを創りだすことが求められる。また、これらの創造的な動きに職員が参加して地域の歴史を創っていくことは、職員の自らの仕事に対する誇りにもなるだろう。しかし、これらの目標（vision）の実現に向けた動きが戦略（strategy）として実行されないならば、職員は、自らの仕事に

誇りと希望を持って取り組み続けることが困難になるのではないだろうか。

⑦理念に基づいた人材育成

　職員の面接では、「チューターとして迷ったときに理念に戻る」(20)、「新任職員の指導で理念を再確認」(21) との語りがあり、人材育成の方向性を示す働きをしていることが分かった。

⑧地域からの信頼に根ざしたミッション

　理念とは、組織の社会的存在理由を示すものだが、職員は、理念に基づいたサービスを利用者や地域社会に提供することで、自分の職務に誇りを持つことができるようになる。

　S施設においては、「生命（いのち）を敬い、生命（いのち）を愛し、生命（いのち）に仕えることによって、神の愛の実現に奉仕する」と「地域の灯台、井戸端となって、地域の人々のすべてのニーズに応えることのできるオアシスを目指す」の2つが主要な理念であるが、職員は、これまでの法人の実践の積み重ねによって、地域から信頼が構築されており、自分たちの仕事に確かな自己肯定感を持つことができていた。

　このような地域からの信頼に支えられていることが、職員に基本的な自己肯定感をもたらし、職場への帰属意識を醸成して、そこで働くことへの安定感につながっていくことが理解できた。

2）リーダーシップ

表3　介護職の語りによるリーダーシップの構成要素

カテゴリー	サブカテゴリー	No	コード
リーダーシップ	権利擁護の基盤	1	利用者が中心であることを上司が示してくれる
		2	家族の視点、社会からの視点を気づかせてくれる
		3	利用者のことを第一に考え、丁寧に接している
		4	上司はみな「利用者第一」という点で一致している
		5	ソーシャルワークの視点で利用者の権利や利益を守る
	情報収集と情報の共有化	6	主な会議に施設長が出席している

第Ⅶ章　面接調査による介護職の職業エートスと職場組織に関する分析

リーダーシップ	情報収集と情報の共有化	7	施設長は施設を知り尽くしているすごさがある
		8	経験と知識が豊富でこの人にはかなわないと感じる凄さがある
	オープンで迅速な意思決定	9	必要なことにはすぐに対応してくれる
		10	施設長の指導は主任を通じて各職員に伝わる
	モデルとなる行動	11	施設長は言葉で伝えている以上のことを行動で示している
		12	先輩が情熱を持って利用者の思いに応える介護をしている
		13	上司はみな現場職員の見本となっている
	現場に近い距離	14	相談員は現場に近い立場で話を聞いてくれる
		15	主任や課長、施設長と現場の距離が近い
	職員個々との対話	16	施設長は職員に対して正面から向き合っている
		17	施設長は全職員と関りを持っている
		18	施設長は職員のカウンセラーのような存在
		19	ストレスを感じる場面を引きずらないように話を聞いてくれる
		20	施設長と年に2回の面接がある
	暖かく信頼できる人間性	21	施設長室には気軽に入っていける
		22	職員の気持ちを上手に察知してくれる
		23	暖かい雰囲気
		24	相談しやすい上司
		25	上司は話をちゃんと聞いてれる
		26	上司は受け入れてくれる器が大きくどんな質問をしても応えてくれる
		27	答えが出るまで一緒に考えてくれる
	現場への信頼	28	支配するものでなく、利用者や職員に奉仕するリーダー像
		29	施設長は職員を信頼している
		30	職員の考えや提案を基本的に支持してくれる
		31	やりたいことは無理やりでもやっていこうという先輩の支援
	職員・家族への配慮	32	施設長は利用者だけでなく、職員のことも考えてくれる
		33	自分だけでなく、家族のことも気にかけてくれる
		34	子育てしながら働き続けられるように配慮してくれる

①権利擁護の基盤整備

　「利用者が中心であることを上司が示してくれる」(1)、「現場の職員が気づきにくい家族の視点、社会からの視点を気づかせてくれる」(2)、「利用者のことを第一に考え、丁寧に接している」(3)、「上司はみな「利

用者第一」という点で一致している」(4)、「ソーシャルワークの視点で利用者の権利や利益を守る」(5) といった職員の語りがあるように、介護職が多忙な現場の状況で見落としがちになる利用者第一の視点、家族や社会の視点、権利擁護の視点を施設長や課長等の管理職が示してくれることを望ましいリーダーシップとして認識していた。

②情報収集と情報の共有化

職員の面接では、「主な会議に施設長が出席している」(6)、「施設長は施設を知り尽くしているすごさがある」(7)、「課長は経験と知識が豊富でこの人にはかなわないと感じる凄さがある」(8) といった発言が聞かれたが、リーダーシップの前提条件となっているのが、現場からの情報収集である。T施設では、「理念を現場職員に浸透させていくには、現場からの情報をできるだけ細かいことまで把握していることが大切」、「現状をよく把握していることでトップに安定性が生まれ、施設長が安定していることがひいては職員と利用者の安心に繋がっていく」との施設長の考えのもと、毎朝の申し送りとショートカンファレンスが重視されていた。

また、F施設では、各種の会議が階層的に構成されていることで、職員階層毎の役割分担が明確になっており、情報の共有化が円滑に行われる土台ができていた。

③オープンで迅速な意思決定

「施設長の指導は主任を通じて各職員に伝わる」(9) との発言にあるように、意思決定や役割遂行が円滑に進むように、各種会議や委員会が細かく構成されており、ある意味で官僚的な組織が構築されている。

リーダーシップの重要な機能として、組織の意思決定があるが、M施設では、情報がオープンでしかも迅速に伝わるように工夫されていた。例えば、会議で採用された提案は、現場に任せられるかたちで実行に移されるが、PDCAのサイクルが早く、2週間が標準となっていた。このような、情報の公開性、スピード、実行力は職員の中に納得と信頼を

第Ⅶ章　面接調査による介護職の職業エートスと職場組織に関する分析

もたらす重要な要素である。このような工夫の結果は、職員の「必要な
ことにはすぐに対応してくれる」(9) という声に表れていた。

④モデルとなる行動

　職員への面接では、「施設長は言葉で伝えている以上のことを行動で示
している」(11)、「先輩が情熱を持って利用者の思いに応える介護をして
いる」(12)、「上司はみな現場職員の見本となっている」(13) という声
が聞かれ、リーダー自らが利用者の思いに応える介護を行うこと、言葉
で伝えていることを自ら行動で示すこと、現場職員の見本となる行動を
示すことを望ましいリーダーシップとして認識していた。

⑤現場に近い距離

　調査施設からは、「相談員は現場に近い立場で話を聞いてくれる」(14)、
「施設長、主任や課長との距離が近い」(15) という声が聞かれた。現場
の職員にとって、「距離が近い」という位置・関係に管理職がいること
で、現場の職員はさまざまな場面で、上司だけでなく管理職からも助言
を得ることがしやすくなる。同時に、現場の情報が上司に把握されて、
現場の状況に基づいた指示が上司から出されれば、現場職員が納得して
円滑に職務を遂行する相互関係がつくられる。

　例えば、M施設では、施設長をはじめとする管理職が、日頃から現場
に近いところにいて、話し合いの場面によく参加し、自らもその機会を
つくるように小まめに働きかけていた。また、定例の会議に併せて、会
食の機会が設定されていることもあり、目的を遂行する組織としての側
面と、家族的といえるような信頼関係、友愛によって結びつく仲間集団
の側面を兼ね備えている。

⑥職員個々との対面的な対話

　施設長が何らかのかたちで、全職員と個別的な関わりを持つ態勢をと
っていたのも調査施設の特徴である。職員への面接では、「施設長は職員
に対して正面から向き合っている」(16)、「施設長は全職員と関りを持っ
ている」(17)、「施設長は職員のカウンセラーのような存在」(18)、「ス

237

トレスを感じる場面を引きずらないように話を聞いてくれる」(19) という声が聞かれた。

　K施設では、施設長と現場職員との間で基本的な信頼関係が形成されることを目的に、施設長と職員との個別面接が年2回設定され、対面的な対話の機会が持たれていた。K施設で実施されている子育て期間中の職員のための夜勤免除や短時間勤務制も、このような面接での直接対話が契機となって導入されたいきさつがあり、対話によるリーダーシップが重要であることがわかる。

⑦暖かく信頼できる人間性

　職員面接では、「施設長室には気軽に入っていける」(21)、「職員の気持ちを上手に察知してくれる」(22)、「暖かい雰囲気」(23)、「相談しやすい上司」(24)、「上司は話をちゃんと聞いてれる」(25)、「上司は受け入れてくれる器が大きくどんな質問をしても応えてくれる」(26)、「答えが出るまで一緒に考えてくれる」(27) といった声が聞かれた。これらのことから、上司に普段から暖かい雰囲気があって、職員の気持ちを察知して相談に乗ってくれ、どんな質問にも答えてくれるような器の大きさがあり、ちゃんと話を聞いてくれて、答えが出るまで一緒に考えてくれる人物像をリーダーシップとして受け入れていることが分かる。

　T施設では、職員が気軽に施設長室を訪ねて相談できるよう、施設長室をいつも解放していた。職員の側も、施設長に対して、職務にかかわることのみならず、私的な事柄についても、信頼して相談できると感じていた。

⑧現場への信頼

　現場への信頼では、「施設長は職員を信頼している」(30)、「職員の考えや提案を基本的に支持してくれる」(31)、「やりたいことは無理やりでもやっていこうという先輩の支援」(32) といった声が聞かれ、施設長や管理職が現場職員を信頼して支持する姿勢があり、可能性を信じて支援していた。

第Ⅶ章　面接調査による介護職の職業エートスと職場組織に関する分析

　また、Ｓ施設では、「支配する者ではなく、利用者や職員に奉仕する者」（29）としてのリーダー像が示され、実際に管理職は廊下ですれ違ったちょっとした機会でも職員にこまめに声をかけたり、現場に足を運んで介助に参加する等の支援を行っており、それが現場職員にも望ましいリーダーシップとして受容されていた。

⑨職員・家族への配慮

　職員への面接では、「施設長は利用者だけでなく、職員のことも考えてくれる」（32）、「自分だけでなく、家族のことも気にかけてくれる」（33）、「子育てしながら働き続けられるように配慮してくれる」（33）との声が聞かれ、施設長が職員を気にかけて、家族の状況も把握して配慮することが、職員を力づけていることが分かった。

⑩集団機能としてのリーダーシップ

　面接を行った５施設においては、程度の差はあるものの、リーダーシップは、特定の個人の能力や素質に帰属しうるものではなく、集団機能として働いているという点で共通していた。

　例えば、Ｓ施設では、管理者が現場職員を大切にするという組織風土が、理事長から主任クラスのリーダーまで引き継がれ、これにより、職員はお互いに同僚や後輩、そして利用者を大切にケアするようになる、という相互関係的なケアの好循環が成立していた。

３）チームワーク

表４　介護職の語りによるチームワークの構成要素

カテゴリー	サブカテゴリー	No	コード
チームワーク	施設長の支援	1	施設長が職員に声をかけて支援することで人間関係の問題をなくす
		2	施設長が現場で職員を支援することで職員間の信頼関係をつくる
	施設長と現場の橋渡し	3	施設長の方針は主任が現場に伝え、現場の声は会議や個別に施設長に伝える
		4	施設長の方針を現場に伝え、現場の思いを課長や施設長に伝える橋渡しは難しい

介護職の働きがいと職場の組織マネジメント

チームワーク	委員会制	5	いろいろな委員会や行事の実行委員会等チームで動く
	利用者中心	6	「お年寄りのために頑張ろう」という意識を共有して言うべきことを言い合う関係
		7	仲の良さは馴れ合いに流れやすいので、「利用者にとって何が大切か」を考える
		8	利用者のことを第一に考えなければ職員間の信頼は生まれない
	相互啓発	9	介護に対して手を抜く職員はいないという仲間意識
		10	職員同士が丁寧に対応し、間違っている時はちゃんと教える
		11	くそ真面目なほど利用者のことを考えて介護を行う
	職種を超えた仲間意識	12	ターミナルケアで一致することで一緒に泣ける仲間意識ができる
		13	職種を超えて助け合う姿勢で仲良く何でも言い合える
	実践	14	自立支援が建前で終わらないよう実践していく意識
		15	フロアリーダーは利用者に必要なことを実践していく
	何でも話し合える雰囲気	16	職員が和気藹々として何でも話し合える雰囲気がある
		17	何でも話し合える環境
	頻繁な話し合い	18	ケアの改善のための話し合いをちょくちょく
	共同体意識	19	グループができても対立関係や全体の雰囲気が悪くなることはない
		20	決まったことはみんなでやる雰囲気
		21	利用者への支援は全員で取り組み、職員は互いに支え合う共同体意識
		22	職員の悪口は言わない
	発散の時間	23	業務時間外に食事に行って気楽に話して発散の時間をつくる
		24	内部研修後の飲みにケーション
	集団凝集性の両義性	25	幅広い年齢層をまとめることの難しさ
		26	新しいことを取り入れようとする職員とこれまでのことを継続しようとする職員の温度差
		27	仲の良さが時にはいき過ぎになることもある

①施設長の支援と現場との橋渡し

　職員の面接では、「元気がない職員に施設長が声をかけて支援することで人間関係の問題をなくす」(1)、「施設長が現場で職員を支援することで職員間の信頼関係をつくる」(2) とチームワークが働く前提には、施設長による現場職員への支援が

　必要であることが分かる。しかし、「施設長の方針を現場に伝え、現場の思いを課長や施設長に伝える橋渡しは難しい」(4) との現実があるこ

とから、施設長による現場への働きかけだけでなく、「施設長の方針は主任が現場に伝え、現場の声は会議や個別に施設長に伝える」(3) とあるように、施設長と現場を橋渡しするための機能や役割を明確にしておくことが必要である。

②委員会制度

「いろいろな委員会や行事の実行委員会等チームで動く」(5) とあるように、調査施設では、全施設に委員会制度があり、大きな行事には実行委員会を組織して取り組んでいた。委員会によって現場職員が施設の運営に参加していくことで、仲間意識や共同体意識が生まれ、職員個人のモチベーションと集団のモラールが高まっていく。

③利用者中心が前提

調査施設には、「『お年寄りのために頑張ろう』という意識を共有して言うべきことを言い合う関係」(6)、「仲の良さは馴れ合いに流れやすいので、『利用者にとって何が大切か』を考える」(7)、「利用者のことを第一に考えなければ職員間の信頼は生まれない」(8) と「利用者中心」の原理がチームワークの前提条件として働いていた。「利用者中心」の原理が前提条件として機能していなければ、「仲の良さ」は「馴れ合い」に変質してしまったり、「仲の良さが時にはいき過ぎになることもある」(26)という状況が生まれる危険性がある。「利用者中心」の原理が機能していることで、ケアの課題が顕在化し、チームや職員個々人に不足している能力を補うための対策や教育支援に結びついていく。また、利用者への虐待につながる危険性がある職員の言動も、「利用者中心」の原理が働いていればこそ、利用者の権利擁護に向けた軌道修正をすることができるが、「仲の良さ」に「利用者中心」の原理が働いていなければ、職員本意の介護が行われていても、誰も疑問を抱かなくなり、ひいては虐待も見過ごされることになってしまうだろう。

④相互啓発的な成長

職員の面接では、「介護に対して手を抜く職員はいないという仲間意

識」(9)、「職員同士が丁寧に対応し、間違っている時はちゃんと教える」(10)、「くそ真面目なほど利用者のことを考えて介護を行う」(11) と相互啓発的な意識が共有されていた。

T施設では、現場職員から、「職員一人ひとりが自分にできることを考えて行動するようになると、お互いに啓発され、利用者のために気持ちがひとつになる」との発言が聞かれ、M施設においては、利用者のことを第1に考える姿勢が相互啓発的に影響し合って、「意欲のある仲間」関係が成立し、職員が一致して取り組む雰囲気が創られていた。

このように、「利用者中心」の原理が職員間で共有され、「相互啓発的」な環境があると、職員各自の介護に向かう姿勢や行動が建設的な方向で変化し、集団としての意欲を高め、共同体としての一体感を形成する方向で影響していくことがわかる。

⑤職種を超えた仲間意識と実践

「ターミナルケアで一致することで一緒に泣ける仲間意識ができる」(12)、「職種を超えて助け合う姿勢で仲良く何でも言い合える」(13) といった発言にみられるよに、職種を超えてケアの目標を共有（協同）し、共にケアをする協働関係が成立することで仲間意識が生まれることが分かる。また、「自立支援が建前で終わらないよう実践していく意識」(14)、「フロアリーダーは利用者に必要なことを実践していく」(15) とあるように、目標を共有するには、実践が重要であり、そのためには、中間管理職がリーダーシップを発揮して実践を確実にしていくことが重要である。

⑥何でも話し合える雰囲気と頻繁な話し合い

調査施設では、「ケアの改善のための話し合いをちょくちょく」(18) 行うことで、「職員が和気藹々として何でも話し合える雰囲気」(19)、「何でも話し合える環境」(20) が形成されていた。介護職が施設で協働する目的は利用者へのケアである。そのため、常に利用者ケアを軸にして、頻繁な話し合いの機会を設定することが、何でも話し合える相互支

第Ⅶ章　面接調査による介護職の職業エートスと職場組織に関する分析

援的な雰囲気を形成していることが分かる。

⑦家族的・友愛的共同体意識

　「決まったことはみんなでやる雰囲気」(20)、「利用者への支援は全員で取り組み、職員は互いに支え合う共同体意識」(21)、「職員の悪口は言わない」(22) との発言が聞かれ、利用者支援を全員で取り組み、互いに支え合い、家族的・友愛的な共同体意識が醸成されていた。

　Ｓ施設では、「Ｓ施設家族」の精神が基本となり、何でも（日常業務、誕生会・盆踊り・バザー等の行事、ターミナルケア等）全員で取り組む態勢となっている。また、支援者としての職員の意識は利用者のみに限定されず、他の職員を支援することが含まれている。

　また、Ｋ施設では、勤続年数の長い熟練職員が多く勤務していることで、職員間に階層ごとに相談できる先輩職員がいる安心感が形成されていた。このように、利用者支援に全員で取り組み、職員も相互に支え合うことで、職員間の結束が強まり、家族的・友愛的な絆が形成されて、職員個人にも共同体の一員であることに充実感がもたらされていた。

　Ｆ施設では、現場職員から、全体の中には、「グループができても対立関係や全体の雰囲気が悪くなることはない」(19) との報告があった。

　チームワークが形成されていることで、職員間の個別的な葛藤や非公式なグループ間の軋轢が起こることがあったとしても、それが対立関係にまで至ることがなく、集団としてのバランスが維持されていくことがわかる。

⑧発散の時間

　「業務時間外に食事に行って気楽に話して発散の時間をつくる」(23)、「内部研修後の飲みにケーション」(24) とあるように、時には階層や職種の役割を離れて気楽に話し合える場面をつくって日常のストレスを発散することへの配慮もなされていた。

⑨集団凝集性の両義性

　職員の面接では、「幅広い年齢層をまとめることの難しさ」(25)、「新

243

介護職の働きがいと職場の組織マネジメント

しいことを取り入れようとする職員とこれまでのことを継続しようとする職員の温度差」(26)「仲の良さが時にはいき過ぎになることもある」(27)　とあるように、特定の年齢層、介護観、職種等のグループの凝集性が高まることで、施設全体の中で軋轢（コンフリクト）が生じることも起こりえる。このことからも、チームワークの前提には、リーダーシップが機能していることが必要であり、理念・目標の共有が重要であることがあらためて確認される。

４）権限委譲

表５　介護職の語りによる権限委譲の構成要素

カテゴリー	サブカテゴリー	No	コード
権限委譲	信頼と委譲	1	利用者にやってあげたいことは自分たちの裁量で自由に行うことができる
		2	利用者の生活の質の向上につながる実践については現場に任せられている
		3	上司が現場の提案を聞いてくれる
		4	介護に必要な器材等は検討してくれる
		5	職員間で話し合って総意となったことは施設長の意向と認められる
	承認と目標管理	6	頑張れば認めてくれる
		7	すべての職員が主役になれる場面をつくる
		8	委任に伴うホウレンソウ（報告・連絡・相談）がある
		9	任せるだけでなく、方向性を示して育てる
	委譲の環境作り	10	施設の方針や指針は職員の意見を集めて決定する
		11	会議の勤務時間内に行って現場の意見を聞く
		12	施設の決定事項に参加することができる
	委員会制	13	「ケア検討会」でやりたいことや変えたいことを実現できる
	人材育成との連携	14	職務を任せられている自覚と後輩育成への期待
		15	育っていないと任せられないので、人材育成も大切

①権限委譲の環境設定

「施設の方針や指針は職員の意見を集めて決定する」(10)、「会議の勤務時間内に行って現場の意見を聞く」(11)、「施設の決定事項に参加することができる」(12) との職員の声があるように、現場職員への権限委譲

244

第Ⅶ章　面接調査による介護職の職業エートスと職場組織に関する分析

を実行していくためには、施設長が現場職員の意見を求め、施設の決定事項に職員が参加することができる環境が必要である。

②階層的な役割分担

M施設では、階層的な役割分担の重要性が強調されていた。まず、日常的な業務から行事に至るまで、全課で取り組むことが基本となっているが、各課の役割分担があり、各課の中に個人の役割分担が明示されていた。権限委譲が円滑になされるためには、全課⇒各課⇒個人といった役割分担がすべての職員に明示されていることが前提となる。

③委員会制度

「『ケア検討会』でやりたいことや変えたいことを実現できる」(13) とあるように、調査施設では、いずれの施設においても、職員間の合意形成は各種の会議を中心にして進められていたが、日常的な権限委譲は「委員会」が基礎的な単位となっていた。

委員会制度があることで、利用者のための提案を表明して話し合い、実現に向けた取り組みを実践できる環境が用意され、職員は主体的にのびのびと介護を実践することができる。また、このようなプロセス自体が介護職員に職業エートスをもたらすことが示されていた。

④自主性の奨励と提案の採用

「利用者にやってあげたいことは自分たちの裁量で自由に行うことができる」(1)、「利用者の生活の質の向上につながる実践については現場に任せられている」(20)、「上司が現場の提案を聞いてくれる」(3)、「介護に必要な器材等は検討してくれる」(4)、「職員間で話し合って総意となったことは施設長の意向と認められる」(5) とあるように、現場から自主的な提案が表明されるよう求めており、自主的な提案が取り上げられ、積極的な取り組みが認められる組織風土が創られていた。

⑤個人の承認と方向づけ

また、施設長は、「頑張れば認めてくれる」(6)、「すべての職員が主役になれる場面をつくる」(7) と職員の自主的な取り組みを認めるだけで

245

なく、「委任に伴うホウレンソウ（報告・連絡・相談）がある」(8)、「任せるだけでなく、方向性を示して育てる」(9) と目標達成のための支援にも関わっていた。このように、現場への権限委譲を実行していくためには、単に現場からの提案を認めるだけでなく、現場の自主的な取り組みが目標を達成できるよう支援していくことが重要である。

　S施設では、施設長は、管理職や主任に対して、すべての職員が主役になれる場面をつくるように働きかけており、その上で、職員間でよく話し合い、総意となったことは、施設長の意向であると認めていた。

　また、M施設では、権限委譲によって生じる責任が個人に集中しないようにし、権限を委譲する単位を委員会等の集団にすることで、個人に過重な責任が掛からないよう配慮するとともに、必要な研修と連動させる取り組みを行っていた。このように、権限委譲を円滑に進めていくには、施設長が全職員に開かれたかたちで個人を承認することと、チームとして支援していくことの両面が必要であることが示されていた。

⑥人材育成との連携

　「育っていないと任せられないので、人材育成も大切」(15) との発言にみられるように、権限を委譲するには、その職務を遂行することを可能にする能力を習得していることが必要である。そのため、権限委譲は人材育成と連携してはじめてその効果を発揮する機能であるということができる。また、権限委譲は、中堅職員や指導的職員が後輩を育てる時にも重要となるが、「職務を任せられている自覚と後輩育成への期待」(14) とあるように、任せられる自覚や責任感が職務の遂行として達成されるためには、やはり職務を遂行することを可能にする能力を習得していることが前提となる。その意味で、後輩の育成における権限委譲は、中堅職員や指導的職員の新たな成長への動機づけを形成する機会としても重要である。

第Ⅶ章　面接調査による介護職の職業エートスと職場組織に関する分析

5）人材育成

表6　介護職の語りによる人材育成の構成要素

カテゴリー	サブカテゴリー	No	コード
人材育成	フロア全体で育成	1	フロアー全体で育てていく方針
	マニュアルの作成と更新	2	「マニュアル委員会」が「支援マニュアル」を作成している
		3	マニュアルを年1回のペースで見直して更新する
		4	人材育成の基本はマニュアル
		5	マニュアルは全職員が定期的に読み直して自分の介護を見直す
	研修委員会	6	「資質向上委員会」が月に1回の勉強会を実施する
		7	「研修委員会」の活動がフロアの業務に反映される
	アンケート	8	アンケートで研修ニーズを把握している
	学びの共有	9	研修後は報告書を提出して研修効果を確認する
		10	外部研修に参加したら、施設内で発表して学びを共有する
	研修履歴とキャリアパス	11	研修履歴をチェック表で確認する
		12	自己評価やキャリアパスと連動させて個別的な研修目標を明確化
		13	多様な背景の新任職員に合わせて個別の研修目標を立てる
	チューター制	14	新任研修を1年かけて実施
		15	2〜3年目の職員がチューターを担当する
		16	チューターは教えることで経験を言語化して自分自身が成長する
		17	新人教育では、根拠を示しながら教えることで自分も重要なことを確認する
	資格取得支援	18	資格取得のための研修で休暇の配慮をしていもらっている
		19	介護福祉士の国家試験に向けた講習会を施設で行う
	施設内学会	20	施設内学会を開催してケアの質の改善・向上の必要性に気づき、技能の習得につなげる

①フロア全体で育成

　職員の面接に「フロアー全体で育てていく方針」（1）とあるように、人材育成は研修担当者個人や研修委員会に任せきりにするのではなく、フロアー全体、施設全体で人材を育てていくという態勢を整えていくことで、自分自身の成長と後輩の育成が各人の職務として根付いていく。

②マニュアルの作成と更新

　「『マニュアル委員会』が『支援マニュアル』を作成している」（2）、

「マニュアルを年1回のペースで見直して更新する」(3)、「人材育成の基本はマニュアル」(4)、「マニュアルは全職員が定期的に読み直して自分の介護を見直す」(5)とあるように、マニュアルを人材育成の基本的なツールとして位置づけ、定期的に更新して、新人教育に活用していくことが効果的である。

　調査施設においては、5施設すべてでマニュアルを整備していた。なかでも特徴的だったのは、M施設であった。M施設では、マニュアルはすべての職員が精読して活用するとともに、鮮度を保つために、定期的（2週間に1回）に更新され、その内容も、イラストや写真入りで不適切事例を盛り込んでおく等の工夫を施し、解りやすく、実践的なつくりになっていた。

　このように、マニュアルは、作成した後も、新任職員等の視点に立ち、チューター等の職員からのフィードバックを受けて、その都度メンテナンスを加え、鮮度を保つことが重要である。マニュアルの定期的更新は、新任職員にとって職務遂行に必要な道具となるだけでなく、作成作業を担う中堅職員の資質向上にも有効である。

③研修委員会

　職員の面接では、「『資質向上委員会』が月に1回の勉強会を実施する」(6)、「『研修委員会』の活動がフロアの業務に反映される」(7)とあるように、研修の計画、実施、振り返りのプロセスは、主任や研修担当者個人に任せきりにせず、現場職員から委員を募り、多職種で委員会を構成して取り組み、研修での学びや気づきを実際の介護に反映させていくことが必要である。学ぶことがケアの質の向上につながり、実践の過程で生まれた学びのニーズが研修への動機づけにつながる形で、実践と学びの好循環が生まれる。

④アンケートによる研修ニーズの把握

　T施設では、「アンケートで研修ニーズを把握」(8)する工夫を行っていた。施設内研修は行事化してしまうと、現場の職員の学びの意欲を引

第Ⅶ章　面接調査による介護職の職業エートスと職場組織に関する分析

き出すことが難しくなる。そのため、職員へのアンケートを研修テーマに反映させたり、職員が実現したいケアを顕在化させて、その実現のために必要となる学びを明確にすることで、職員の主体的な学びの意欲を引き出すことも重要である。

⑤学びの共有

「研修後は報告書を提出して研修効果を確認する」(9)、「外部研修に参加したら、施設内で発表して学びを共有する」(10) とあるが、外部研修での学びは、研修後のレポート作成も含めて実施して学びを深めると共に、施設内で発表することで学びを共有し、実践に反映させていくことが重要である。

⑥研修履歴とキャリアパスの作成

「研修履歴をチェック表で確認する」(11)、「自己評価やキャリアパスと連動させて個別的な研修目標を明確化」(12)、「多様な背景の新任職員に合わせて個別の研修目標を立てる」(13) とあるように、調査施設では、職員個々の現有能力、成長段階、階層に合わせて研修目標を立てて実施していた。

　K施設では、人材育成の組織化と個別化がなされ、研修委員会が中心となって、「求められる職員像」を管理職、指導的職員、中堅職員、新任職員という階層毎のキャリアパス表で作成していた。また、F施設でも、キャリアパスと職員毎の個別的な研修シートの作成が検討されていた。

　このように、より長期的な視点で、自己啓発を基盤とした人材育成のしくみを構築していくためには、階層毎のキャリアパスを作成し、必要な職務と研修・資格取得等を連動させていくことが重要であろう。

⑦チューター制の導入

「新任研修を1年かけて実施」(14)、「2～3年目の職員がチューターを担当する」(15)、「チューターは教えることで経験を言語化して自分自身が成長する」(16)、「新人教育では、根拠を示しながら教えることで自分も重要なことを確認する」(17) とあるように、5つの調査施設のうち、

249

4施設においてチューター制が導入され、職務の遂行に必要な技能の習得が個別に支援されていた。一般に介護職の離職は、その多くが1年以内の早期離職であることから考えても、このようなチューター制を丁寧に実施していくことが重要であろう。

チューター制は、新任職員だけでなく、中堅以上の職員にも自分の技能や指導能力の見直しに役立てられており、中堅以上の職員の成長にも有効である。また、職員集団としての基礎的な力量を高めて安定させるためにも、チューター制は有効な職員支援であることがわかる。

⑧資格取得支援

介護職は、養成校で教育を受けて介護福祉士を取得してから施設で働き始める職員は少数派であり、働きながら実務経験を積んで介護福祉士国家試験に臨む職員が多い。また、介護職からはじめて、生活相談員になるために社会福祉士の国家資格取得を目指す職員もいる。面接でも、「資格取得のための研修で休暇の配慮をしていもらっている」(18)、「介護福祉士の国家試験に向けた講習会を施設で行う」(19)といった配慮が行われており、施設全体で職員の資格取得をサポートすることが求められる。

⑨施設内学会と表彰制度

S施設では、毎年1回、施設内学会が開催され、発表の一部はかながわ高齢者福祉研究大会でも発表されている。これらの取り組みは介護職員に、単に発表の機会を提供するだけでなく、日常的なケアの質の改善・向上に向けた努力の必要性を気づかせ、専門的な技能の習得を促している(20)。

また、M施設では、かながわ高齢者福祉研究大会での発表とは別に、「理事長賞」、「施設長賞」、「施設内資格制度」を独自に設定して、介護職の意欲を高めようとしている。

このような、教育・研究的な組織風土を創ることは、職員が専門職(プロフェッショナル)としてのアイデンティティを形成することを促すと

第Ⅶ章　面接調査による介護職の職業エートスと職場組織に関する分析

ともに、日常の介護実践を振り返り、再評価する機会を提供することで、職員全体の意欲を高めることに結びついている。

⑩技能の継承に寄与する低い離職率

　S施設では、離職者が少ないので、各世代・各経験年数の職員がいることで、職務の遂行に必要な技能が効果的に継承される体勢となっている。また介護福祉士等の有資格者が多い（正規職員で91％、非正規職員でも90％）ことで、蓄積された専門的な技能の流出を免れ、利用者のケアの継続性にも寄与している。

　離職率を低くすることは、優れた職員の技能流出を防いで、職員間の技能の継承を円滑にし、質の高いケアが安定的に実践される好循環を成立させる最も確実な方法であるということができるだろう。

３－３　介護職の職業エートスを高めるための働きかけ

１）職能的自尊心

　職能的自尊心は、基礎的・専門的技能の習得によって自覚され、形成される過程である。

表7　介護職の語りによる職能的自尊心の構成要素

カテゴリー	サブカテゴリー	No	コード
職能的自尊心	アスピレーションの確認	1	祖母をデイサービスにつなげてくれた社会福祉士との出会い
		2	本人の志があり、現場の教育システムが整っていれば学びながらはじめられる
		3	やりたい仕事についたので大変だとは思わない
	基礎的な技能の習得	4	社会福祉士を取得したが施設長から「現場を知らないでどうする」といわれ介護職となった
		5	専門学校で介護を学び介護福祉士を取得して入職した
		6	知識・技術があれば介護の仕方も負担感もずいぶん違う
		7	ノートでの予習・復習がすごくためになる
		8	根拠を問い直されることで介護職としての責任感が身につく
	経験の蓄積	9	経験の幅を広げながら身につけていく
		10	利用者や家族との関わりの積み重ねが自信につながる

251

介護職の働きがいと職場の組織マネジメント

職能的自尊心	経験の蓄積	11	経験を積むことで認知症の利用者を受け入れられるようになってきた
	職務を通じた学び	12	医療的処置やターミナルケアでは職務を通じて学んだことが多い
		13	経験や勉強会での学びが判断力や臨機応変な対応につながる
		14	入職後の育成が大切
	成長段階に応じた学び	15	利用者全体の状況や職員個々の状況等を把握する
		16	自分の勉強不足に気づかされることは今でもよくある
		17	介護は経験、観察力、病気や障害への知識に加えて、総合的な生活の視点が必要
		18	自分の位置をより客観的に捉える
		19	後輩の育成では、相手の受入体勢が整っていない段階で注意してしまうことに自分の能力不足を感じる
		20	介護は継続的な研修が必要な職業
	スーパービジョン	21	自分の成長を信じて待ってくれるよき上司に恵まれた
		22	職員間の人間関係で悩む

①入職前のアスピレーションの確認

　職員の語りには、「祖母をデイサービスにつなげてくれた社会福祉士との出会い」(1)、「本人の志があり、現場の教育システムが整っていれば学びながらはじめられる」(2)、「やりたい仕事についたので大変だと思わない」(3) とあるように、入職前の段階で持った職業アスピレーションを想起してあらためて確認することが、入職後の学びの契機となっていることが分かる。

②基礎的な技能の習得

　「専門学校で介護を学び介護福祉士を取得して入職した」(5) とあるように、専門学校での学習と資格取得が入職前に習得する専門能力の前提となっている。また、「社会福祉士を取得したが施設長から「現場を知らないでどうする」といわれ介護職となった」(4) とあるように、介護施設の場合は、介護を経験して基礎的な技能を習得していることが、ソーシャルワーカー（生活相談員）としての役割を果たしていく上で基礎的な能力となっていることがわかる。

　新任職員には、無資格者や他の業界から介護職に就く者も少なくない、

その場合でも、「ノートでの予習・復習がすごくためになる」(7)、「根拠を問い直されることで介護職としての責任感が身につく」(8) とあるように、養成校の学生が在学中の実習で学んできたのと同じく、実践の根拠となる理論学習や記録の作業を通したリフレクションによる学びが有効であることが示されている。

「知識・技術があれば介護の仕方も負担感もずいぶん違う」(6) とあるように、職能的自尊心を獲得するためには、基礎的な技能を習得して介護の負担感を軽減し、より望ましい実践につながっていくことの必要性が示されている。

③肯定的評価をもたらす経験の蓄積

「経験の幅を広げながら身につけていく」(9)、「経験を積むことで認知症の利用者を受け入れられるようになってきた」(11)、「利用者や家族との関わりの積み重ねが自信につながる」(10) と語られているように、介護の結果に対して肯定的な評価をもたらす経験が蓄積されることによって技能の習得と能力の幅が広がり、介護職としての自信に結びついていることが分かる。

④職務を通じた学び

「経験や勉強会での学びが判断力や臨機応変な対応につながる」(13)、「入職後の育成が大切」(14) との語りがあるように、特養に入所する利用者の重度化・多様化が進んでいる現場では、採用後の継続研修が重要となっている。特に、施設での看取りが増えて、医療的ケアの依存度が高くなっているなか、医療的ケアの基礎的な知識と技術の習得が必要となっており、それは、「医療的処置やターミナルケアでは職務を通じて学んだことが多い」(12) との語りにも表れている。

⑤成長段階に応じた研修

「介護は継続的な研修が必要な職業」(20) との語りがあるように、人材育成は新任職員のみならず、中堅、指導的職員、管理職の各階層に応じて継続されることが重要であると認識されていた。介護職は、新任職

員から中堅職員となり、チューター等で後輩を育成する立場になると、「自分の勉強不足に気づかされることは今でもよくある」(16)、「後輩の育成では、相手の受入体勢が整っていない段階で注意してしまうことに自分の能力不足を感じる」(19)と新たな成長段階での能力習得のニーズが生まれる。さらに中堅職員から指導的職員の立場になると、「利用者全体の状況や職員個々の状況等を把握する」(15)、「介護は経験、観察力、病気や障害への知識に加えて、総合的な生活の視点が必要」(17)とそれぞれの介助場面だけでなく、利用者の生活の全体をこれまでの観察力、知識、経験を動員して総合的に把握する能力が必要となる。さらに「自分の位置をより客観的に捉える」(18)との語りにあるように、チームケアを実践する上では、他職種と連携しながら自分の役割を遂行する能力が必要となる。このように、職能的自尊心は、介護職の成長段階に応じた能力の習得を経て形成されることが分かる。

⑥スーパーヴィジョン

　新任職員の段階では、「自分の成長を信じて待ってくれるよき上司に恵まれた」(21)とあるように、短期的な成果を求め過ぎないで、中長期的な方向性を持って、成長を見守り、支援していくことの重要性が示唆されていた。また、介護の現場は、チームケアで複数の介護職、そして他職種連携でケアが提供されていく、そのため、「職員間の人間関係で悩む」(22)との声があるように、介護職が職能的自尊心を形成していくためには、利用者への介護力だけでなく、職員間のコミュニケーション能力を習得し向上させていくことも必要となる。スパービジョンの場面では、職場の人間関係も視野に入れたサポートが求められる。

　これらのことから、職能的自尊心の形成過程においては、入職前の段階でまず職業アスプレーションが存在し、基礎的な技能の習得によって、介護負担の軽減やより望ましい介護実践がなされる。さらに経験を積み重ねることで、技能の習得が進むだけでなく、能力の幅が幅が広がり、

第Ⅶ章　面接調査による介護職の職業エートスと職場組織に関する分析

介護職としての自信に結びついていく。さらに、利用者の重度化、ニーズの多様化が進んでいる現場では、採用後の継続研修によって必要となる技能を習得していくこと、その上で、成長段階に応じた人材育成の場面を造っていくことがが必要である。

　職能的自尊心は、これらの段階のそれぞれにおいて必要とされる技能を習得することによって形成されていく。

２）職務的自尊心

表８　介護職の語りによる職務的自尊心の構成要素

カテゴリー	サブカテゴリー	No	コード
職務的自尊心	利用者へのケア		
		理解の深まり	1	観察によって利用者のニーズを把握できたときの喜び
		関係形成	2	利用者が自分のことを知って受け入れてくれたとき嬉しかった
			3	時間をかけて利用者とのコミュニケーションがとれた時の喜び
			4	入浴拒否の利用者が自分の声かけ誘導で気持ちよく入ってくれたとき嬉しい
		笑顔と感謝の言葉	5	利用やの笑顔、家族からの感謝の言葉に喜びを感じる
			6	無表情だった人が笑顔を見せてくれた時この仕事をしてよかったと思う
			7	敬老会でダンスを踊って利用者に喜んでいただいた時達成感があった
			8	あたりまえのことをしているだけなのに「ありがとう」といっていただける
		自立支援の成果	9	利用者の褥瘡が治ったり、食事が自分で食べられるようになった姿に喜びがある
			10	経管栄養の利用者が職員の介助で食事が出来るようになったとき嬉しかった
			11	利用者が職員の声かけに応答できるようになった時、日々の積み重ねが良い結果につながり充実感がある
			12	病院で拘束されていた人が元気になった時この仕事をしてよかったと思う
		活動のケア	13	園芸や外出への取り組み等、非日常的なケアが実践できたことがいい
			14	利用者と楽しい経験や感動を共有する場面に充実感がある

255

職務的自尊心	利用者へのケア	活動のケア	15	余暇活動を中心に利用者の願いに応える活動ができる時
		居場所の形成	16	利用者がここを自分の居場所と感じてくれている時嬉しい
		意味ある生の完成	17	利用者の看取りを行い、最後に送り出したとき充実感があった
		労働の意味づけ	19	介護の負担感は利用者の命を支える責任の重さであり誇りでもある
			20	大変だが介護には事務職にない充実感がある
			21	忙しいが、喜びは大きく、幸福感を感じる
	職員間の関係	職員の一致	22	他職種も含めみんながひとつになって最後まで看取った充実感
			23	フロアーのスタッフがまとまったときに主任としての充実感があった
			24	個人としてよりもフロアーとしてやってきたことが実を結んだ時に充実感を感じる
			25	施設全体で新しいことに取り組んだり、みんなで向上しようという意識
		仲間からの承認	26	関わることが困難な利用者が自分の関わりで穏やかになりそれを他の職員と共有できた時
		相互啓発	27	職員ひとり一人が自分に出来ることを考えて行動すると互いに啓発されて気持ちがひとつになる
		自発的な提案の実現	28	現場からの提案が実現でき利用者に喜ばれる時にやりがいがある
		後輩の育成	29	チューターとして後輩の指導が上手くいき、良いケアとなって利用者につながった時
			30	これまでの経験や学びを後輩に役立てることができている今がいちばんやりがいを感じる

　職務的自尊心の形成は、専門的能力の発揮と役割の実現、事業所や地域への貢献の過程である。本調査では、大きく分けて、①利用者へのケア、②職員間の関係の2つの場面で自覚されていた。

2）－1　利用者への支援
①理解の深まり

　利用者への個別ケアを実現するにあたって、必要となることは、利用者の状態像を把握し、介護ニーズを捉えることである。職員の語りからは、「観察によって利用者のニーズを把握できたときの喜び」(1) が示されていた。

第Ⅶ章　面接調査による介護職の職業エートスと職場組織に関する分析

②関係形成

「利用者が自分のことを知って受け入れてくれた時嬉しかった」(2) とあるように、介護を通じた利用者との関りがはじまり、継続されるなかで、利用者から承認され、受け入れられた時の喜びが自覚されていた。

また、「時間をかけて利用者とのコミュニケーションがとれた時の喜び」(3)、「入浴拒否の利用者が自分の声かけ誘導で気持ちよく入ってくれたとき嬉しい」(4) とあるように、信頼関係が形成されることが喜びとして自覚されていた。

③笑顔と感謝の言葉

日常の介護実践の中で、「利用やの笑顔、家族からの感謝の言葉に喜びを感じる」(5)、「無表情だった人が笑顔を見せてくれた時この仕事をしてよかったと思う」(6)、「敬老会でダンスを踊って利用者に喜んでいただいた時達成感があった」(7)、「あたりまえのことをしているだけなのに『ありがとう』といっていただける」(8) とあるように、介護実践の結果が、利用者の笑顔、利用者や家族からの感謝の言葉となって返ってきた時にも充実感が自覚されていた。

④自立支援の成果

「利用者の褥瘡が治ったり、食事が自分で食べられるようになった姿に喜びがある」(9)、「経管栄養の利用者が職員の介助で食事が出来るようになったとき嬉しかった」(10)、「利用者が職員の声かけに応答できるようになった時、日々の積み重ねが良い結果につながり充実感がある」(11)、「病院で拘束されていた人が元気になった時この仕事をしてよかったと思う」(12) と日常の介護実践が、利用者の健康や自立性の向上に結びついた時に、充実感として職務的自尊心が自覚されていた。

⑤労働（labor）の意味づけ

M施設の職員が語った「介護の負担感はそのまま利用者の命を支える責任の重さであり誇りでもある」(19)，「大変だが介護には事務職にない充実感がある」(20)、「忙しいが、喜びは大きく、幸福感を感じる」と

介護の負担感、大変さ、忙しさを捉え直して、積極的な意味づけをするという姿勢で職務的自尊心を形成している事実があった。とりわけ、「介護の負担感はそのまま利用者の命を支える責任の重さであり誇りでもある」という言葉は、本調査でもっとも印象に残った言葉のひとつである。

筆者は、自分自身でも介護の現場で１０年以上に渡って介護職として勤務してきた。しかし、食事、排泄等の人間の生命過程を再生産する － 日々繰り返される － 介助から取り除くことができない身体的負荷を積極的に意味づける信念を持ち合わせていたわけではなく、むしろ身体的負荷・・・「辛さ」の意味を模索する日々であった。

この点に関して、強い信念を持って日々の介護に従事している彼が受け止める負担感は、単なるストレッサーではなく、そこには、既に命を支える重さと誇りが存在している。利用者の重度化、多様化、不規則勤務等は心身のストレスになるのは事実だが、そこには、プロフェッショナルとして、利用者の生命（いのち）を支える責任と誇りがあり、人間としての充実感、喜び、幸福感にも結びついていることが深く印象づけられた。

このことから、介護を実践する現場から、介護という行為自体を捉え直し、介護が人間社会において不可欠な支え合いの行為であり、誇りと喜びを伴った働きであることを社会に向けて積極的に発信していくことも重要であると認識させられた。

⑥活動（action）のケア

「介護の負担感はそのまま利用者の命を支える責任の重さであり誇りでもある」（19）と語った職員が勤務する施設は、「利用者と楽しい経験や感動を共有する場面に充実感がある」（14）、「余暇活動を中心に利用者の願いに応える活動ができる時」（15）と職員が語る施設であり、「特養が好きで、Ｆ施設の介護がすごく好き」（職能的自尊心：4）と自分たちの介護実践の全体を好きと自覚していたＦ施設の職員は、「園芸や外出への取り組み等、非日常的なケアが実践できたことがいい」（13）とも語って

第Ⅶ章　面接調査による介護職の職業エートスと職場組織に関する分析

いた。

　つまり、介護職が、食事・排泄・入浴・更衣・移動といった心身に負担感をもたらす介護実践に責任や誇りを見いだすことができるのは、介護職が利用者の身体を支えるケアに終始しているのではなく、一方で、「利用者と楽しい経験や感動を共有する場面」、「余暇活動を中心に利用者の願いに応える活動」、「園芸や外出への取り組み等、非日常的なケア」といった利用者の人生の物語を創る活動を、介護者と被介護者という関係を超えて実現することができているからなのである。

⑦居場所の形成

　職員の「利用者がここを自分の居場所と感じてくれていることが伝わってくる時嬉しい」(16) という語りからは、利用者への生活全般にわたるケアの実践を積み重ねていった結果として、利用者が施設を自分の居場所として受け入れてもらえた時に喜びが見いだされている。このように、居場所づくりも介護職がの職務的自尊心を自覚する重要なケアの要素であることが分かる。

⑧意味ある生の完成

　「利用者の看取りを行い、最後に送り出したとき充実感があった」(19) とあるように、ターミナルケアを最後までやりとげることは、利用者の人生を意味ある生として完成するための活動であり、介護職に職務遂行の充実感をもたらしていた。

２）－２　職員間の関係

①職員の一致

　「他職種も含めみんながひとつになって最後まで看取った充実感」(22) とあるように、ターミナルケアへの取り組みでは、職種の壁を越えて職員が協力し合い、職員は、利用者を中心にした相互啓発的な仲間意識が形成されることに充実感を感じていた。また、「フロアーのスタッフがまとまったときに主任としての充実感があった」(23)、「個人としてよりも

259

フロアーとしてやってきたことが実を結んだ時に充実感を感じる」(24)、「施設全体で新しいことに取り組んだり、みんなで向上しようという意識」(25) との語りから、チームとしてのまとまりや取り組んできたことの実現、新たな職務への前進等の経験を共有している時にも充実感が自覚されていた。

このことから、利用者や家族との関わりだけでなく、職員組織内における関係形成も職務的自尊心を形成していることが分かる。

②仲間からの承認

「関わることが困難な利用者が自分の関わりで穏やかになり、それを他の職員と共有できた時」(26) とあるように、望ましい介護実践の成果を共有することが喜びとなっている。自分固有の能力の発揮が他の職員との関係のなかで認知されることは、「個性の発揮」の結果であり、職能的自尊心が形成されるひとつの過程となる。

③相互啓発

「職員ひとり一人が自分に出来ることを考えて行動すると互いに啓発されて気持ちがひとつになる」(27) とあるように、利用者へのケアを中心にして、職員が自分の強みや職種毎の専門性を発揮する場面をつくりながら介護実践が行われると、相互啓発的な成長がなされ、職種や階層を超えたチームが形成される。これも職務的自尊心の形成過程である。

④自発的な提案の実現

「現場からの提案が実現でき利用者に喜ばれる時にやりがいがある」(28) とあるよに、現場としてのまとまりによってつくられた提案が施設内で承認され、実現できた時にやりがいがみいだされている。

⑤後輩の育成

「チューターとして後輩の指導が上手くいき、良いケアとなって利用者につながった時」(29)、「これまでの経験や学びを後輩に役立てることができている今がいちばんやりがいを感じる」(30) と自分の支援による後輩の成長、後輩との信頼関係の形成、後輩の成長による自分自身の成長

第Ⅶ章　面接調査による介護職の職業エートスと職場組織に関する分析

の確認が職務遂行の充実感に結びついていた。

　このように、職務的自尊心の形成過程は、大きく分けて、利用者への
ケアと職員間の関係形成によって成り立っている。
　利用者へのケアでは、ケアの前提となる利用者理解の深まりがあり、
続いて利用者との関係形成が続き、その成果として、利用者の笑顔や家
族からの感謝の言葉、そして自立支援が成立する。さらに、活動（action）
のケアは、利用者の人生の物語を共に創る経験であり、その積み重ねに
よって、生み出された空間が、居場所として利用者に受け入れられるよ
うになる。ターミナルケアで利用者の意味ある生の完成が実現すること
で、利用者へのケアを通じた職務的自尊心の形成が成立する。
　また、職員間関係形成では、職員の一致も職務的自尊心形成のひとつ
のプロセスとなる。望ましいケアの実現によって仲間から承認される経
験、相互啓発によって生まれる仲間意識、チームとしての提案が管理者
から承認される経験も自己の成長過程として職務的自尊心の自覚をもた
らす。チューターの役割を担うことによる後輩の育成も中堅職員として
の自己の成長を自覚できる経験となっている。

3）職命的自尊心

表9　介護職の語りによる職命的自尊心の構成要素

カテゴリー	サブカテゴリー	No	コード
職命的自尊心	熟練	1	実務を積んで介護福祉士をとりたい
		2	現場にいるのがいちばんいい
		3	自分が利用者や仲間から必要とされることにやりがいを感じ介護職を続けたい
		4	この施設に自分の居場所があり、必要とされていることにやりがいがあるので、他の業界は全く考えていない
	地域への広がり	5	ショートステイ担当になった。広い意味で介護・福祉の世界で働き続けたい
		6	地域のニーズに応えて在宅介護を実践したい

261

		7	将来的には、自分が理想とする事業所を自分の地域につくりたい
	マネジメント	8	自分が施設長からしてもらったことを自分も働く職員に返したい
	スーパーバイザー	9	実習生や後輩の育成ができるよう根拠を持ったケアを行いたい
		10	現場で利用者と触れ合いながら後輩の育成をしたい
職命的自尊心		11	社会福祉士の受験資格の取得を準備している
		12	認知症専門士や看護助手の資格を調べている
		13	介護福祉士を取得し、5年後は介護支援専門員を取得したい
		14	他業種から入ってきた者もキャリアプランを描ける楽しみがある
	資格取得と他職種	15	将来、体力や腰痛に不安があるので、社会福祉士の受験資格をとっている
		16	介護職が好きだが体力的・経済的不安要素があるので将来的にはもう少し視野を広げてもいいかな
		17	体力的な心配があるので、ケアマネジャーの資格をとるために勉強している
		18	自分の介護に限界を感じ、理学療法士になろうと思ったことあがる
	心配	19	子どもが2人になったり、小学校に上がったときに続かられるか心配

①熟練志向

　「実務を積んで介護福祉士をとりたい」(1)、「現場にいるのがいちばんいい」(2)、「自分が利用者や仲間から必要とされることにやりがいを感じ介護職を続けたい」(3) と介護職としての実務を継続し、熟練していく方向性を持っていることが分かる。

　利用者から必要とされていることの実感や職員間での支え合いが介護職を継続することの基盤となっている状況があり、このような経験の積み重ねによって介護職としての職命的自尊心が形成されていることが示されている。

　一方、「この施設に自分の居場所があり、必要とされていることにやりがいがあるので、他の業界は全く考えていない」(4) は、明確で強い意志が伝わってくるが、「介護職としてこの施設で」とは言い切ってなく、「この施設で」と将来的に職種が変わる可能性も含めた現職場を自分の居場所と認識している。この点を踏まえると、介護職の職命的自尊心の形成は、福祉・保健も含めた広い領域として捉えて支援していく必要があ

るだろう。

②地域への広がり

　調査施設はすべて特別養護老人ホームであり、「ショートステイ担当になった。広い意味で介護・福祉の世界で働き続けたい」(5)、「地域のニーズに応えて在宅介護を実践したい」(6) と入所施設での介護経験から居宅介護事業への広がりを志向している職員がいることが分かる。

③マネジメント

　「将来的には、自分が理想とする事業所を自分の地域につくりたい」(7)、「自分が施設長からしてもらったことを自分も働く職員に返したい」(8) と自らが事業主となって、自分が理想とするする事業所をつくり、地域に貢献し、職員を育てることを将来のビジョンとして描いている職員もいた。職命的自尊心の形成は、介護職の実務からはじめて、事業所の管理者となってマネジメントの役割を担えるようになることが、キャリアパスのひとつのルートとしてイメージされている。

④スーパーバイザー

　「実習生や後輩の育成ができるよう根拠を持ったケアを行いたい」(9)、「現場で利用者と触れ合いながら後輩の育成をしたい」(10) とあるように、キャリアパスのもうひとつの方向として、スーパーバイザーとなって、後輩の育成に携わる道を描いていることが分かる。

⑤資格取得と他職種

　「社会福祉士の受験資格の取得を準備している」(11)、「認知症専門士や看護助手の資格を調べている」(12)、「介護福祉士を取得し、5年後は介護支援専門員を取得したい」(13)、「他業種から入ってきた者もキャリアプランを描ける楽しみがある」(14) とあるように、キャリアパスの形成過程において、介護福祉士や認知症専門士のような介護職にかかわる資格取得に限らず、社会福祉士、介護支援専門員、看護助手といった他職種の資格取得が上げられており、介護職が描くキャリアパスのひとつ方向性には、資格の取得によって他職種へと雇用可能性を広げていくこ

とが含まれている。そのため、管理者は介護職が他職種への移動を希望することをキャリアパスのひとつの選択肢として受容し、職場として資格取得の支援をしていくことの必要性が示されている。

資格の取得を希望する背景には、「将来、体力や腰痛に不安があるので、社会福祉士の受験資格をとっている」(15)、「介護職が好きだが体力的・経済的不安要素があるので将来的にはもう少し視野を広げてもいいかな」(16)、「体力的な心配があるので、ケアマネジャーの資格をとるために勉強している」、「子どもが2人になったり、小学校に上がったときに続けられるか心配」(19)と介護職を継続して年齢を重ねていった時に自分の体力、結婚・子育てとの両立、収入面での不安・心配も存在している。

そのため、これらの不安要素を改善・解消していくことが、介護職として、現在の職場で働き続けることへの安心感につながる。実際に、介護職を将来的にも継続したいという意向を語っていた介護職が勤務している調査施設では、短時間勤務制（K施設）、結婚を機に正規職員から非正規職員になった場合の賞与の維持（S施設）、保育園の設置（K施設）、定年制の撤廃（M施設）等、安心して働き続けるための具体的な支援を行っていた。

このように、介護職の職命的自尊心の形成過程には、熟練志向、マネジメント志向、スーパーバイザー志向、資格取得による他職種への移動の4つがある。ただ、その動機には、自己の能力発揮と役割の実現の機会をより発展させたいという専門職としての成長動機によるものと、介護職として働き続けるうえでの体力的不安、結婚・子育てとの両立、収入面での不安要素等の労働条件の厳しさによるものがある。そのため、職場組織には、介護職の成長動機に応えて、職務機会の発展をサポートし、労働条件における不安要因を改善・解消していく努力が求められる。

第Ⅶ章　面接調査による介護職の職業エートスと職場組織に関する分析

4　小括

　以上、5施設の調査結果を整理し、職場の労働条件・組織マネジメントを整えていくための条件、介護職の職業エートスを高めていくための条件を提示してきた。

　職場の労働条件を整えるための取り組み・条件としては、1）賃金では、①不安要素とならない賃金、②給与・手当・福利厚生の充実、③同一労働・同一賃金、④経営への参加、2）心身の負担では、①ストレスの軽減、②労働（labor）の積極的意味づけ、③明確なアスピレーション、④教育的サポート、3）休暇では、①ワークライフバランス、②仲間のサポート、4）設備・環境では、①短時間勤務制、②保育園の設置、5）その他として、①定年制の撤廃、②介護雇用管理改善推進委託事業、③活動（action）の重視、④個別的対話といった職場環境の整備が示されていた。

　また、組織マネジメントの取り組み・条件においては、1）理念では、①理念明確化、②リーダーによる理念の体現、③ケアプラン・ケースカンファレンスでの具現化、④実践での具現化、⑤理念の段階的な実行、⑥理念の内面化、⑦理念に基づいた人材育成、⑧地域からの信頼に根ざしたミッション、⑨職員の共鳴、⑩職員参加による理念づくり、2）リーダーシップでは、①権利擁護の基盤整備、②情報収集と情報の共有化、③オープンで迅速な意思決定、④モデルとなる行動、⑤現場に近い距離、⑥職員個々との対面的な対話、⑦暖かく信頼できる人間性、⑧現場への信頼、⑨職員・家族への配慮、⑩集団機能としてのリーダーシップ、3）チームワークでは、①施設長の支援と現場との橋渡し、②委員会制度、③利用者中心が前提、④相互啓発的な成長、⑤職種を超えた仲間意識と実践、⑥何でも話し合える雰囲気と頻繁な話し合い、⑦家族的・友愛的共同体意識、⑧発散の時間、⑨集団凝集性の両義性、4）権限委譲では、①権限委譲の環境設定、②階層的な役割分担、③委員会制度、④自主性

の奨励と提案の採用、⑤個人の承認と方向付け、⑥人材育成との連携、
5）人材育成では、①フロア全体で育成、②マニュアルの作成と更新、
③研修委員会、④アンケートによる研修ニーズの把握、⑤学びの共有、
⑥研修履歴とキャリアパスの作成、⑦チューター制の導入、⑧資格取得
支援、⑨施設内学会と表彰制度、⑩技能の継承に寄与する低い離職率、
これらの仕組みが整えられていくことが重要である。

　最後に、介護職の職業エートスを高めるための取り組み・条件として
は、1）職能的自尊心のレベルでは、①アスピレーション、②基礎的な
技能の習得、③経験の蓄積、④職務を通じた学び、⑤成長段階に応じた
研修、⑥スーパービジョン、2）職務的自尊心の段階の利用者への支援
では、利用者への支援における①理解の深まり、②関係形成、③笑顔と
感謝の言葉、④自立支援の成果、⑤労働（labor）の意味づけ、⑥活動
（action）のケア、⑦居場所の形成、⑧意味ある生の完成、職員間の関係
における、①職員の一致、②仲間からの承認、③相互啓発、④自発的な
提案の実現、⑤後輩の育成、3）職命的自尊心のレベルでは、①熟練志
向、②地域への広がり、③マネジメント、④スーパーバイザー、⑤資格
取得と他職種、これらの項目が職業的自尊心の形成過程に必要であるこ
とが示された。

第Ⅶ章　面接調査による介護職の職業エートスと職場組織に関する分析

職場の労働条件・組織マネジメントを整え、
介護職の職業エートスを高めていくための諸条件

労働条件	組織マネジメント	職業エートス
1）賃金 ①不安要素とならない賃金 ②給与・手当・福利厚生の充実 ③同一労働・同一賃金 ④経営への参加 2）心身の負担 ①ストレスの軽減 ②教育的サポート 3）休暇 ①ワークライフバランス ②仲間のサポート 4）設備・環境 ①短時間勤務制 ②保育園の設置 5）その他 ①定年制の撤廃 ②介護雇用管理改善推進事業 ③活動（action）の重視 ④個別的な対話	1）理念 ①理念の明確化 ②リーダーによる理念の体現 ③ケアプラン・ケアカンファレンスでの具現化 ④実践での具現化 ⑤理念の段階的な実行 ⑥理念の内面化 ⑦理念に基づく人材育成 ⑧地域からの信頼に根ざしたミッション ⑨職員の共鳴 ⑩職員参加による理念づくり 2）リーダーシップ ①権利擁護の基盤 ②情報収集と情報の共有化 ③オープンで迅速な意思決定 ④モデルとなる行動 ⑤現場に近い距離 ⑥職員個々との対面的な対話 ⑦暖かく信頼できる人間性 ⑧現場への信頼 ⑨職員・家族への配慮 ⑩集団機能としてのリーダーシップ 3）チームワーク ①施設長の支援と現場の橋渡し ②委員会制度 ③利用者中心が前提 ④相互啓発的な成長 ⑤職種を超えた仲間意識と実践 ⑥何でも話し合える雰囲気と頻繁な話し合い ⑦家族的・友愛的共同体意識 ⑧発散の時間 ⑨集団凝集性の両義性	1）職能的自尊心 ①アスピレーションの確認 ②基礎的な技能の習得 ③肯定的介護経験の蓄積 ④職務を通じた学び ⑤成長段階に応じた研修 ⑥スーパービジョン 2）職能的自尊心 ・利用者への支援 ①理解の深まり ②関係形成 ③笑顔と感謝の言葉 ④自立支援の成果 ⑤労働（labor）の意味づけ ⑥活動（action）のケア ⑦居場所の形成 ⑧意味ある生の完成 ・職員間の関係 ①職員の一致 ②仲間からの承認 ③相互啓発 ④自発的な提案の実現 ⑤後輩の育成 4）職命的自尊心 ①熟練志向 ②地域への広がり ③マネジメント ④スーパーバイザー ⑤資格取得と他職種

267

介護職の働きがいと職場の組織マネジメント

	4）権限委譲 ①権限委譲の環境設定 ②階層的な役割分担 ③委員会制度 ④自主性の奨励と提案の採用 ⑤個人の承認と方向付け ⑥人材育成との連携 **5）人材育成** ①フロア全体で育成 ②マニュアルの作成と更新 ③研修委員会 ④アンケートによる研修ニーズ 　の把握 ⑤学びの共有 ⑥研修履歴とキャリアパスの作 　成 ⑦チューター制の導入 ⑧資格取得支援 ⑨施設内学会と表彰制度 ⑩技能の継承に寄与する低い離 　職率	

終章

終章

1　本研究の目的と研究の仮説

　本研究の目的は、介護職の職務継続や離職意向には「職業エートス」の形成が影響していることを明らかにし、その形成過程を示すとともに、「職業エートス」が職場組織の「労働条件」、「組織マネジメント」によって醸成されること実証的に示すことである。

　また、介護職が離職にいたる過程には、賃金の低さや労働負荷の重さ、休暇の取りにくさといった厳しい「労働条件」だけではなく、仕事の意義や目的の不明確さ、専門的な能力や個性を発揮する機会の乏しさ、職場の人間関係等の「組織マネジメント」の未整備によって「職業エートス」が形成されない、または形成された「職業エートス」の低下や喪失が考えられる。そうであれば、一定の水準の賃金、労働負荷の軽減、休暇取得への配慮等の適切な「労働条件」が整備され、仕事の意義や目的が明示され、専門的な能力発揮の機会と役割の実現がもたらされ、職場の人間関係等の「組織マネジメント」が整備されることで、「職業エートス」の形成が促進され、職務を継続することができるとの仮説を立てた。

2　各章のまとめ

　第Ⅰ章では、介護職の働きがいに関わる先行研究の概要を論じた。

　介護職の職務満足・職務負担と職務継続・離職意向に関わる調査研究は、1980年頃からはじまり、当時既に、サービスの質の確保や職員の定着の問題として認識されていた。また、「就職時の現職に対する希望の強さ」や「自尊感情」に着目した研究があり、この時代には、本研究が取り上げている「職業アスピレーション」や「職業エートス」と重なる問

269

題意識が既に存在していたことがわかる。

　その後、負担感に関する調査研究が数多く取り組まれ、これらの蓄積から、介護職の負担感には身体的負担感、精神的負担感、事務的負担感があることが認識されてきた。ストレスの面から見ると、ストレス反応、軋轢（コンフリクト）や葛藤、負荷の重さ・関わりの深さによる影響の3つに分類され、いずれもストレッサーの軽減、職場環境の改善が示唆されている。

　また、職務満足に影響を与える要因に関する先行研究をみると、バーンアウトの低減と予防を行っても、それだけでは従事者の幸せ（Well-being）に貢献する職場環境としては不十分であり、加えて仕事でいきいきとした状態（活力、熱意、没頭）を高める必要があるという問題意識から、ワーク・エンゲイジメントに関する研究が行われるようになった。これらの職務満足に影響を与える要因に関する先行研究を整理すると、要因として抽出された項目は、介護職（個人要因）と介護職場（組織要因）に分けることができ、介護職場（組織要因）は、「労働条件」、「組織マネジメント」に分類することができる。

　さらに、介護職の職務継続・離職意向に影響を与える要因に関する研究に着目すると、個人要因では、、調査によって結果に違いがあり、明らかな関連が示されているとは断言できない状況がある。組織要因に目を向けてみると、組織要因は、職務の負担感に関わる労働条件と能力発揮・成長に関わる組織マネジメントの2つに分類できる。

　このうち、労働条件には、勤務時間、休暇・福利厚生といった負荷を軽減する面と賃金といった負荷に報いる面がある。組織マネジメントでは、①理念・方針、②リーダーシップ、③チームワーク、④権限委譲と役割明確化、⑤人材育成・研修に分類することができる。

　以上のことから、先行研究においては、介護職の職務継続・離職意向に関わる個人要因の分析は充分に行われているとはいえず、特に「職業

エートス」に焦点を当てて、職場組織（労働条件、組織マネジメント）との関連を実証した研究はないことが分かる。しかし、職場の「労働条件」や「組織マネジメント」が個人要因に影響し、それが介護職の職務継続・離職意向につながっていることは示唆されている。そこで、本研究では、介護職の職務継続や離職意向には「職業エートス」の形成が影響していることを明らかにし、その形成過程を示すとともに、「職業エートス」が職場組織の「労働条件」、「組織マネジメント」によって醸成されること実証的に示すことに意義があると考えた。

　第Ⅱ章では、「職業」という概念と「職業アスピレーション」を論じ、「職業エートス」の形成過程を振り返りながらその意味を考察するとともに、「職業エートス」が何によって構成されるのかを検討した。

　近代以前の社会・経済システムにおいては、社会の基本的な人員・資源配分原理は「アスクリプション（属性原理）」にあり、そこでは個人が職業を選択することを原則として許容されず、近代的な意味での職業選択の自由は存在していなかった。個人はあくまでも「有機体」の一分肢であり、連続性のなかの個人と位置づけられていた。近代化とは、この全体性が分解し、個人化（共同体の紐帯から個人の内面へ、身分から契約へ）へと向かうプロセスであり、「居住移動の自由」、「婚姻の自由」、「職業選択の自由」を基盤とする「業績原理」が現実化した。

　現在の「職業」という観念も、近代社会の生成とともに生まれ、人々に浸透していったものである。近代社会における職業概念の形成は、中世の共同体が解体し、個人の内面へと向かうことで、勤勉の精神が形成されていったが、社会の産業化によって職業システムが分化、拡大、質的向上していく過程で、神からの召命や徳目の追求といった精神性は後退し、経済や科学、技術といった倫理とは異質な価値が重要視されるようになっていった。

　「業績原理」の最大の舞台は、職業的役割遂行の場面であり、職業選択

の自由である。「職業アスピレーション」は、業績原理のもとで、個人が望む職業への参入機会が解放されることによって、職業選択の自由とともに、その選択を現実化するための「動機づけ」が生まれることと結びついており、内的要因に方向づけられた職業選択への「志」や社会（職業）的地位への志望・大望・熱望である。このように、職業アスピレーションは、職業選択にかかわる志望、動機、予定、必要条件の獲得に努力する個人の志向であり、職業に対する適性の基礎を形成するとともに、その職業を継続する志しを支えている。

　次に、「職業エートス」は、家庭・学校・職場の教育や自己啓発によって形成される内面的な勤労の倫理であり、歴史の流れのなかで、内面化された社会規範、倫理的社会心理である。

　「職業エートス」の発展過程を振り返ると、古代ギリシャにおいては、生命の必然に拘束される労働は、限りなく奴隷的な活動と位置づけられ、哲学者の「観想 theor ianous」と市民の政治活動である「真の活動 praxis」を含む「余暇」のみが人間の本性にふさわしい生き方であるとされていた。

　その後、キリスト教が広がって浸透した中世ヨーロッパでは、労働は信仰を完成するためのひとつの活動として受け入れられた。特に、中世ヨーロッパの基盤を形成した修道院では、「祈りかつ働け ora et labora」を説く聖ベネディクトの戒律によって、祈りと労働は完徳に至る双翼とし位置づけられた。さらに、中世の全過程を通じた異端や新プラトン主義、アリストテレス学派との論争により、その禁欲的な意味は強調されていった。

　資本主義が勃興する過程で、中世修道院で生まれた世俗外禁欲（修道院における禁欲）の倫理は、教会が領有していた土地財産の没収と修道院の解散を契機に、ピューリタニズムの世俗内禁欲倫理（修道院の外の社会における禁欲）の姿をとり、広く一般信徒の間に浸透し、それによって、「資本主義の精神」に発展する中心的な要因である「天職観」が生

み出され、修道院を核とする共同体の中で文書化された規則によって遵守されてきた「労働エートス」が、修道院外の産業化された社会で、神からの呼びかけに応答して禁欲的に働くという内面化された「職業エートス」へと変容していった。

中世の「労働エートス」は、世俗外の修道院に存在した「禁欲的エートス」であり、世俗の社会秩序を魂の救済と対峙するものとして斥ける立場である。それに対して、近代における世俗内で発展した「職業エートス」は、世俗の職業生活も神の計らいによるものとみなし、それゆえ勤勉と節制に努めることが「神の栄光を増す」ことに繋がるとする立場である。

この世俗の社会生活に神の計らいを見いだして神の栄光が増すことに使命感を抱き、利潤の費消を抑えて生産性を高めることに自尊心を見いだし、経営体の発展を可能ならしめたのが他ならぬ「天職観」であった。

近代になって、中世の「徳目（virtue）」に取って代わったのが、貨幣による等価交換で生み出される「価値（value）」である。この転換によって、「労働」は「余暇」に対する相対的な優位性を獲得し、「余暇」が「労働」に従属する関係に置かれるようになった。一方、信仰の完成という目的を失った「労働」の内実も変容した。マルクス（1844）は、目的から切り離されるようになった「労働」を「疎外された労働」であるとした。さらに、マルクスの「疎外」概念を近代社会のテクノロジー、社会構造、そして労働者の個人的経験という3つの変数間における関係として示したロバート・ブラウナー（1964）は、「無力性」、「無意味性」、「孤立」、「自己疎隔」の4つの類型を挙げ、「疎外」を説明した。

アレント（1958）は、マルクスが人間を「労働する動物」と規定し、その結果、人間のあらゆる能力を「生命の必要」に従属させてしまったして、「仕事（work）」と「活動（action）」を含んだ三類型による「活動的生活（vita activa）」の重要性を示し、ブラウナーもまた、「疎外された労働」の対極にある状態を示した。このように、人間のあらゆる能力

273

を「生命の必要」に従属させてしまった近代においては、アレントが「人間は閑暇における観照と活動の両方に従事する」と提言したように、「活動的生活」においては、「労働（labor）」以外の「仕事（work）」、「活動（action）」が、「精神の生活」においては、「思考（thinking）」、「意思（willing）」、「判断（judging）」の復権が求められる。そして、そのためには、「構成員がたがいに同じ家族の兄弟のように結び合うような一種の身体（コルプス）」であり、「同胞愛の原理が政治的な仕組みとして適用された共同体」の機能を備えた職場組織が求められる。

　経済成長の中心が第一次産業である農業から第二次産業である工業、そして第三次産業であるサービス産業へと移行するという「脱工業化社会」で中心的役割を担う職業となったのが専門職である。H.J.パーキン（1998:15）は、「工業化以前の社会が産業資本家（capitalist enterpriser）によって支配されていたように、専門職社会は職業専門家（professional expert）（伝統的な専門職や新興の技術専門職ならびに福祉専門職のみならず専門的経営者や官僚もふくめ）によって支配される社会である。（中略）専門家という希少資源は、高度に熟練しかつ非常に多様化した労働力からなる人的資本（human capital）であって、多種多様な職業に必要な専門教育を受けることができる人々が存在する限り拡大し得るものなのである」と説明し、脱工業化社会は高度サービス産業社会であり、専門職社会（professional society）であるとしている。

　脱工業化社会における専門職の特徴は、その多くが雇用されるという形態をとっていることである。雇用された専門職は、高度な知識や技術を習得し続けることでエンプロイアビリティー（雇用可能性）を高めて社会経済環境の変化に柔軟に対応し、専門職としての雇用を確実なものとし、自律性を高め、社会的な影響力をも拡大していこうとする。専門職に付与される自律性の高まりと合わせ、近年になって、企業や組織活動の社会性や倫理性が問われるようになると、あらためて、さまざまな職業活動に応じた貢献と責任が内面化されたエートスに関心が向けられ

終章

るようになった。その背景には、サービス産業の中心となっている対人サービスでは、サービスの供給と消費が供給者と顧客の間でコミュニケーション行為を通じて同時に行われるため、物財の所有権移転を伴わず、在庫として保存しておくことも、生産した後に移送することもできないという特性がある。つまり、コミュニケーション行為である「活動action」を含んだ対人サービスにおいては、各自の責任によって職務を自律的に遂行していくための内面化されたエートスが必要となったのである。

　そのひとつのキーワードが「職業的使命感」である。この「職業的使命感」は、もっとも高揚した形では、「ノブレス・オブリジェ（高邁な義務感）」と呼ばれる。「職業的使命感」は職位の構造、職種の在り方、職場の風土や価値観の在り方、目標達成のための文化・環境要因等によって変わってくるが、それら文化・環境要因のもとで「職業的使命感」を生み出す心理的個人差として「職業的自尊心」に関心が向けられるようになっている。

　第Ⅲ章では、介護職の特性に焦点を当てながら、介護職における職業エートスの必要性とその形成過程を論じた。

　職業としての介護職の特性を考える時、2つの意味で、生命再生産労働として一括りに扱われてきた問題がある。まず、第1点は、マルクスが人間を「労働する動物」と規定して、「仕事（work）」をも「労働（labor）」として捉えてしまったこと、そして、近代社会が、人間のあらゆる能力を「生命の必要」に従属させてしまった問題である。この背景には、産業のサービス化が今ほど進んでいない当時の社会にあっては、サービスに経済価値としての有用性を認識することが、まだ浸透していなかったことが考えられる。ところが、産業のサービス化が進展していく過程で、サービスの経済価値としての有用性が認識されるようになっても、なお、マルクス主義フェミニズムにおいては、サービスとしての介護を「生命の必要」の枠内にとどめて認識し、生命再生産労働として

275

一括りに扱ってきたという問題がある。

　第2点は、近代社会の誕生によって性別役割分業によって営まれる核家族が生まれ、産業化の進展に伴って、家事、育児、介護が家族機能から外部化さて職業化されるようになったが、元々介護は家事、育児と同じく生命再生産労働であり、家庭内のシャドーワーク（社会活動から閉ざされた不払い労働）とされていたが故に、職業化された後も経済的価値が低く換算されている問題がある。

　しかし、対人サービスとしての介護職が現実に含有する特性は、生命再生産労働としての「労働labor」の域にとどまらず、利用者のADLやIADL、そしてQOLにおける状態像の変化をもたらし、職場内で人材を育成して組織を形成し、制度やシステムとの結びつきを生み出す「仕事work」の領域にまで広がり、対人援助サービスとしての介護サービスの提供者には、サービス利用者の生命・生活・人生・死にゆく過程を支えていくために、その求めやニーズを迅速・敏感に察知し、適切に応答していく責任がある。同時に、多様なニーズや問題、苦悩、困難を抱えた利用者との間のコミュニケーション行為を通じて行われる継続的支援活動は、利用者の人生の物語生成への支援や、家族・地域・社会の歴史生成への貢献といった「活動action」を形成している。

　近代社会は、人間を自然、人間自身、類的生活から切り離し、「無力性」、「無意味性」、「孤立」、「自己疎隔」といった「疎外された労働」をつくりだした。では、疎外された労働の対極にある非疎外的状態とはどのような状態であるのだろうか。介護職にあてはめると、日々の介護実践において、①利用者との相互関係に応じて、自分で介護内容を調整する自由と自分で判断する裁量権が与えられており、②自己の介護実践が、利用者の幸福や家族の安心、事業所の目的の実現や発展につながり、③施設の理念や方針への共鳴があって、上司との信頼関係と同僚との連帯が形成され、④これらの活動の結果として、介護職が利用者のADL・QOLの向上、家族の安心、事業所と地域社会の発展に寄与していること

が確認できる状況が考えられる。

　第Ⅲ章では、続けて、職業アスピレーションも含めた概念として、介護職の職業エートスと職業エートスの構成要素をまとめて示した。

　本研究では、第Ⅱ章で、職業エートスを「家庭・学校・職場の育成や職務経験の積み重ねによって形成される内面的な勤労の倫理であり、歴史の流れのなかで、内面化された社会規範、倫理的社会心理である」と定義したが、この定義を踏まえて、介護職の職業エートスを示すと、介護職の職業エートスは、「職能的自尊心、職務的自尊心の形成過程を通して、『呼びかけ』と『応答』の相互関係によって形成された職命的自尊心である」と定義することができる。

　しかし、職業エートスの形成には、そもそも介護職が職業として成立するための構成要素が必要となる。それが、「職業の3要素」であり、①専門職としての固有の能力発揮である「個性の発揮」、②その結果としての「役割の実現」、③「個性の発揮」と「役割の実現」の結果としての「生計の維持」があり、この「職業の3要素」が一定の均衡を保っていることが介護職の職業エートスの形成に大きな影響を与えると考えられる。

　また、対人サービスとしての介護職の職業エートスの形成を可能とする構成要素に、「人間の活動」がある。「人間の活動」は、「労働（labor）」、「仕事（work）」、「活動（action）」で構成される。介護職の場合は、①「労働（labor）」は食事、排泄等の利用者の生命過程を円環的に支える職務、②「仕事（work）」は、利用者のADLやQOLの向上、職場組織の成長・発展等の建設的な成果としてかたちに残る職務、③「活動（action）」は、利用者の意味ある生（story）の完成や職場組織が地域社会に貢献する歴史（history）への関与、があげられる。

　日常の介護実践において、この2つの構成要素が条件として成立することで、介護職の職業エートスが形成されると考えられる。

　このように職業エートスは、「志（こころざし：aspiration）」が核とな

って、職能的自尊心、職務的自尊心の形成過程を通して、「呼びかけ」と「応答」の相互関係によって形成される。しかし、その前提には、「職業の3要素」と「活動的生活（vita activa）」が規定要素として存在していることが必要であり、職業エートスは、これらの要素が成立することによって、階層的なつながりを形成しながら構造化されていくと考えることができる。

第Ⅳ章では、職場組織を論じるための基本的な分析視点を提示し、介護職の職場組織について論じた。

職場組織を論じるための基本的な分析視点

社会集団としての最も基礎的な集団の単位は家族であるが、近代社会になると、ゲマインシャフトの本質的な結合による「肉親」（家族）、「近隣」（村落）、「朋友」（教会団体、ギルド、労働組合）に加えて、「契約」を介して「労働」、「土地」、「貨幣」が商品として交換される社会・経済システムの結びつきであるゲゼルシャフトが生み出された。テンニエスは、歴史は新たな友愛によるつながりであるゲノッセンシャフトに向かうと考えた。

しかし、その原型は、近代以前の社会集団にすでに存在しており、ヨーロッパにおいては、これらの事業を継続するために、修道院によって組織運営の戒律がつくられ、設定した目標を厳密な日課によって組み立てて、修道士の共住生活を統合的に組織化するという、近代の社会組織における官僚的な組織運営の原型が形成された。

近代化された組織は、「責任」と「権限」の体系を持っていて、役割分担、規則、命令系統等によって成立している。同時に、組織とは、「分業」と「協業」の場であり、組織の目的は、組織成員がそれぞれの仕事を専門的に分担して行う働きと役割を統合する働きがあって初めて達成される。一方、組織は、「人間集団の場」としての性質も持っており、人間の相互関係が、専門的な仕事と組織全体の目的、「分業」と「協業」、

終章

「責任」と「権限」を結びつけて統合していく。

産業界における組織管理に関連する理論形成を振り返ると、職場組織は、労働の苦痛によってもたらされる「職務不満」の軽減と仕事を通じた能力発揮や成長によってもたらされる「職務満足」の実現の2つに分けることができた。このうち、「職務不満」とは労働の苦痛や負荷によってもたらされるものであるので、これらの苦痛や負荷を軽減する要素としては、心身の負荷の軽減、休暇の取得・福利厚生、職場環境・設備の整備があげられ、苦痛や負荷に報いる要素として、賃金（給与・手当）があげられる。「職務満足」をもたらす組織マネジメントの側面としては、「理念」、「リーダーシップ」、「チームワーク」、「権限委譲」、「人材育成」という5つの組織特性を示すことができる。

理念は、組織の社会的存在理由であり、組織マネジメントを構成する中核的な要素である。重要なのは、理念を日常のケア、サービスにいかに具現化することができるかということである。組織の経営者が全職員に対して明確な「理念」を示し、しかも、それを「使命（mission）」、「価値（value）」、「目標（vision）」、「戦略（strategy）」へと段階的に介護サービスへと具体化して展開するということができなければ、介護職の職業アスピレーションや職業エートスと共鳴させていくことも難しい。反対に、もしも経営者があらゆる機会を通じて理念の意味を説き、段階的にサービスへと具体化することができれば、介護職は経営者と「使命（自分は何のために存在するのか）」、「価値（何を大切にしたらいいのか）」、「目標（自分は何処に向かっているのか）」、「戦略（どう実践したらいいのか）」を共有することができ、自らの仕事に誇りをもって取り組むことができるようになる。

リーダーシップは、集団のメンバーに受け入れられるような目標を設定し、その達成に向けて個々のメンバーの態度や行動を統合的に組み立

て、組織化を行い、それを一定のレベルに常時維持するという集団過程の主要な局面を支える機能の全体である。リーダーシップ論の先行研究には、指導者の資質や力量によるという「資質論」、リーダーシップのスタイルによって分類する「類型論」、状況に応じたリーダーシップを表す「状況論」がある。リーダーシップ論の先行研究を踏まえて、介護施設におけるリーダーシップを考えると、マネジメントが職務に含まれるすべての職員がリーダーシップを自己の職務と自覚し、意志決定が円滑に進むことが必要である。これにより、理念が組織の基本的な規範として現場に浸透し、経営者との間に信頼が生まれる。

　社会的協働システムとしての組織は、個人と集団によって成立しているが、集団は単に個人の寄せ集めではなく、そこには独自の特性をもったグループダイナミクスが働いている。集団における社会的行動には、「活動」、「相互作用」、「情感」の3要素がある。つまり、社会的出来事（イベント）としての活動があり、そのイベントを実現していく過程で相互作用があり、そこに情感が芽生えることで集団が形成される。

　チームワークは、「協働」という言葉で説明されることがあり、「協働」は、同じ目的に向かって協力し合うcooperation（協同）と共同して作業するcollaboration（協調・協働）（岡田一彦・安永悟 2005:10-17）の両方の意味を含む概念である。組織において、チームワークが必要となる背景には、組織内に存在する「専門化」と「分業化」、「競争」と「成果主義」があり、これらが引き起こす問題を改善・解消するために、チームワークを機能させることが必要となる。

　知識と技術が高度化・多様化し、その変化も早い現代の組織においては、すべての意思決定を組織の上位者に集中させてしまうと、上申され上位者に流れる情報が過大となり、組織はパンクしてしまうことになる。そのため、必要な意思決定の権限を情報が実際に生じる現場に移すとと

終章

もに、現場の裁量権を拡大する必要性が生まれる。

「権限と責任の体系」である組織は、役割分担、規則、命令系統によって機能しており、権限移譲は「権限＝責任＝職位」という三位一体の関係によって行われる。権限委譲が、「権限＝責任＝職位」の一体構造によって成立していることによって、スタッフは、自己の役割や責任、組織内での位置づけが明確になり、自己の職業能力を発揮して、役割を実現することができる。

　現場職員への権限委譲を行うためには、上司が部下を承認し、信頼していることに加え、人材育成の機会が保証され、「有能感（competence）」を持ちながら目標を達成して、責任を全うするための能力の習得が必要となる。なぜならば、権限を委譲するのは、職員がその専門的能力を発揮して役割の実現を達成するためであるが、目標を達成しうる能力が習得されていなければ、それは単なる重圧であり、過大なストレスとなってしまうからである。

　人材育成によって、職員の能力発揮を支援していく上で、職場組織に求められるのは、まず、普通の人々からより多くのものを引き出すこと、そして職員個々の具体的な強みに着目して、日常の職務場面が不得意なことばかりをさせられるような場とならないように配慮することである。人材育成は個人の自立と組織の成長の両面から体系的・計画的に実施していくことが重要であり、管理職、指導的職員、中堅、新任といった階層ごとに研修を行い、長期・短期それぞれの時間的展望をもった取り組みが求められる。

　人材育成を推進することで、組織の育成と個人の育成がなされ、現場の介護職員が①「この組織（法人、事業所）には使命がある」、②「組織（リーダー、仲間）は自分を必要としてくれている」、③「組織の期待に応えるためには、職務能力（倫理・知識・技能）の向上が必要だ、と認識できるようになることが望ましい。

組織マネジメントを構成する基本要素間のつながりをみると、組織マネジメントを構成する5つの基本要素の中で、「理念」は「リーダーシップ」、「チームワーク」、「権限委譲」、「人材育成」といったそれぞれの機能に意味と目的を持たせ、基本要素の根拠を形成する。次に重要な基本要素は「リーダーシップ」であるが、これは「チームワーク」と「協働」で働く機能である。「チームワーク」は職員個人の成長に支えられると共に職員の成長を支えるので、個人とチームの相互の「成長」で結びつく機能である。「人材育成」は、職員の「自立」を通じた「権限委譲」（自律）と結びついている。最後に、「権限委譲」は、上司が現場職員を「信頼」して任せ、現場職員が能力を発揮することによって成立する機能である。

介護職の職場組織としての特性

　介護の職場組織における対人サービス組織としての特性のひとつは、制度の担い手として確実にサービスを提供する役割とサービスの過程を通じて、社会を変革して新たなサービスを生み出していく使命を併せ持っていることである。また、対人サービス組織は、ドクトリン（信条）によって支えられる組織であり、実際のサービス場面で理念を具現化していくことが重要である。

　介護施設等の社会福祉施設は、医療・保健・介護・福祉等の多職種によって構成されている。そのため、対人サービスの組織マネジメントにおいては、利用者や家族のニーズ、事業所の意向、専門職としての倫理との間で不一致が生じる場合は、こららの不一致による軋轢（コンフリクト）や葛藤に働きかけて、組織としての社会的目的を果たしていくことが必要である。そのため、自己の事業所の機能・役割を明確に認識して実践することにあわせて、地域社会全体のソーシャルサポート機能を整備し、創造していくことが求められる。

終章

介護の職場組織における組織マネジメントの課題

　介護の職場組織における課題としては、理念においては、組織の理念と職員の職業エートスを調和させることの重要性がある。事業所の経営者と介護職のあいだで、介護サービスの基盤となる理念の共有化がなされていれば、介護職にとっての職場組織は、共感が持て、働きやすく、挑戦しやすく、長く続けたい職場となることが期待できる。リーダーシップでは、リーダーには、肉体的・知的・道徳的資質や専門知識、経験や業績、責任感や社会的態度、人気などの要件が求められ、民主的リーダーシップが最も有効であり、リーダーの関心は組織の課題遂行とメンバーの気持ちの両方に向けられることが望ましく、メンバーの成熟度に応じて、指示、説得、参加、委任とリーダーシップの方法を変えていくことが求められる。チームワークでは、チームワークが良好な状況として、①メンバーが共通の目的意識を持っており、全体として一体感がある。②全員が自分の仕事の明確な認識と責任を持っている。③職場内での決定に皆が参加でき、取り決められたルールを皆が守る。④お互いに助け合う相互援助の気風がある。⑤コミュニケーションがよく、葛藤が起きても感情的対立にまで至らない、といった点があげられる。権限委譲では、介護現場への権限の移譲と自律性があり、日常の介護サービスを現場の裁量で組み立てることが柔軟にでき、しかも介護サービスの質を高めるための自発的な提案や創造的な取り組みが優先的に尊重される組織風土があり、取り組んだことに対する職場内のフィードバックがあり、自律性がさらに自律性を生むという好循環を形成していくことが重要である。人材育成では、個人の自立と組織の成長の両面から体系的・計画的に実施していくことが重要であり、管理職、指導的職員、中堅、新任といった階層ごとに研修を行い、長期・短期それぞれの時間的展望をもった取り組みが求められる。また、現実の介護実践の過程で生まれた新たなニーズに応えるためには、組織の理念をサービスに具現化するための能力開発だけでなく、新たな能力開発の必要性を現場から組織に

上げていき、人と組織を育てるという視点を持つことも重要である。

　介護職は、さまざまな要因によって生まれた職業アスピレーションを持って、介護施設で働くようになるが、その職場組織の労働条件と組織マネジメントが整備されることで、職業エートスが形成される。その形成過程は、まず、基礎的な技能の習得によって「職能的自尊心」が獲得される。次に、実際の介護場面で、習得された能力を利用者への介護実践で発揮することによって「職務的自尊心」が獲得される。そして、日々の介護実践を通じた役割の実現が蓄積され、利用者との関係が深まっていくことによって、「職命的自尊心」が形成される。

　役割の実現が蓄積される過程は、介護職がエキスパート（熟練）としての自己像を獲得していく過程でもある。これによって「職命的自尊心」が維持・強化されれば、介護職として現職場での職務を継続していく意向が安定していくと考えられる。また、「職務的自尊心」から「職命的自尊心」が形成される過程は、どのような場面で、自己の個性（固有の能力）が発揮されて、役割の実現が可能となるのかを気づいていく経験でもあり、スペシャリスト（分化）としての専門職像が自覚される場面となることもある。時には、その専門職像が介護から福祉や保健等の関連領域に向けられること起こり得る。その場合は、他職種として現職場で貢献することを志向するようになることも考えられる。

　反対に、職場組織の労働条件や組織マネジメントが整備されていなければ、介護職は現職場にとどまることが困難となる。それでもなお、介護職としての職業アスピレーションを保持している場合は、介護職としての固有の能力発揮と役割の実現の機会を求めて、他の介護施設への移動を志向するようになる。しかし、職業アスピレーション自体が著しく低下したり、失われてしまった場合は他の職業へ転職することが仮説として考えられる。

終章

　第Ⅴ章では、施設介護職の「労働条件への不満足感」、「組織マネジメント」、「職業エートス」に着目し、介護職の職務・職場継続意向が「労働条件への不満足感」や「組織マネジメント」、「職業エートス」とどのように関連しているのか、そして「職業エートス」がどのように形成されていくのかを分析・考察した。対象は、2010年1月から3月にかけて、神奈川県内のすべて（297施設）の特別養護老人ホームにアンケート調査依頼書を送付し、承諾が得られた41施設に調査票を送付し、質問紙による調査を行い、郵送にて調査票を回収した介護職員（正規職員または週40時間程度勤務している非正規職員）869人であり、質問紙調査法にて実施した。

　その結果、労働負荷の軽減が仕事量の面でも、物理的環境面でもなされ、休暇の取得について職員の希望を組み入れることへの配慮があると「労働条件への不満足感」は軽減し、加えて、「リーダーシップ」、「チームワーク」等の職員間のコミュニケーションが良好で、「人材育成」の体制整備がされて基礎的な技能の習得がされ、「権限移譲」によって能力発揮の機会がつくられれば、介護職としての役割の実現が可能となって「職務的自尊心」が自覚され、その過程が継続されることで、「職命的自尊心」の形成が実現していくことが示唆された。

　しかし、人材育成によって、基礎的な能力を習得させるための支援を行ったとしても、労働条件への不満足感が高く、実際の介護場面において、能力発揮と役割の実現がなされなければ、「職業エートス」の形成は進まず、介護職は職場を移動して介護職としての「職業エートス」を見出そうとすようになることが考えられる。

　また、基礎的な技能を修得している介護職が、「休暇の取りにくさ」等から介護職としての能力を十分に発揮することができないでいる状況で、「労働条件への不満足感」が相対的に低く、「理念」への共鳴があれば、介護職は、職種を変えて所属組織にとどまりたいとの意向を持つようになる。

一方、基礎的な技能の習得がなされず、「労働条件への不満足感」を持ち、「人材育成」等の「組織マネジメント」の支援も不足しており、組織の理念への共鳴もない場合は、「職業エートス」の形成が進まず、転職意向を持つようになることが考えられる。

「職業エートス」は、まずはじめに、介護職を専門職として認知するとともに、「組織マネジメント」の支援で、基礎的な技能が習得されることで、「職能的自尊心」が形成され、続いて、介護職としての専門的な能力を発揮して、利用者や家族、地域社会に貢献することによって「職務的自尊心」が形成される。そして、これらの能力発揮と役割実現の経験が継続的に蓄積されて、「給与・手当」として報いられることで、「職命的自尊心」がより安定した自己覚知として形成されるということができるだろう。

第Ⅵ章では、第Ⅴ章の選択式の回答調査と合わせて行った自由記述式の調査を分析・考察した。質問内容は、「介護職と介護の職場について、日頃感じていることを自由にお書きください」というもので、神奈川県内の特別養護老人ホーム41施設の介護職員471名から介護職と介護の職場に対してどのような意識を持ち、何を思い、何を感じながら働いているのかについて、生の声を拾うことができた。これらの言語データをテキストマイニングの手法で、いったん数量化し、計量的な方法で分析することで、多数の回答者の言語データにみられるパターンや規則性に着目した。テキストマイニングを用いた理由は、膨大なテキストデータを統一的な視点から分析するためである。テキストマイニングは、テキストデータをさまざまな計量的方法によって分析し、形式化されていない膨大なテキストデータの中から言葉（キーワード）どうしにみられるパターンや規則性を見つけ、クラスター（集団）をつくり、文脈を構成して、必要な知識・情報を抽出しようとする手法・技術である。

終章

　テキストマイニングによるテキストデータの解析によって明らかになった介護職の職業意識は、「大きな身体的・精神的負担」、「個別的で多様化・重度化したニーズに対応しきれない不十分な職員体勢」、「人間の人生に関わる魅力とストレス」、「自己成長の楽しさと生活不安」、「責任・技術・資格と利用者の笑顔」、「知識・技術と気配り・愛情」、「職務内容に見合わない低い社会的・経済的評価」、の７つであった。

　そして、これらの７つのクラスターは、①職業エートス、②専門性、③職務負担、④社会的評価、⑤労働条件の５つに分類することができた。要約すると、介護職は、①社会的に重要な仕事であり、人間の人生の最後に寄り添い、利用者の笑顔に接することができる素敵な職業である。自分が成長できる楽しさがあり、やりがいがある。②利用者のニーズは、多様化・重度化しており、個別的な対応が求められている。知識や技術が必要なため、教育・訓練や経験の積み重ねが求められるが、それだけでなく、気配りや愛情も必要である。③しかし、職員体勢が不十分であるため、応えられていない状況がある。さらに、人の人生に関わるストレス、人間関係の難しさからくるストレスがあり、身体的・精神的負担がある。④大変で辛い割に職業としての社会的地位は低く、⑤給与の安さや家族を養っていくうえでの不安がある。

　また、介護職の職場意識は、①「給与の安さ」、②「施設整備とやりがいのある職場作りの必要性」、③「人材不足による職員の質と職場維持の困難性」、④「ヴィジョンの共有と職員関係のよさ」、⑤「現場の大変さと生活」、⑥「少ない休暇とストレス」の６つであった。

　これらのクラスターは、①職業エートスを生み出す環境、②専門性、③職務負担、④維持が困難な現状、⑤労働条件、⑥社会的評価、⑦職場環境の７つに分類することができた。要約すると、①介護の現場は、高い社会的ニーズに応える職場でありやりがいがある。②そこでは、個別ケアが求められており、職務内容にはターミナルケア等、専門性が高く、研修が必要となるものも含まれている。③しかし、たくさんの利用者の

287

ニーズに応えるには、人材不足であり、④業務が回れば可とすべき現状がある。③仕事の大変さ、現場の厳しさからくる心身のストレスがあるわりには、⑤給与が安く休暇が少ない状況である。今後、⑥介護の必要性を広く社会に浸透させて、介護福祉士等の資格に対しても社会的評価を高めていくことが求められる。

さらに、⑦職場組織に対する意識では、「ビジョンの共有」や「良い職員関係」、「ゆとり」といった職場の組織マネジメントにかかわる環境整備が重要であることも示唆されている。これまで、介護職の待遇や社会的地位の向上にかかわる議論では、どうしても労働条件の悪さに関心が向けられ、その改善がなかなかなされないといった論調での議論がなされてきている傾向があった。今回の調査では、現場の介護職は職場に対して、労働条件の要素のみならず、専門性を発揮して高い社会的ニーズに応えていける職場組織が形成されることを求めていることがわかる。具体的には、組織の社会的目的である「ビジョン」を職員に示すこと、リーダーシップやチームワークの基礎となる「良い人間関係」を形成していくこと、「業務が回れば可とすべき現状」から個別ケアやターミナルケアといった専門性に基づいたケアを提供していくためには、教育・訓練・研修によって人材が育ち、職場環境に「ゆとり」が生まれることの必要性が示されていた。

これらの結果から、介護職の職業意識と職場意識においても、適切な「労働条件」だけでなく、「組織マネジメント」が整備されることで、職務の継続につながるという仮説の妥当性を示唆する結果が得られたということができるだろう。

第Ⅶ章では、第Ⅴ章、第Ⅵ章の調査結果を受けて、「労働条件」への不満足感が低く、「働きがい」と「組織マネジメント」が高かった施設の管理者と介護職への面接調査を行い、介護職の「職業エートス」、職場の「労働条件」、「組織マネジメント」を整えていくための取り組み・条件を

提示した。

　職場の労働条件を整えるための取り組み・条件としては、1）賃金では、①不安要素とならない賃金、②給与・手当・福利厚生の充実、③同一労働・同一賃金、④経営への参加、2）心身の負担では、①ストレスの軽減、②労働（labor）の積極的意味づけ、③明確なアスピレーション、④教育的サポート、3）休暇では、①ワークライフバランス、②仲間のサポート、4）設備・環境では、①短時間勤務制、②保育園の設置、5）その他として、①定年制の撤廃、②介護雇用管理改善推進委託事業、③活動（action）の重視、④個別的対話といった職場環境の整備が示されていた。

　また、組織マネジメントの取り組み・条件においては、1）理念では、①理念明確化、②リーダーによる理念の体現、③ケアプラン・ケースカンファレンスでの具現化、④実践での具現化、⑤理念の段階的な実行、⑥理念の内面化、⑦理念に基づいた人材育成、⑧地域からの信頼に根ざしたミッション、⑨職員の共鳴、⑩職員参加による理念づくり、2）リーダーシップでは、①権利擁護の基盤整備、②情報収集と情報の共有化、③オープンで迅速な意思決定、④モデルとなる行動、⑤現場に近い距離、⑥職員個々との対面的な対話、⑦暖かく信頼できる人間性、⑧現場への信頼、⑨職員・家族への配慮、⑩集団機能としてのリーダーシップ、3）チームワークでは、①施設長の支援と現場との橋渡し、②委員会制度、③利用者中心が前提、④相互啓発的な成長、⑤職種を超えた仲間意識と実践、⑥何でも話し合える雰囲気と頻繁な話し合い、⑦家族的・友愛的共同体意識、⑧発散の時間、⑨集団凝集性の両義性、4）権限委譲では、①権限委譲の環境設定、②階層的な役割分担、③委員会制度、④自主性の奨励と提案の採用、⑤個人の承認と方向付け、⑥人材育成との連携、5）人材育成では、①フロア全体で育成、②マニュアルの作成と更新、③研修委員会、④アンケートによる研修ニーズの把握、⑤学びの共有、⑥研修履歴とキャリアパスの作成、⑦チューター制の導入、⑧資格取得

支援、⑨施設内学会と表彰制度、⑩技能の継承に寄与する低い離職率、これらの仕組みが組織マネジメントの取り組み・条件として整えられていくことが重要である。

　最後に、介護職の職業エートスを高めるための取り組み・条件としては、1）職能的自尊心のレベルでは、①アスピレーション、②基礎的な技能の習得、③経験の蓄積、④職務を通じた学び、⑤成長段階に応じた研修、⑥スーパービジョン、2）職務的自尊心の段階の利用者への支援では、利用者への支援における①理解の深まり、②関係形成、③笑顔と感謝の言葉、④自立支援の成果、⑤労働（labor）の意味づけ、⑥活動（action）のケア、⑦居場所の形成、⑧意味ある生の完成、職員間の関係における、①職員の一致、②仲間からの承認、③相互啓発、④自発的な提案の実現、⑤後輩の育成、3）職命的自尊心のレベルでは、①熟練志向、②地域への広がり、③マネジメント、④スーパーバイザー、⑤資格取得と他職種、これらの項目が職業的自尊心の形成過程に必要であることが示された。

3　本研究の結論と意義

3－1　結論

　本研究の目的は、介護職の職務継続や離職意向には「職業エートス」の形成が影響していることを明らかにし、その形成過程を示すとともに、「職業エートス」が職場組織の「労働条件」、「組織マネジメント」によって醸成されること実証的に示すことであった。第Ⅰ章からⅦ章に至る内容を踏まえ、結論を述べる。

介護職の「職業エートス」形成過程

　介護職の職業エートスは、職能的自尊心、職務的自尊心の形成過程を通して、「呼びかけ」と「応答」の相互関係によって形成された職命的自尊心のことを言う。

終章

　その形成過程は、まずはじめに、介護職を専門職として認知するとともに、「組織マネジメント」の支援で、基礎的な技能が習得されることで、「職能的自尊心」が形成され、続いて、介護職としての専門的な能力を発揮して、利用者や家族、地域社会に貢献することによって「職務的自尊心」が形成される。そして、これらの能力発揮と役割実現の経験が継続的に蓄積されて、「給与・手当」として報いられることで、「職命的自尊心」がより安定した自己覚知として形成される。

介護職の職務継続や離職に影響する職場の「労働条件」、「組織マネジメント」との関係

　調査結果の分析から、以下の4つのことが実証された。第1に、「労働条件への不満足感」が低く、「組織マネジメント」が整備されれば、「職業エートス」は、「職命的自尊心」の段階まで形成されて、現職場で介護職として職務を継続する意向につながることである。第2に、「職命的自尊心」が形成されるためには、一定の「労働条件」が整備されることに加えて、組織内の良好なコミュニケーションに支えられて、能力発揮と役割の実現の場面が継続的に経験されることが必要であり、介護職としての職業アスピレーションを保持しながら、これらの条件が未整備な場合、介護職は職場を変更して介護職を継続しようとする。第3に、一定の「労働条件」が整備され、組織の「理念」への共鳴がある状況で、介護職が基礎的な技能を習得している段階にあるにもかかわらず、介護職としての「職命的自尊心」の形成までいたらない場合には、職種を変えて現職場にとどまろうとするケースもあることである。このことは、介護職が他の保健・福祉職への変更を希望した場合に、そのことをキャリアパスの選択肢のひとつとして職場で受容し、支援していくことができれば、離職を防いだり、新たな資格取得後の職場復帰につなげる可能性があるということでもある。第4に、「労働条件」、「組織マネジメント」のいずれも未整備な場合は、「職業エートス」の形成は「職能的自尊心」

の段階から進まず、介護職は、現職場にとどまることも介護職を継続することもできず、転職につながってしまうということである。

　以上の結論から設定した仮説は裏付けられたということができるだろう。

3－2　本研究の意義

　本研究の意義の第1点は、離職をとどめて職務の継続を可能とする要因には、労働条件や職務満足だけでなく、利用者の身体を支えて命を担うことに責任と誇りを見いだす内的な動因としての「職業エートス」がある、というこれまでの介護論では言われていなかった要因があることを提示し、調査することで、その仮説が成り立つことを実証的に示したことである。

　第2点は、研究の方法を先行研究を踏まえた文献研究、質問紙調査による量的研究、自由回答の言語データに対する形態素分析、面接調査による質的研究といった多角的な方法を用いて、量的研究による客観性と質的研究による主観性との統合を試みたことである。

　第3点は、介護職における「職業エートス」を定義したことである。

　これまで、介護職は「労働条件が悪く厳しい仕事だが、やりがいがある仕事だ」といった説明のされ方をしてきたが、本研究では、職業アスピレーションを含めた概念として、介護職の「職業エートス」という概念を示した。

　また、介護職が介助場面で受け止めている負担感は、単なるストレスではなく、そこには、既に利用者の生命（いのち）を支える責任と誇りがあり、人間としての充実感、喜び、幸福感にも結びついていることが明らかになった。

　このことから、介護を実践する現場から、介護という行為自体を捉え直し、介護が人間社会において不可欠な支え合いの行為であり、誇りと喜びを伴った働きであることを社会に向けて積極的に発信していくこと

も重要であると認識させられた。

第4点は、介護職の「職業エートス」の形成過程を示したことである。「職業エートス」においては、「職命的自尊心」の形成に至ることが重要だが、その前提条件には、介護職としての能力発揮と役割実現の経験が継続的に蓄積されることによって「職務的自尊心」が形成されることが必要であり、「職務的自尊心」が形成される前提条件には、基礎的な技能が習得されて、「職能的自尊心」が形成されていることが必要であることを実証することができた。

第5点は、「職場組織」を「労働条件」と「組織マネジメント」の2つの側面から提示したことである。一般に、介護の職場については、「責任が重く、きついわりに給料が安い」といった労働条件のみに着目して語られることが多かったが、本研究では「職場組織」を「労働条件」と「組織マネジメント」2つに分けて、それぞれの構成要素を提示しながら、介護職を支援する「職場組織」がどのように形成されるのかを考察・分析した。

第6点は、介護職の職場定着や離職に影響をもたらす要因を「職業」と「職場」に分けて分析・考察したことである。

これまでの、介護職の離職に関する研究は、離職の意向が職場に対してなのか、介護職という職業に対してなのかが不明確であった。本研究では、介護職の離職意向が職場に対する意向と職業に対する意向で別れていることを実証し、「職場環境」を整えていくことで「職業エートス」の形成が進み、離職意向を改善させることを示すことができた。また、保健・福祉等の近接領域への移動を可能とする視点を持った人材育成を推進していくことで、職員の定着を促進することができることを示すことができた。

第7点は、介護職の「職業エートス」と職場組織の「労働条件」・「組織マネジメント」の関連を調査し、職場組織の「労働条件」・「組織マネジメント」を整えていくことが介護職の「職業エートス」を醸成して高

めていくことを提示したことである。社会福祉法人等の非営利組織は、ドクトリン（信条）によって支えられる組織であることから、「職業エートス」の形成過程においては、職場組織の理念と介護職の専門職としての使命を一致させて、組織としての社会的目的を果たすことが重要であることを明らかにした。

　本調査研究を行って分かったことのひとつに、職場の「労働条件」への不満足感が低く、職場の「組織マネジメント」が整備され、介護職の「職業エートス」が高い施設は、組織を活性化し、人材を育成するための具体的な取り組みを行っている、ということがあった。

　それは、保育園設置や勤務時間の調整といった介護職の出産・育児支援や施設長による全職員面談、理念の介護サービスへの具現化、人材育成システムの構築等々、多岐にわたるが、いずれも「利用者主体のケアの質を高める」という目的達成のために、「職員を大切にする」という組織の軸が明確であった。経営者のこのような姿勢こそが介護職の「職業エートス」の形成を支えているのだろう。

　面接調査のなかで、ある介護職は、「利用者の命（いのち）を支える介護の仕事が楽なわけがない。責任と負担の重い仕事だからこそ、誇りを持って働いている」と語ってくれた。介護職を志す人には、こうした「職業エートス」と責任感を強く感じて真摯に働く人材が少なくない。

　これらの介護職の思いに応え、心身ともに健康に働ける職場を創ることは職員の定着率向上にもつながり、定着率が上がれば、職員全体の技能や連携も年々強化され、介護サービスの質の向上に結びついて、利用者や家族・地域社会からの信頼を得て、組織としても成長できる。

　職場の「労働条件」と「組織マネジメント」を整えることは、こうした好循環の第1歩なのではないだろうか。それは、施設経営者の役割であるのにとどまらず、既に迎えた超高齢社会に生きる私たちひとりひと

終章

りの責務でもあるだろう。

4 本研究の限界と課題

　第1点は、介護職の調査範囲に関する課題である。本研究調査では、質問紙調査による量的研究、自由回答の言語データに対する形態素分析、面接調査による質的研究を行ったが、いずれも神奈川県の特別養護老人ホームに限定している。介護職が勤務しているのは特別養護老人ホームだけではないし、介護職が勤務する介護施設は全国に存在している。今後、事例をさらに積み重ねることが必要である。また、施設における面接調査では、当該施設に勤務するすべての介護職に対して面接を実施したのではない、より実態に即した研究としていくためには、面接調査の対象者を拡げていくことが求められる。

　第2点は、第Ⅵ章の結果に表れていたように、介護施設における「労働条件」と「組織マネジメント」の整備は、施設が単独で改善・改良していくには限界がある事項もある。職場組織を超えて、介護職を取り巻く社会環境においても、職務負担の軽減を図り、人材の確保・育成等の環境整備を進めるとともに、介護職に対する社会的評価を高めていくことが必要である。

　第3点は、介護人材育成のあり方において、本研究では、職場組織を超えた人材育成にかかわる議論や、介護職の労働環境等にかかわる政策批判にまで言及することができていない。社会福祉法人である特別養護老人ホームの介護職は、営利組織と異なり、「社会的目的」をもった職務であるとともに、利用者への専門的能力の発揮と役割実現の積み重ねによって職業エートスが育てられていく。そのため、人材育成のあり方においても、個々の職場組織を超えて人材育成機関等と協働していくことによって、介護政策に影響を与えることも検討する必要がある。

　これらの点については、今後の課題として取り組みたい。

295

おわりに

　介護職は「大変だけどやりがいのある仕事」と云われる。私はこの言葉を聞いたり、見たりするたびに、何か納得がいかない思いを感じてきた。それは、介護の大変さはあくまで大変でしかないのかという疑問であり、疑問を抱きながら答えることができずにいる自分への不全感であった。

　そんな時、ある特養の介護職員は、「人の命を支える仕事が楽であっていいわけがない。介護の負担感は、そのまま利用者の命を支える責任の重さであり、誇りでもある」と語ってくれた。「大変さ」と「やりがい」を対立する概念として捉えてジレンマの間にいた私とは異なり、彼は、「大変さ」と「やりがい」をひとつの経験として捉え、そこに「誇り」を見出していた。

　それだけでなく、彼の話しには、他にも惹き付けられることが２つあった。ひとつは、彼が勤務する特養では、行事が多く、利用者と楽しい経験や感動を共有する場面が日常的にあるということであった。この事実から、介護職が、利用者の命を支える負担や苦痛に責任を持って取り組めるのは、それによって、利用者と楽しい経験や感動を共有する場面を実現することができるからであることが解った。つまり、身体介護の負荷によって楽しみや感動を共有する経験が可能となり、楽しみや感動を共有する経験があることで身体介護の重荷に責任と誇りがもたらされていた。

　もうひとつは、彼は、「家庭を持ち、子どもがふたりいる自分でもなんとか人並みに暮らしている」、「仲間に支えられている自分なので、休みが少ないと感じたことはない」と語って、職場の労働条件への納得感や職員間の仲間意識が介護の負担感や充実感に大きく影響することを示してくれた。

　彼との出会いによって、介護職の働きがいとは何か、そして介護職に

おわりに

働きがいをもたらす職場組織とは何かを考究することが自分の研究課題
となった。

　本書は2018年9月に関東学院大学大学院文学研究科から博士号を授与
された『介護職の職業エートスと職場組織　―特別養護老人ホームにお
ける介護現場の視点から―』の主要な部分をまとめたものである。
　博士論文を提出させていただくにあたり、最初の受け入れをしてくだ
さった秋山薊二先生に心より感謝申し上げる。秋山先生からは、博士論
文としての進め方、研究の中心にエートスという概念を置くことの重要
性をご指導いただいた。
　秋山先生の退官後、完成まで、懇切丁寧な指導をしてくださった副田
あけみ先生に厚く御礼申し上げる。副田先生は博士論文指導の経験が豊
富で、私の研究が博士論文としての水準に届くように、テーマ設定を吟
味し、全体構成を整え、論理展開のプロセスを導いてくださった。副田
先生のご指導があったからこそ、博士論文を完成させることができた。
副田先生にご指導をいただけたことを心より感謝申し上げる。
　また、山口稔先生からは、社会福祉の論文としての定義づけ、調査結
果に基づいた全体構成と内容の一貫性についてご教示いただくとともに、
論文を書き上げることができるように、温かいご支援をいただいた。心
より感謝している。
　浦野和彦先生からは、社会学的な視点からの研究方法、用語の概念定
義と時代背景、先行研究の紹介と解説等々、長きにわたり丁寧なご指導
をいただいたことを心より感謝申し上げる。
　そして、本書の作成にあたり、多忙の中、アンケートおよびインタビ
ュー調査にご協力くださった施設の皆様に心より感謝申し上げる。管理
者をはじめ、介護職の皆様から提供していただいた貴重な情報は本研究
の基盤となり、語っていただいた声は本研究を導く光となった。
　本書が、介護福祉施設の経営者、介護職員、そして介護を必要とする

297

人々や家族の幸福にわずかばかりでも役立つことを願う。

　最後に、本書の作成に関わってくださったすべての皆様に心より感謝申し上げる。

参考文献

A.H.Maslow(1998)Maslow on Management.（＝2001．金井壽宏監訳『完全なる経営』日本経済新聞社

Arlie Russell Hochschild(1983)The Managed Heart: Commercialization of Human Feeling. Berkeley: University of California Press.（＝2000．石川准・室伏亜希訳『管理される心』世界思想社

Aurelius Augustinus(〜426）De Civitate Dei contra Paganos.（＝1991．服部英次郎・藤木雄三訳『神の国』岩波文庫

Barbara Duden(1986) ARBEIT AUS LIEBE-LIEBE ALS ARBEIT. Claudia von Werlhof(1986)

"SCHATTENARBEIT" ORDER HAUSARBEIT?. FRAUEN UND DRITTE WELT ALS "NATUR" DES KAPITALS ORDER OKONOMIE AUF FUSSE GESTELLT . DIE FRAUEN UND DIE PERIPHERIE（＝1998．丸山真人訳『家事労働と資本主義』岩波書店

Burgess, Ernest Watson and Locke, Harvey John 1945 The Family: From Institution to Companionship, American Book Company.

David Cayley(1992)Ivan Illich in Conversation interviews with Ivan Illich.（＝2005．高島和哉『イバン・イリイチ　生きる意味』藤原書店

David Cayley(2005)The Rivers North of the Future: The Testament of Ivan Illich.（＝2006．臼井隆一郎『イバン・イリイチ　生きる希望』藤原書店

Deci, Edward L.; Ryan, Richard M. (1985). Intrinsic motivation and self-determination in human behavior.（＝1999.桜井茂男訳『人を伸ばす力−内発と自律のすすめ−』新曜社

Douglas Murray McGregor(1960)The Human Side of Enterprise.（＝1966.高橋達夫訳『新版　企業の人間的側面』産業能率短期大学出版部

Duden, Barbara and Werlhof, Claudia von（1986)（＝1998．丸山真人訳『家事労働と資本主義』岩波書店

Franz Rosenzweig(1921)Der Stern der Erlosung.（＝2009．村岡晋一他訳『救済の星』みすず書房

Frederick Winslow Taylor(1911) The Principles of Scientific Management. New York and London, Harper & brothers.（＝1957.上野陽一郎訳『科学的管理法』産業能率短期大学

George Casper Homans(1961)Social Behavior: Its Elementary Forms.（＝1978.
橋本茂訳『社会行動』誠心書房

George Herbert Mead(1934), Mind, Self, and Society, ed. C.W. Morris, University
of Chicago.（＝1975.　河村望訳『精神・自我・社会』人間の科学社

Great Place to Work Institute Japan　https://hatarakigai.info/　2017.08.01参照

Hannah Arendt(1958)The Human Condition.（＝1994.　志水速雄訳『人間の条件』
岩波書店

Hannah Arendt(1978)The Life of the Mind.（＝1994.　佐藤和夫訳『精神の生活』
岩波書店

Harold J. Oerkin(1998) the British Higher Education and Orofessional Society.
（＝1998.　有本章、安原義仁訳『イギリス高等教育と専門職社会』

Herzberg, Frederick (1966). Work and the Nature of Man. Cleveland: World
Publishing.（＝1968.　北野利信訳『仕事と人間性』東洋経済新報社

σίοδος, Hēsiodos Ἔργα καὶ Ἡμέραι, Erga kai Hemerai.（＝1986.　松平千秋訳『仕
事と日』岩波文庫

Himmelweit.S.(1999)"Careing Labor"Annals of the American Academy of
Poluical and Social Science,561 Ivan Illich(1971)Deschooling Society .（＝1979.
松崎巌訳『脱学校化の可能性』東京創元社

Ivan Illich(1981)Shadow Work.（＝2005.玉野井芳郎訳『シャドウ・ワーク 生活の
あり方を問う』岩波書店・モダンクラシックス

Jacques Le Goff(2003)A LARECHERCHE DU MOYEN AGE.（＝2005.　池田健
二・菅沼潤訳『中世とは何か』藤原書店

Jenaro C., Flores N., Orgaz M., Begona, Cruz M.（2011）: Vigour and dedication
in nursing professionals: Towards a better understanding of work
engagement, J. Adv. Nurs., 67, 865–875.

Joffre Dumazedier(1962) VERS UNE CIVILIATION DU LOISIR? .（＝1976.　中
島巌訳『余暇文明に向かって』東京創元社

Josef Pieper(1965) MUSSE UND KULT .（＝1988.　稲垣良典訳『余暇と祝祭』講
談社学術文庫

Juan Maria Laboa(2002) HISTORICAL ATLAS OF MONASTICSM .（＝2007.
朝倉文一監訳『世界修道院文化辞典』東洋書林

Karl Marx(1844)Economic and Philosophic Manuscripts of 1844 .（＝2010.　長谷
川宏訳『経済学・哲学草稿』光文社

参考文献

Karl Marx(1846)<u>The German Ideology</u> .（＝2002．廣松渉訳『ドイツイデオロギー』岩波文庫

Karl Marx(1887)<u>Capital, Volume III.</u>（＝1970．向坂逸郎訳『資本論』9岩波文庫

Karl Polanyi(1944)<u>The Great Transformation.</u>（＝2009.野口建彦・栖原学訳『大転換』東洋経済

Karl Suso Frank(1993) <u>Geshichte des christlichen Monchtums.</u>（＝2002.戸田聡訳『修道院の歴史』教文館

Lars Fredrik Handler Svendsen(2011)<u>Arbeidets filosofi,</u> Universitetsforlaget.（＝2016．小須田健訳『働くことの哲学』紀伊国屋書店

Locke, E. A. (1976), <u>The nature and causes of job satisfaction.</u> In M. D. Dunette (Ed.) Handbook of industrial and organizational psychology. Chicago: Rand McNally College Pub.

Ludo J.R.Milis(1992) <u>ANGELIC MONKS AND EARTHLY MEN.</u>（＝2001．武内信一訳『天使のような修道士たち』新評社

M.-H. Vicaire(1963) <u>L'IMITATION DES APOTRES.</u>（＝2004．朝倉文市訳『中世修道院の世界』八坂書房

Martin Buber(1923．1932)<u>I and Thou.</u>（＝1978.田口義弘訳『我と汝・対話』著みすず書房

Max Weber(1920)<u>Die protestantische Ethik und der 'Geist' des Kapitalismus.</u>（＝1989.大塚久雄訳『プロテスタンティズムの倫理と資本主義の精神』岩波書店

Peter Drucker(1991)<u>Managing the Nonprofit Organization: Practices and Principles</u> (New York: Harper Collins).（＝2007.上田惇生他訳『非営利組織の経営』ダイヤモンド社

Peter Laslett(1965,1971,1983) <u>THE WORD WE HAVE LOST.</u>（＝1986.川北稔訳『われら失いし世界』三嶺書房

Rensis Likert(1961)New Patterns of Management.（＝1964.三隅二不二訳『経営の行動科学』ダイヤモンド社

Robert Blauner(1964) <u>Alienation and Freedom:The Factory Worker and His Industry.</u>（＝1971.佐藤慶幸訳『労働における疎外と自由』新泉社

Schaufeli, W.B., Bakker, A.B.(2004) <u>Job demands, job resources and their relationship with burnout and engagement: A multi-sample study.</u> Journal of Organizational Behavior25.

Selye, H. (1936). <u>A syndrome produced by diverse nocuous agents.</u> Nature, 138,

301

32.

Talcott Parsons(1956)Family, Socialization and Interaction.（＝1966.橋爪貞夫ほか訳『核家族と子どもの社会化』黎明書房

Talcott Parsons(1964)Social Structure and Personality.（＝1973.武田良三訳『社会構造とパーソナリティ』新泉社

Victor A. Pestoff(1998) Beyond the Market and State:Social enterprises and civil democracy in a welfare society.（＝2007.藤田暁男、川口清史、石塚秀雄ほか訳『福祉社会と市民民主主義』日本経済評論社

Wolfgang Braunfels(1969) ABENDLANDISCHE KLOSTERBAUKUNST.（＝1974. 渡辺鴻訳『西ヨーロッパの修道院建築』鹿島出版

安部好法・大蔵雅夫・重本津多子（2011）「感情労働についての研究動向」『徳島文理大学研究紀要』82

新谷康浩（1996）「職業アスピレーションの変化―「専門職」志向を中心に―」鈴木昭逸・海野道郎片瀬一男編（2001）『教育と社会に対する高校生の意識:第3次調査報告書』東北大学教育文化研究会

朝倉文市（1995）『修道院』講談社現代新書

朝倉文市（2007-3)「修道院と労働のエートス」『キリスト教文化研究所年報』(29). ノートルダム清心女子大学キリスト教文化研究所

朝日新聞　2013年10月4日　朝刊　東京本社『試して納得の就職』

朝日新聞　2017年1月10日　夕刊　東京本社　『若者よ　介護を目指して』

井原久光（2000）『テキスト経営学増補版』ミネルヴァ書房

岩永雅也（1990）「アスピレーションとその実現―母が娘に伝えるもの―」岡本英雄・直井道子（編）『現代日本の階層構造4女性と社会階層』東京大学出版会　91

岩隈直（2008）『新約ギリシャ語辞典』教文館

岩木秀夫・耳塚寛明（1983）「高校生―学校格差の中で―」『現代のエスプリ高校生』至文堂No.195

今村仁司（1987『仕事』弘文堂30

今村仁司（1998）『近代の労働観』岩波書店

宇良千秋・矢冨直美・中谷陽明・ほか（1995）「特別養護老人ホームの介護職員のストレスに対する管理者のリーダーシップと施設規模の影響」『老年社会科学』16（2）

畦地良平・小野寺敦志・遠藤忠（2006）「介護職員の主観的ストレスに影響を与え

る要因:職場特性を中心とした検討」『老年社会科学』27（4）

上野千鶴子（2011）『ケアの社会学』太田出版

江幡哲也（2006）『アスピレーション経営の時代』講談社

岡田一彦・安永悟（2005）「協同学習の定義と関連用語の整理」『協同と教育』1
日本協働教育学会

岡本浩一・堀洋元・鎌田晶子・下村英雄（2006）『職業的使命感のマネジメント』
新曜社

音山若穂・矢冨直美（1997）「特別養護老人ホームの利用者中心的介護が介護スタ
ッフのストレスに及ぼす影響」『季刊社会保障研究』33（1）

小野内智子（2016-03）「高齢者介護施設における介護職の勤務継続に関する文献
レビュー −否定的要因に関する研究から−『ライフデザイン学研究』11

小野寺敦志・畦地良平・志村ゆず（2007）「高齢者介護職員のストレッサーとバー
ンアウトの関連」『老年社会科学』28（4）

小檜山希（2010）「介護職の仕事の満足度と離職意向」『季刊社会保障研究』45（4）

大木英生（2006）『ピューリタン　−近代化の精神構造−　』聖学院大学出版会

尾高邦雄（1995）『職業社会学』夢窓庵

尾高邦雄『職業の倫理』（1970）中央公論社

尾嶋史章（2001）「進路選択はどのように変わったのか一16年間にみる進路選択意
識の変化一」尾嶋史章（編著）『現代高校生の計量社会学』ミネルヴァ書房

角野信夫（2011）『マネジメントの歴史』文眞堂

笠原幸子（2001）「「介護福祉職の仕事の満足度」に関する一考察」『介護福祉学』
8（1）

刈谷剛彦（1986）「閉ざされた将来像一教育選抜の可視性と中学生の『自己選抜』
」『教育社会学研究』41

金原京子・岡田進一・白澤政和（2012a）「介護老人福祉施設に従事する介護職が
感じる「役割ストレッサー」のストレス反応への影響と職種間ソーシャル・サ
ポートの効果について」『メンタルヘルスの社会学』18

金原京子・岡田進一・白澤政和（2012b）「介護老人福祉施設の介護職が感じる看
護職との連携における「役割ストレス」の構造」『介護福祉学』19（1）

金原京子・岡田進一・白澤政和（2013）「介護老人福祉施設に従事する介護職の
「役割ストレッサー」とバーンアウトの関連～役職者・非役職者別の検討」『メ
ンタルヘルスの社会学』19

金谷信子（2010:11）「準市場における非営利組織の役割と市場シェア」『広島国際

研究』16

春日キスヨ（2001）『介護問題の社会学』岩波書店

川喜多喬（2004）『人材育成論入門』法政大学出版局

片瀬一男（編）（2001）『教育と社会に対する高校生の意識：第3次調査報告書』東
　　北大学教育文化研究会

片瀬一男「夢の行方―職業アスピレーションの変容―」『人間情報学研究』（2003）
　　第8巻

片瀬一男『（2005）夢の行方』東北大学出版会

崔允姫（2015）「高齢者福祉施設における組織マネジメントが介護職の人材定着に
　　影響を及ぼす要因：文献検討を中心として」『東洋大学大学院紀要』52

岸本麻里（2002）「老人福祉施設における介護職者の職業継続の意志に影響を与え
　　る要因の分析―バーンアウトと仕事への価値観の重要性を通して」『関西学院大
　　学社会学部紀要』92

菊池隆、鴨志田晃（2008）「サービス類型と日本のインスティテューションの相互
　　作用」『国際プロジェクト・プログラムマネジメント学会誌』3（1）

桐村晋次（1985）『人材育成の進め方〈第3版〉』日本経済新聞社

國定美香（2011）「介護老人福祉施設の介護業務における介護労働時間とその負担
　　度と達成度の関連性に関する研究」『日本保健福祉学会誌』17（1）

呉世雄（2013）「介護施設における組織管理要因が職員の職務満足およびサービス
　　の自己評価に及ぼす影響」『社会福祉学』53（4）

厚生労働省　第4回社会保障審議会福祉部会　福祉人材確保専門委員会（2015）
　　『介護人材の確保について』総務省統計局（2017年2月）『労働力調査』

厚生労働省（2011）『第9回今後の介護人材養成の在り方に関する検討会資料』

今野國雄（1981）『修道院―祈り・禁欲・労働の源流―』

小山路男（1978）『西洋社会事業史論』光生館

佐藤敏夫（1988）『レジャーの神学』新教出版社

斉藤勇（1987）「対人社会心理学重要研究集1　社会的勢力と集団組織の心理」誠
　　心書房

篠原匡「働きがいのある会社」『日経ビジネス』2007年2月19日号　日経BP社

社会福祉士養成講座編集委員会編（2013）『福祉サービスの組織と経営』

寿里茂（1993）『職業と社会』学文社

新藤勝美（1978）『ホーソン・リサーチと人間関係論』産業能率短期大学部

島津明人（2014）『ワーク・エンゲイジメント』労働調査会

杉村芳美（1997）『「良い仕事」の思想』

全国社会福祉協議会（2002）『改訂福祉職員研修テキスト指導編』全国社会福祉協議会

田代菊雄（1989）『日本カトリック社会事業史』法律文化社

田中かず子（2010）「感情労働としての介護（介護はなぜストレスになるのか）―（在宅介護者と援助者のストレス）」『現代のエスプリ』（519）

田尾雅夫『（2001）ヒューマンサービスの経営』白桃書房

田辺毅彦・大久保幸積（2014）「ユニットケア環境整備の際の介護職員ストレス低減の試み―GHQを用いたストレスチェック―」『北星学園大学文学部北星論集』51（2）

張允楨・黒田研二（2008a）「特別養護老人ホームにおける介護職員の離職率に関する研究」『厚生の指標』55（15）

張允楨・長三紘平・黒田研二（2007）「特別養護老人ホームにおける介護職員のストレスに関する研究―小規模ケア型施設と従来型施設の比較」『老年社会科学』29（3）

筒井孝子（1993）「特別養護老人ホームの介護職員における介護負担の改善に関する調査研究」『社会福祉学』34（2）

寺澤芳雄編（2004）『英語語源辞典』研究社

東條光雄・前田大作（1985）「次元別仕事満足度の要因分析」『社会老年学』22

徳田哲男・児玉桂子（1997）「特別養護老人ホームにおける介護負担の改善に関する調査研究」『老年社会科学』18（2）

永田久雄・李善永（1999）「特別養護老人ホームでの介護労働の実態調査と今後の高齢介護労働の検討」『労働科学』75（12）

中山慶子・小島秀夫（1979）「教育アスピレーションと職業アスピレーション」富永健一（編）『日本の階層構造』東京大学出版会

中山元（2013）『ハンナ・アレント〈世界への愛〉』新曜社

中村和彦、塩見康史、高木穣（2010）「職場における協働の創生」『人間関係研究（南山大学人間関係研究センター紀要）』

中野隆之・福渡靖（2000）「介護職員の職務満足と生活満足：高齢者保健・福祉施設を中心に」『日本保健福祉学会誌』6（2）

二木泉（2010）「認知症介護は困難か―介護職員の行う感情労働に焦点をあてて―」『社会科学ジャーナル』69

花岡（2010）「介護労働者の離職要因―賃金が勤続年数別の離職に与える影響」

『医療経済研究機構レター』（192）

原口小夜・宮脇宏司（2013）「介護施設職員の抑うつ・ストレス反応と関連要因の検討」『聖泉看護学研究』2

林俊克（2002）『Excelで学ぶテキストマイニング入門』オーム社

林拓也（2001）「地位達成アスピレーションに関する一考察―先行研究の検討とキャリアアスピレーション研究の展望」『人文学報』318号

冷水豊・浅野仁（1985）、「全般的仕事満足感の構造と要因分析（特集：特別養護老人ホーム寮母の態度・意識に関する研究No.3）」社会老年学22

冷水豊・前田大作・坂田周一・ほか（1986）「特別養護老人ホーム寮母の退職意向」『社会老年学』23

船木幸弘（2016）「職場のコミュニケーションと組織マネジメントの留意点：社会福祉職場のコミュニケーションに関する調査結果の考察を通して」『藤女子大学QOL研究所紀要』11（1）

藤井美和、李政元、小杉考司（2005）『福祉・心理・看護のテキストマイニング入門』中央法規出版

福間隆康（2016）「介護職の自律性と職務満足との関連」『広島大学マネジメント研究』17号

堀田聰子（2005）「介護職のストレスと雇用管理のあり方：高齢者介護施設を取り上げて」『介護職の能力開発と雇用管理』東京大学社会科学研究所人材ビジネス研究寄付研究部門研究シリーズNo.7

堀田聰子（2009）「介護職のストレス・バーンアウトと雇用管理」『家計経済研究』（82）

松村真宏、三浦麻子（2014）『人文・社会科学のためのテキストマイニング[改訂新版]』誠信書房

松藤賢二郎（2009）「福祉サービスの組織と経営に関わる基礎理論」久門道利・西岡修編『福祉サービスの組織と経営』弘文堂

松本佳代（2011）「介護職員の職場環境と職務満足度および離職に関する考察」『熊本大学医学部保健学科紀要』

増田真也・外島裕・藤野信行（2003）「施設介護職者のパーソナリティ，バーンアウトと業務評価との関係」『産業・組織心理学研究』17（1）

耳塚寛明（1988）「職業アスピレーション―教育選抜とアスピレーション・クライシス」『青年心理』72

深山明（2001）『経学の歴史』中央経済社

水島禮治『適法の社会心理学的心理療法』(1993) 駿河台出版社

森本寛訓 (2003)「高齢者施設介護職員の精神的健康に関する一考察:職務遂行形態を仕事の裁量度の視点から捉えて」『川崎医療福祉学会誌』13 (2)

安田三郎ほか編著 (1981)『基礎社会学第Ⅲ巻　社会集団』東洋経済新報社

山崎豊子 (1984)「社会福祉施設調査にあらわれた老人施設の背景と実体」『季刊・社会保障研究』Vol.21　No.1

大和三重 (2010)「介護労働者の職務満足度が就業継続意向に与える影響」『介護福祉学』17 (1)

矢冨直美 (1996)「介護ストレスと仕事のコントロール」『労働の科学』73

矢冨直美・川野健治・宇良千秋・ほか (1995)「特別養護老人ホームの痴呆専用ユニットにおけるストレス」『老年社会科学』17 (1)

矢冨直美・中谷陽明・巻田ふき (1991)「老人介護スタッフのストレッサー評価尺度の開発」『社会老年学』34

横山さつき (2012)「高齢者介護における組織的な職業性ストレス対策の試みとその評価」『中部学院大学・中部学院短期大学部研究紀要』13

吉田輝美 (2014)『感情労働としての介護労働　介護サービス従事者の感情コントロール技術と精神的支援の方法』旬報社

吉田暁 (2000)『聖ベネディクトの戒律』すえもりブックス

吉田浩 (2003)『フェルナンデス・テンニエス』東信堂

【著者紹介】

阿部　正昭（あべ　まさあき）

関東学院大学大学院文学研究科博士課程修了（社会学博士）
東海大学健康学部准教授
　介護学入門、介護概論　ソーシャルワーク演習　ほか
　社会福祉士、介護福祉士、介護支援専門員

主な著書
『新版　社会福祉概論』（共著）建帛社
『介護福祉士実習指導マニュアル（実務編）』（共著）中央法規
『介護福祉士実習指導マニュアル』（共著）八千代出版
『介護実践をサポートする介護概論』（共著）保育出版社　　など

介護職の働きがいと職場の組織マネジメント
特別養護老人ホームにおける介護現場の視点から
2019年6月30日　　初版第1刷発行

著　者　阿部正昭
発行者　谷村勇輔
発行所　ブイツーソリューション
　　　　〒466-0848 名古屋市昭和区長戸町4-40
　　　　TEL：052-799-7391 / FAX：052-799-7984
発売元　星雲社
　　　　〒112-0005 東京都文京区水道1-3-30
　　　　TEL：03-3868-3275 / FAX：03-3868-6588
印刷所　モリモト印刷

万一、落丁乱丁のある場合は送料当社負担でお取替えいたします。
ブイツーソリューション宛にお送りください。
©Masaaki Abe 2019 Printed in Japan ISBN978-4-434-25837-4